HET BOEK WAARVAN JE WILDE

DAT JE OUDERS HET HADDEN GELEZEN

Dit boek is met liefde opgedragen aan mijn zus Belinda

Philippa Perry

Het boek waarvan je wilde dat je ouders het hadden gelezen

(en je kinderen blij zijn dat jij het doet)

UITGEVERIJ BALANS

Eerste druk, oktober 2019
Negende druk, maart 2020

Oorspronkelijke titel *The Book You Wish Your Parents Had Read (and Your Children Will be Glad That You Did)*
Oorspronkelijke uitgever Penguin Random House UK

Omslag Nico Richter
Foto auteur ©Rankin/Trunk Archive
Typografie en zetwerk Adriaan de Jonge
Druk Bariet Ten Brink, Meppel

ISBN 978 94 638 2052 3
NUR 854

www.uitgeverijbalans.nl

facebook.com/uitgeverijbalans
twitter.com/balansboeken
instagram.com/uitgeverijbalans
uitgeverijbalans.nl/nieuwsbrief

Inhoud

DEEL ZES

Gedrag is communicatie 195

Woord vooraf

Dit is geen rechttoe rechtaan handleiding voor ouders.

Ik ga het niet uitgebreid hebben over zindelijkheidstraining of borstvoeding.

Dit boek gaat over hoe we een relatie opbouwen met onze kinderen, wat een goede relatie in de weg staat en wat eraan kan bijdragen.

Het gaat over hoe we zelf zijn opgevoed en welke invloed dat heeft op onszelf als ouder, over de fouten die we maken – juist de fouten die we hoopten niet te zullen maken – en wat we daaraan kunnen doen.

Je treft in dit boek weinig tips, trucs en praktische oplossingen aan en daar kun je je af en toe aan ergeren, boos over worden. Je kunt er zelfs iets van opsteken als ouder.

Ik schreef het boek dat ik zelf als jonge ouder had willen lezen en waarvan ik oprecht wilde dat mijn ouders het hadden gelezen.

Inleiding

Ik zag onlangs een voorstelling van de stand-upcomedian Michael McIntyre waarin hij zei dat ons vier dingen te doen staan met onze kinderen: aankleden, te eten geven, wassen en in bed stoppen. Hij vertelde dat hij voor hij kinderen kreeg zich het leven als ouder voorstelde als door de weilanden hollen en picknicken, maar in werkelijkheid bleek iedere dag een eindeloze strijd om ze slechts die vier basisdingen te laten doen. Er werd veel gelachen in de zaal toen hij beschreef hoeveel moeite hij moest doen ze hun haar te laten wassen, een jas aan te trekken, ze naar buiten te krijgen en groente te laten eten. Het waren ouders* die lachten, misschien ouders zoals wij, die dat maar al te goed kennen. Want ouders kunnen het zwaar hebben. Bij tijden kan het saai, deprimerend, frustrerend en vermoeiend zijn, terwijl het tegelijkertijd de grappigste, vrolijkste en meest liefdevolle, fantastische tijd is die je ooit zult meemaken.

Als je overweldigd raakt door het eeuwige gedoe met luiers, kinderziektes en driftbuien (van peuter en puber) of na

* Met het woord 'ouders' bedoel ik mensen die verantwoordelijk zijn voor kinderen die van hen zijn, in biologische of juridische zin, of als naaste familie of vriend. Je zou 'ouder' dus kunnen vervangen door 'voornaamste verzorger'. Soms gebruik ik het woord 'verzorger' en dit kan een ouder zijn, een vervangende ouder, een stiefvader of -moeder, een betaalde of onbetaalde hulp of iemand die primair de verantwoordelijkheid draagt voor een kind.

een lange werkdag thuiskomt voor je eigenlijke werk, zoals de bananenprak wegschrapen uit de kieren van de kinderstoel of de zoveelste brief van de schoolleiding ontvangt met het verzoek langs te komen, dan valt het niet altijd mee het ouderschap in perspectief te zien. Dit boek helpt je het grote plaatje te overzien, een stap terug te doen, in te zien wat wel en niet belangrijk is en wat je kunt doen om je kind te helpen zich verder te ontplooien.

De kern van het ouderschap is de relatie die je met je kind hebt. Als mensen planten waren, zou die relatie de aarde zijn. De relatie biedt steun, voedt en maakt het mogelijk verder te groeien – of juist niet. Als kinderen geen relatie hebben waar ze op terug kunnen vallen, heeft dat gevolgen voor hun gevoel van geborgenheid. Je wilt dat jullie relatie een bron van kracht is voor je kinderen – en, op een dag, ook voor hun eigen kinderen.

Als psychotherapeut heb ik veel mensen aangehoord en gesproken die om allerlei redenen moeite hebben met het ouderschap. Door mijn werk heb ik gezien hoe relaties verziekt kunnen raken – en hoe je ze weer kunt herstellen. Dit boek is bedoeld ook anderen te laten inzien wat er relevant is aan het ouderschap. Dat behelst onder meer hoe je omgaat met gevoelens – van anderen én je eigen –, hoe je je zo op je kinderen kunt afstemmen dat je ze beter leert begrijpen en hoe je een echte band met ze opbouwt in plaats van telkens terug te vallen op het vermoeiende patroon van geruzie of het er maar bij laten zitten.

Ik houd me meer bezig met de langetermijnvisie op het ouderschap dan met de tips-en-trucsbenadering. Wat mij interesseert is hoe we goed kunnen opschieten met onze kinderen in plaats van ervoor te zorgen dat ze doen wat wij willen. In dit boek moedig ik je aan te kijken naar je eigen ervaringen als baby en kind, zodat je de goede kanten van je eigen opvoeding aan je kinderen kunt doorgeven en de minder gunstige aspecten kunt laten voor wat ze zijn. Ik kijk naar hoe we al onze relaties kunnen verbeteren en heilzaam kunnen maken voor onze kinderen om mee op te groeien. Ik bespreek hoe onze instelling tijdens de zwangerschap de toekomstige band met ons kind kan beïnvloeden, en hoe je zo kunt omgaan met een baby, een kind, een puber en een jongvolwassene dat je een relatie met ze opbouwt die hen sterkt en jou voldoening geeft. En je ondertussen een hoop minder heisa hebt met aankleden, eten, wassen en in bed stoppen.

Dit boek is voor ouders die niet alleen van hun kinderen houden, maar ze ook aardig willen vinden.

DEEL EEN

Wat je hebt meegekregen van je eigen opvoeding

Het cliché is waar: kinderen doen niet wat we zeggen, maar doen wat wij doen. Nog voor we gaan nadenken over het gedrag van onze kinderen, is het goed – essentieel zelfs – een blik te werpen op hun eerste rolmodellen. En een daarvan ben jij.

Dit deel is geheel aan jou gewijd omdat je van grote invloed zult zijn op je kind. Ik geef enkele voorbeelden van hoe het verleden kan doorwerken in het heden als het gaat om de relatie met je kind. Ik bespreek hoe kinderen vaak gevoelens van lang geleden in ons kunnen aanwakkeren, die dan abusievelijk gaan meespelen in hoe we met ze omgaan. Ik kijk ook naar het belang van het kritische stemmetje in onszelf, zodat we de schadelijke gevolgen daarvan enigszins kunnen beperken voor de volgende generatie.

Het verleden achtervolgt ons (en onze kinderen)

Een kind heeft behoefte aan warmte en bijval, fysiek contact, je fysieke aanwezigheid, liefde plus grenzen, begrip, spelen met mensen van alle leeftijden, troost en heel veel aandacht en tijd van jou. Nou, dat is dan simpel, dan kan het boek hier eindigen. Alleen is dat niet zo, omdat er van alles in de weg gaat zitten. Je leven kan in de weg gaan zitten: omstandigheden, kinderopvang, geld, school, werk, tijdgebrek en een druk bestaan... en echt, dat is helemaal geen eindeloze lijst, zoals je weet.

Wat echter nog meer in de weg kan gaan zitten, is wat we zelf hebben meegekregen als baby of kind. Als we niet stilstaan bij hoe we zelf zijn opgevoed, met alle gevolgen van dien, zal het verleden ons blijven achtervolgen. Misschien is je weleens iets ontvallen in de trant van: 'Ik deed mijn mond open en hoorde mezelf zeggen wat mijn moeder altijd zei.' Als dat iets was waardoor je je gewild, geliefd en geborgen voelde als kind is daar niets mis mee. Vaak is het echter iets met het tegenovergestelde effect.

Wat in de weg kan gaan zitten, zijn dingen als ons gebrek aan zelfvertrouwen, ons pessimisme, onze verdedigingsmechanismes die onze emoties op afstand houden, en ook onze angst te worden overmand door die emoties. In het specifieke geval van de band met onze kinderen zijn het zaken als de irritatie die onze kinderen opwekken, onze verwachtingen van ze of de angsten die we voor ze uitstaan. Wij zijn maar één schakel in een keten die millennia terugvoert en doorloopt tot god mag weten waar.

Het goede nieuws is dat je kunt leren die schakel een andere vorm te geven, wat het leven van jouw kinderen en vervolgens hun kinderen ten goede zal komen, en dat je daar nu mee kunt beginnen. Je hoeft niet alles te doen dat jou is aangedaan, je kunt de dingen die beroerd uitpakten ook gewoon laten. Als ouder, of aanstaande ouder, kun je je eigen jeugd tegen het licht houden en verkennen, nadenken over wat jou is overkomen, hoe je je daarbij voelde, toen en nu, en na dat te hebben ontleed en bekeken, stop dan alleen dat terug waar je daadwerkelijk iets aan hebt.

Als je als kind in de eerste plaats werd gezien als een uniek en waardevol mens, er onvoorwaardelijk van je werd gehouden, je voldoende positieve aandacht hebt gekregen en een fijne relatie had met de andere gezinsleden, heb je een blauwdruk in handen voor positieve, gezonde relaties. Dan heb je ook leren inzien dat je een positieve bijdrage hebt kunnen leveren aan je familie en verdere omgeving. Als dat allemaal het geval is, zal een kritische analyse van je kindertijd vermoedelijk niet al te pijnlijk zijn.

Als je jeugd anders is verlopen – en dat geldt voor velen van ons – kan het enigszins ongemakkelijk zijn om daarop terug te kijken. Het is in mijn ogen noodzakelijk ons bewuster te worden van dat ongemak om meer inzicht te krijgen in hoe we kunnen vermijden dat we het doorgeven. Veel van wat we als kind hebben meegekregen houdt zich net buiten ons bewustzijn op. Dat maakt het lastig om te weten of we reageren op iets wat ons kind doet in het hier en nu, of dat onze reactie geworteld zit in ons verleden.

Ik denk dat het volgende verhaal illustreert wat ik bedoel. Het werd me verteld door Tay, een liefhebbende moeder en senior psychotherapeut die andere psychotherapeuten opleidt. Ik noem haar beide rollen hier om duidelijk te maken dat zelfs de meest introspectieve en goedbedoelende mensen onder ons in een emotionele tijdlus verstrikt kunnen raken, waardoor we eerder op ons verleden reageren dan op wat er in het hier en nu gebeurt. Het verhaal begint met Emily, toen bijna zeven, die haar moeder riep omdat ze niet meer voor- of achteruit durfde op het klimrek en vroeg of haar moeder haar eraf wilde tillen.

> Ik zei dat ze naar beneden moest komen en toen ze zei dat ze dat niet kon, werd ik opeens woedend. Ik vond dat ze zich aanstelde – ze kon er zo af klimmen. Ik schreeuwde: 'Je komt nu naar beneden!'
> Uiteindelijk deed ze dat. Daarna wilde ze mijn hand vasthouden, maar ik was nog steeds woedend en zei nee, en toen moest ze huilen.
> Toen we weer thuis waren en thee hadden gezet, kalmeerde ze een beetje en ik deed het hele gedoe af met iets als: God, wat kunnen kinderen lastig zijn.
> De week daarop zijn we in de dierentuin, waar weer zo'n klimrek staat. Ik keek ernaar en voelde me opeens heel erg

schuldig. Het was duidelijk dat ook Emily aan de vorige keer dacht, want ze keek een beetje angstig naar me op.
Ik vroeg of ze erop wilde. Deze keer, in plaats van op een bankje op mijn telefoon te gaan zitten kijken, bleef ik naast het rek staan toekijken. Toen ze niet verder durfde te klimmen, stak ze haar armen naar me uit om haar te helpen. Ditmaal reageerde ik bemoedigender. Ik zei: 'Als je je ene voet hier zet, je andere daar en je dan hier vasthoudt, kun je er zelf afkomen.' En dat deed ze.
Toen ze weer op de grond stond, vroeg ze: 'Waarom hielp je me de vorige keer niet naar beneden?'
Ik dacht daar even over na en zei: 'Toen ik klein was, behandelde oma mij als een prinsesje en droeg me overal heen en zei alsmaar dat ik voorzichtig moest doen. Ik dacht dat ik niks zelf kon en had uiteindelijk geen enkel zelfvertrouwen meer. Ik wil niet dat jou dat overkomt, daarom wilde ik je vorige week niet helpen toen je me vroeg je eraf te tillen. Ik dacht aan toen ik zo oud was als jij en niet zelf naar beneden mocht klimmen. Ik werd opeens boos en reageerde dat af op jou, en dat was niet eerlijk.'
Emily keek naar me op en zei: 'O, ik dacht dat het je niets kon schelen.'
'O nee,' zei ik. 'Integendeel, maar op dat moment snapte ik niet dat ik boos was op oma en niet op jou. En dat spijt me.'

Het is heel gemakkelijk om net als Tay je oordeel of aanname over je emotionele reactie al klaar te hebben, nog voordat je hebt bedacht of daar niet evenzeer je eigen verleden en achtergrond in meespelen als wat in het hier en nu gebeurt.

Als je boos wordt – of een andere emotie ervaart zoals verontwaardiging, frustratie, jaloezie, walging, paniek, irritatie, weerzin, angst enzovoort – in reactie op iets wat je kind heeft gedaan of gevraagd, is het echter goed om daarin een waarschuwing te zien. Geen waarschuwing dat je kind noodzakelijkerwijs iets verkeerds heeft gedaan, maar dat het iets in jou heeft losgemaakt.

Vaak werkt het als volgt: als je boos of anderszins hevig geëmotioneerd reageert in het bijzijn van je kind of kinderen, is dat omdat je geleerd hebt je op die manier te verweren tegen het gevoel dat je overviel toen je zo oud was als zij. Buiten je bewustzijn om dreigt hun gedrag gevoelens in je los te maken die je zelf toen ervoer, zoals wanhoop, eenzaamheid, jaloezie, verlangen of hulpeloosheid. En dus kies je onbewust voor de gemakkelijkste weg: in plaats van mee te gaan in wat je kind ervaart, stap je direct over op woede, frustratie of paniek.

Soms gaan dergelijke emoties uit het verleden meer dan een generatie terug. Mijn moeder kon zich verschrikkelijk ergeren aan het geschreeuw van spelende kinderen. Het viel me op dat ook ik ineens scherp oplette als mijn eigen kind en haar vriendinnetjes iets luidruchtiger werden, zelfs als ze gewoon leuk aan het spelen waren. Omdat ik daar meer van wilde weten, vroeg ik mijn moeder wat er zou zijn gebeurd als zij als kind kabaal had gemaakt tijdens het spelen. Ze vertelde me dat haar vader – mijn opa – al in de vijftig was toen ze werd geboren en vaak verschrikkelijke hoofdpijn had en dat alle kinderen rond het huis op hun tenen moesten lopen, anders zouden ze ervan langs krijgen.

Misschien ben je bang te erkennen dat je irritatie over je kind soms de overhand krijgt, omdat je denkt dat het gevoel dan erger wordt of op de een of andere manier reëler. In werkelijkheid leiden het benoemen van onze hinderlijke gevoelens en daar een alternatieve verklaring voor vinden – eentje waarin we onze kinderen niet verantwoordelijk houden – ertoe dat we onze kinderen niet veroordelen en er in zekere zin zelfs de schuld van geven die in ons te hebben losgemaakt.

Als je dat lukt, zal je minder geneigd zijn dit gevoel bot te vieren op je kind. Je zult er niet altijd in slagen een logische verklaring te vinden voor wat je voelt, maar dit betekent niet dat die er niet zou zijn. Het kan helpen dat in je achterhoofd te houden.

Het kan bijvoorbeeld ook zo zijn dat je als kind het gevoel had dat de mensen van wie jij hield jou niet altijd even leuk vonden. Ze vonden je soms misschien vervelend, lastig, teleurstellend, onbelangrijk, bloedirritant, onhandig of dom. Als je daaraan wordt herinnerd door het gedrag van je eigen kind gaat dat opspelen en eindigt het ermee dat je gaat schreeuwen of je inmiddels standaard geworden negatieve gedrag uitleeft.

Het lijdt geen twijfel dat het ouderschap soms als een zware last kan voelen. Van de ene op de andere dag wordt je kind je hoogste en meest veeleisende prioriteit, non-stop. Het kan zelfs zo zijn dat met een eigen kind in huis je pas beseft wat je ouders hebben doorstaan en je ze meer gaat waarderen, je je sterker met ze identificeert, of milder over ze gaat denken. Je moet je echter ook identificeren met je eigen kind of kinderen. Als je af en toe even stilstaat bij hoe je jezelf als baby of kind op die leeftijd zou hebben gevoeld, leer je ook meer begrip op te brengen voor je kind. Het zal je helpen ze beter te begrijpen en je in hen in te leven als hun gedrag iets in je wakker maakt waardoor je even niets meer met ze te maken wilt hebben.

Ik had een cliënt, Oskar, die een jongetje van achttien maanden had geadopteerd. Iedere keer dat zijn zoon eten op de vloer morste of het liet staan, voelde Oskar woede in zich opwellen. Ik vroeg hem wat er zou zijn gebeurd als hij als kind eten zou hebben gemorst of laten staan. Hij herinnerde zich dat zijn opa hem dan met het handvat van een mes op zijn knokkels sloeg en daarna de kamer uit stuurde. Na opnieuw te hebben ervaren hoe hij zich als klein jongetje had gevoeld als hij zo werd behandeld, voelde hij medelijden met zichzelf als peuter, waardoor hij ook meer geduld voor zijn eigen kind leerde opbrengen.

Het ligt voor de hand ervan uit te gaan dat wat je voelt wordt opgeroepen door wat er voor je ogen gebeurt en niet domweg een reactie is op wat zich in het verleden heeft afgespeeld. Een voorbeeld: stel dat je een kind van vier hebt dat voor haar verjaardag een heleboel cadeautjes krijgt en je haar verwijtend 'verwend' noemt omdat ze weigert de andere kinderen ermee te laten spelen.

Wat is hier aan de hand? Het kind kan er natuurlijk niets aan doen dat ze zoveel cadeautjes heeft gekregen. Onbewust denk je misschien dat ze niet zoveel spullen heeft verdiend en je irritatie daarover vertaalt zich in een verwijtende toon of de onredelijke verwachting dat ze zich volwassener moet gedragen.

Als je hier even bij stilstaat en je verdiept in wat je zo ergert, dan kom je er misschien achter dat de vierjarige in jou jaloers is of zich tekortgedaan voelt. Misschien is jou als vierjarige verteld dat je iets met een ander moest delen terwijl je dat niet wilde, of kreeg jij nooit veel cadeautjes, en om geen medelijden te voelen met jezelf als vierjarige reageer je je af op je kind.

Dat doet me denken aan de anonieme haatmails en negatieve aandacht van sociale media die bekende mensen over zich heen gestort krijgen. Als je tussen de regels door leest, spreekt daar toch vooral uit: *het is niet eerlijk dat jij beroemd bent en ik niet*. Het is niet ongebruikelijk jaloers te zijn op je kinderen. Als dat zo is, moet je daar echter eerlijk voor uitkomen en dat niet afreageren op je kinderen. Een ouderlijke trol is wel het laatste waar ze behoefte aan hebben.

Verspreid over dit boek heb ik een aantal oefeningen opgenomen die je meer inzicht kunnen geven in waar ik het hier over heb. Als je er geen baat bij hebt of ze te ingrijpend vindt, kun je ze gewoon overslaan en misschien later nog eens doen als je eraan toe bent.

OEFENING: WAAR KOMT DEZE EMOTIE VANDAAN?

De volgende keer dat je boos wordt (of anderszins hevig geëmotioneerd reageert) op je kind, reageer dan niet meteen impulsief, maar vraag jezelf af: komt wat ik nu voel puur en alleen voort uit deze situatie met mijn kind op dit moment? Weerhoud ik mijzelf ervan de situatie vanuit zijn standpunt te bekijken?

Eén manier om jezelf ervan te weerhouden om direct te reageren, is te zeggen: 'Ik moet hier even over nadenken' en die tijd gebruiken om te kalmeren. Zelfs als je kind streng moet worden toegesproken, heeft het weinig zin dat te doen als je boos bent. Als je het op dat moment doet, zal hij alleen horen dat je boos bent en niet wat je hem probeert duidelijk te maken.

De tweede variant op deze oefening kun je zelfs doen als je geen kinderen hebt. Noteer voor jezelf hoe vaak je boos bent, of star, verontwaardigd, paniekerig of je misschien schaamt, walgt van jezelf of je volkomen geïsoleerd voelt. Zoek naar het patroon daarachter. Denk terug aan je kindertijd, de eerste keer dat je je zo voelde en dit gedrag begon te vertonen om erachter te komen in hoeverre deze reactie een gewoonte is geworden. Met andere woorden, vraag jezelf af in hoeverre je uit gewoonte zo reageert en in hoeverre de situatie dit uitlokt.

Breuk en herstel

In een ideale wereld zouden we altijd voorkomen dat we uiting geven aan onze emoties als die volkomen onterecht zijn.

We zouden nooit tegen onze kinderen schreeuwen, ze dreigen of ze een rotgevoel over zichzelf geven. Natuurlijk is het niet realistisch om te denken dat dit ons altijd zal lukken. Kijk naar Tay – een ervaren psychotherapeute, die desondanks haar woede uitleefde omdat ze dacht dat de situatie dat rechtvaardigde. Ze deed echter ook iets anders, iets wat wij allemaal kunnen leren, namelijk het leed herstellen, wat ook wel 'breuk en herstel' wordt genoemd. Breuken – al die keren dat we elkaar verkeerd begrijpen, foute conclusies trekken, de ander pijn doen – zijn onvermijdelijk in iedere belangrijke, intieme familiale relatie. Niet de breuk is belangrijk, maar het herstel.

Om zo'n breuk in een relatie te herstellen kun je allereerst leren om anders te reageren, dat wil zeggen je gevoelige punten leren kennen en met die kennis in je achterhoofd het anders aanpakken. Of je kunt, als je kind oud genoeg is, erover praten en sorry zeggen, zoals Tay dat deed met Emily. Zelfs als je pas maanden later opeens inziet dat je fout zat, kun je je kind uitleggen wat daar verkeerd ging. Een kind, zelfs een volwassen kind, kan er heel veel aan hebben als een ouder iets herstelt. Neem het idee dat Emily zich in haar hoofd had gehaald. Ze dacht dat Tay eigenlijk niets om haar gaf. Wat een opluchting om te weten dat haar moeder wel om haar gaf, maar met iets heel anders worstelde.

Een moeder vroeg me eens of het gevaarlijk was om je tegenover je kinderen te verontschuldigen. 'Moeten ze niet weten dat wat jij doet altijd goed is, omdat ze zich anders onzeker gaan voelen?' vroeg ze. Nee! Wat kinderen nodig hebben is dat we oprecht en authentiek zijn, niet perfect.

Denk eens terug aan je eigen jeugd: werd jou ooit het gevoel gegeven dat je 'slecht' was, fout zat of zelfs verantwoordelijk was voor de 'boze buien' van je ouders? Als dat zo is, is het maar al te gemakkelijk dat gevoel te compenseren door anderen zich slecht te laten voelen, en maar al te vaak zijn je kinderen daar de dupe van.

Kinderen voelen instinctief aan als we niet op een lijn met ze zitten of de situatie verkeerd inschatten. Als we dan net doen alsof dat niet zo is, ondermijnen we hun instinct. Stel dat we als volwassenen doen alsof we altijd gelijk hebben, dan kan dat ertoe leiden dat een kind zich in extreme mate gaat aanpassen – niet alleen aan wat jij zegt, maar ook aan wat willekeurige anderen zeggen. Daardoor kunnen ze kwetsbaarder worden voor mensen die niet het beste met ze voor hebben. Ons zelfvertrouwen, onze zelfredzaamheid en onze intelligentie berusten voor een groot deel op ons instinct, dus is het een goed idee dat niet te beschadigen of vervormen bij je kind.

Ik ontmoette Mark bij een oudergroep die ik leid en waar hij op aanraden van zijn vrouw, Toni, heen was gekomen. Hun zoon Toby was toen bijna twee. Mark vertelde me dat hij en zijn vrouw destijds hadden besloten geen kinderen te krijgen, maar dat hij op zijn veertigste haar daar toch toe had overgehaald. Na een jaar lang te hebben geprobeerd zelf zwanger te worden en vervolgens een jaar ivf te hebben geprobeerd, raakte ze zwanger.

Gegeven het feit dat we er zoveel voor hebben moeten doen, verbaast het me, nu ik er zo op terugkijk, wat een wazig beeld ik had van het leven met een kind. Ik geloof dat ik mijn ideeën daarover voornamelijk baseerde op wat je op tv ziet, waar de baby vreemd genoeg bijna altijd slaapt en maar zelden huilt.

Toen Toby er eenmaal was, diende de realiteit zich aan van nooit meer spontaan of flexibel kunnen zijn, de eeuwige sleur van een baby, het 24 uur per dag afwisselend babydienst draaien, waardoor ik bleef laveren tussen wrok en een diepe somberheid en soms door beide werd overvallen.

> We zijn inmiddels twee jaar verder en ik heb nog steeds weinig plezier in mijn leven. Toni en ik hebben het alleen maar over Toby, en als ik ergens anders over begin, gaat het binnen een minuut weer over hem. Ik weet dat ik egoïstisch ben, maar dat laat onverlet dat ik het gevoel heb dat ik dit niet lang meer trek. Ik zie mezelf niet nog veel langer met Toni en Toby leven, als ik eerlijk ben.

Ik vroeg Mark me iets over zijn jeugd te vertellen. Het enige wat hij kwijt wilde was dat hij er weinig heil in zag dat met mij te bespreken, hij had een doodnormale jeugd gehad. Als psychotherapeut interpreteerde ik dat 'weinig heil zien' als teken dat hij zich ervan wilde distantiëren. Ik had sterk het vermoeden dat het vaderschap gevoelens in hem had wakker gemaakt waar hij zich verre van wilde houden.

Ik vroeg Mark wat hij met 'doodnormaal' bedoelde. Hij vertelde me dat zijn vader was vertrokken toen hij drie was en hen met de jaren steeds minder vaak kwam opzoeken. Mark heeft gelijk: dat is een normale jeugd. Dat betekent echter niet dat het vertrek van zijn vader hem koud liet.

Ik vroeg Mark hoe hij zich had gevoeld toen zijn vader het gezin in de steek had gelaten, maar dat kon hij zich niet meer herinneren. Ik opperde dat het misschien te pijnlijk was om daaraan terug te denken. En dat hij het misschien gemakkelijker vond om net als zijn vader te worden en weg te gaan bij Toni en Toby om niet te worden geconfronteerd met zijn eigen lastige emoties. Ik zei dat het volgens mij belangrijk was om die confrontatie wel aan te gaan, omdat hij anders niet leerde inzien wat zijn zoon van hem nodig had en Toby zou aandoen wat hem was aangedaan. Ik kon uit zijn antwoord niet opmaken of hij echt had begrepen wat ik zei.

Pas zes maanden later zag ik Mark weer, bij een andere oudergroep. Hij vertelde me dat hij behoorlijk depressief was geweest en in plaats van dat te negeren, had besloten in therapie te gaan. Tot zijn eigen verbazing, vertelde hij me, had hij bij die therapeut staan schreeuwen en huilen over het vertrek van zijn vader.

> De therapie hielp me die gevoelens te plaatsen waar ze thuishoorden – bij het feit dat mijn vader ons in de steek had gelaten – in plaats van te denken dat ik gewoon niet in de wieg was gelegd voor een relatie of het vaderschap.
> Ik zeg niet dat ik het geen sleur meer vind, of geen enkele wrok meer voel, maar ik weet nu dat die wrok thuishoort in het verleden. Ik snap nu dat het niets met Toby te maken heeft.
> Ik begrijp waarom het belangrijk is om Toby nu al die aandacht te geven, zodat hij zich goed voelt, niet alleen nu, maar ook in de toekomst. Toni en ik laden hem op met liefde, en hopelijk leidt dat ertoe dat als hij ouder is, hij een hoop liefde heeft te geven en enig gevoel van eigenwaarde ontwikkelt. Ik heb geen contact meer met mijn eigen vader. Ik weet dat Toby van mij krijgt wat ik nooit van mijn eigen pa heb gekregen, en dat we nu de basis leggen voor een prachtige relatie.
> Omdat ik nu snap wat ik doe, is mijn ontevredenheid grotendeels omgeslagen in hoop en dankbaarheid. Ik voel me ook veel sterker verbonden met Toni. Nu ik meer geïnteresseerd ben in en me betrokken voel bij Toby, kan Toni ook weer aan andere dingen denken dan alleen Toby.

Mark herstelde de breuk met Toby – zijn wens hem in de steek te laten – door naar zijn eigen verleden te kijken om te snappen wat er toch aan de hand was. Toen lukte het hem ook zijn houding tegenover zijn zoon in een ander licht te zien. Het was alsof hij zijn liefde pas kon uiten toen hij zijn verdriet had geuit.

Het verleden herstellen

Een tijdje geleden vroeg een aanstaande moeder me welke raad ik had voor jonge ouders. Ik vertelde haar dat je kind je op iedere leeftijd geheid op een fysiek niveau zal herinneren aan de emoties waar je zelf mee rondliep toen je ongeveer zo oud was. Ze keek me vagelijk geamuseerd aan.

Ongeveer een jaar later vertelde diezelfde moeder me, een peuter aan haar voeten, dat ze destijds niet had begrepen waar ik het over had. Ze had het echter wel onthouden, en terwijl ze langzaam in haar nieuwe rol groeide was haar dat heel erg duidelijk geworden en had het haar ook geholpen zich in haar kind te verplaatsen. Je herinnert je niet bewust hoe het is om een baby te zijn, maar op een ander niveau toch ook wel, en dat zal je kind je telkens weer laten ervaren.

Het is niet ongebruikelijk dat ouders zich terugtrekken uit het leven van hun kind op het moment dat hun eigen ouder of ouders dat ook deden. Of de ouder is geneigd zich emotioneel van het kind te distantiëren als dat even oud is als toen zij zich alleen voelde staan. Mark is een klassiek voorbeeld van iemand die de confrontatie mijdt met de gevoelens die zijn zoon in hem losmaakte.

Je bent misschien geneigd voor die gevoelens weg te hollen, en ook voor je kind, maar als je daaraan toegeeft, doe je je kind aan wat jou is aangedaan. Natuurlijk geef je ook een heleboel goede dingen door aan je kind – alle liefde die je kreeg – maar wat je niet wilt doorgeven is je oude angst, haat, eenzaamheid of wrok. Er zijn momenten dat je wordt overmand door nare gevoelens over of in het bijzijn van je kind, net zoals je dat soms kunt hebben met je partner, je vader of moeder, je vriend of vriendin of jezelf. Als je daar eerlijk voor uitkomt, loop je minder kans je kinderen onbedoeld te straffen voor het gevoel dat ze in je hebben aangewakkerd.

Als je er net als Mark achter komt dat het gezinsleven je tegenstaat omdat je het gevoel hebt naar de zijlijn te worden geschoven, komt dat misschien omdat je als kind naar de zijlijn werd geschoven en geen deel leek uit te maken van het leven van een of beide ouders. Soms ervaar je die wrok als sleur, of een zekere afstand tot je kind.

Sommige ouders denken dat ik overdrijf als ik woorden gebruik als 'in de steek laten' en 'wrok'. 'Ik voel helemaal geen wrok tegen mijn kinderen,' zeggen ze dan. 'Ik wil soms gewoon even met rust gelaten worden, maar ik houd zielsveel van ze.' Ik zie 'in de steek laten' als een breed spectrum. Aan het ene uiterste staat het daadwerkelijk je fysiek verwijderen en volledig onttrekken aan het leven van je kind, zoals Marks vader deed. In mijn ogen laat je je kinderen echter ook in de steek als je ze van je wegduwt als ze om aandacht vragen of als je niet echt naar ze luistert als ze je bijvoorbeeld hun tekening willen laten zien (waarmee ze je in zekere zin willen laten zien wie ze echt zijn).

Het gevoel ze van je weg te willen duwen – als je zou willen dat ze lekker lang bleven slapen of zelf wat zouden gaan spelen voor ze daar eigenlijk aan toe zijn, zodat ze jou even vrij laten – kan de kop opsteken als je probeert je niet in hen te verplaatsen, omdat ze je op een pijnlijke manier aan je eigen jeugd herinneren. Dáárom ben je niet in staat tegemoet te komen aan hun behoeften. We kunnen onszelf voorhouden dat we ons kind van ons wegduwen omdat we wat meer tijd willen hebben voor de andere aspecten van ons leven, zoals werk, vrienden en Netflix, maar wij zijn de volwassenen hier. Wij weten dat deze afhankelijke fase precies dat is, een fase, en dat het werk, onze vrienden en andere hobby's weer kunnen worden opgepakt als dit kleine persoontje ons iets minder hard nodig heeft.

Het is moeilijk dit te accepteren en niet aan de volgende generatie door te geven hoe we zelf zijn behandeld. We moeten ons van onze gevoelens bewust worden en erover nadenken, in plaats van er uiting aan te geven zonder het fijne ervan te weten. Als we eerlijk uitkomen voor de wat minder acceptabele manier waarop we soms zouden willen reageren – in Marks geval: weggaan bij zijn gezin – kan ons ook een gevoel van schaamte bekruipen. Vaak schieten we dan in de verdediging om dat niet te hoeven voelen. Alleen verandert er dan niets en geven we ons onvermogen door aan een volgende generatie. Van schaamte ga je niet dood. Als we ons bewust worden van wat er speelt, kunnen we die schaamte omzetten in trots omdat we hebben leren inzien hoe we geneigd waren te reageren en ons realiseren hoe we het roer kunnen omgooien.

Belangrijk is dat je je op je gemak voelt bij je kind, het geborgenheid biedt en het gevoel geeft bij haar te willen zijn. De woorden die we gebruiken kunnen daarbij helpen, maar het voornaamste is toch onze warmte, onze aanraking, onze hartelijkheid en ons respect voor ze: respect voor hun gevoelens, persoon, meningen en kijk op hun wereldje. Anders gezegd, we moeten ze laten voelen hoeveel we van ze houden als ze wakker zijn, niet alleen als ze lief liggen te slapen.

Als je iedere dag en ieder uur het gevoel hebt je kinderen niet om je heen te willen hebben, dan betekent dat waarschijnlijk dat je even verlost wilt zijn van de gevoelens die ze in je losmaken. Wil je daar niet steeds door worden overvallen, denk dan met compassie terug aan jezelf als baby of kind. Als je dát lukt, zal het je ook lukken je te identificeren met de behoeften en verlangens van je kind. Natuurlijk is het belangrijk af en toe een oppas te regelen en als volwassenen iets leuks te ondernemen, maar registreer ook of dat gevoel even van ze verlost te willen zijn diep zit en vrijwel non-stop aanhoudt. Vind dan de moed je te herinneren hoe het voelde toen je zelf zo oud was als zij nu.

OEFENING: MET COMPASSIE TERUGKIJKEN

Vraag je af welk gedrag van je kind het slechtste in je wakker roept. Wat is jou als kind overkomen toen je je zo gedroeg?

OEFENING: LEER VAN JE HERINNERINGEN

Doe je ogen dicht en denk aan je allereerste herinnering. Dat kan een beeld zijn, een gevoel, of een deel van een verhaal. Wat is de sterkste emotie in die herinnering? Wat zou die herinnering kunnen betekenen voor wie je nu bent? Welke invloed kan die herinnering hebben op jou als ouder? Bedenk dat als er iets komt bovendrijven tijdens deze oefening – bijvoorbeeld de angst voor een diepe gêne waardoor je nu per se altijd gelijk wilt hebben, misschien ten koste van je kind – je er juist trots op moet zijn dit in te zien in plaats van te denken dat je aan die schaamte kapotgaat of defensief dat gevoel uit de weg te gaan en te blijven reageren zoals je altijd doet.

Zelfkritiek

Zoals ik aan het begin al zei, doen kinderen eerder wat wij doen dan wat wij zeggen. Dus als je jezelf voortdurend bestraffend toespreekt, is de kans groot dat je kind die schadelijke gewoonte van je overneemt.

Een van mijn vroegste herinneringen is aan mijn moeder die in de spiegel kijkt en niets dan kritiek heeft. En toen ik jaren later precies hetzelfde deed in het bijzijn van mijn slimme puberdochter, zei ze dat ze het niet leuk vond me dat te zien doen en op slag herinnerde ik me datzelfde gevoeld te hebben.

Onze aangeleerde zijnswijze en gedragspatronen vertalen zich vaak in hoe we over onszelf praten, en dan vooral in onszelf. We horen vrijwel allemaal in ons hoofd een soort non-stop commentaar, waar we zo aan gewend zijn geraakt dat we zelden de inhoud ervan registreren. Dat stemmetje kan echter ongezouten kritiek leveren. Misschien houd je jezelf dingen voor als: 'Dat is niet voor mensen zoals ik' of 'Je kunt geen mens vertrouwen', 'Ik ben hopeloos', 'Ik zal nooit goed genoeg zijn, laat ik het maar opgeven', 'Mij lukt nooit iets', 'Ik ben te dik' of 'Ik ben nergens goed voor'. Pas op voor wat die stem zegt, want dat kan niet alleen je eigen leven gaan beheersen, maar ook dat van je kinderen als ze over zichzelf en anderen gaan oordelen.

Behalve dat die kritische stem je kind leert een hard oordeel te vellen, kan het ook je sombere stemming verergeren, je zelfvertrouwen ondermijnen en je ieder gevoel van eigenwaarde ontnemen. En er is nóg een reden waarom je die stem een halt moet toeroepen: het heeft er alle schijn van dat we die innerlijke stem (net als ons openlijke gedrag) doorgeven aan onze kinderen. Als je wilt dat je kinderen openstaan voor het geluk, is vaak de grootste sta-in-de-weg, tussen vele andere, jouw zelfkritiek.

We zijn volwassen geworden door wat we in onze jeugd hebben meegemaakt – dat is hoe mensen zich in essentie ontwikkelen –, maar onze jeugdervaringen laten zich lastig afschudden. Het valt soms niet mee om die kritische stem in jezelf het zwijgen op te leggen, maar je kunt in ieder geval voor jezelf registreren wanneer je zelfkritiek hebt en jezelf complimenteren dat je dat opmerkt.

Elaine is moeder van twee kinderen en werkt in een kunstgalerie. Zij is zich bewust van het negatieve stemmetje in haar hoofd:

> Meestal gaat dat over mislukken. Dat ik iets maar beter kan laten, omdat het toch niet gaat werken... omdat ik er

niks van kan... omdat ik mezelf voor schut zet. Ik ontmoedig mezelf iets te ondernemen. En verwijt mezelf dan dat ik niet avontuurlijk genoeg ben en geen inzet toon. Ik vertel mezelf dat ik nooit eens iets doorzet, oppervlakkig ben en geen enkele gedrevenheid of kennis van zaken heb. Zelfs nu ik dit tegen jou zeg, hoor ik die stem in mijn hoofd beweren: 'Maar zo is het toch ook?'
Ik voel me schuldig als ik bedenk aan wie ik die stem waarschijnlijk te danken heb, want ik ben echt dol op mijn moeder. Ik heb altijd geweten, en ook aan den lijve ervaren, dat ze van me hield. Maar mam is een piekeraar, heeft zichzelf nooit goed genoeg gevonden, zit met een hoop negativiteit. Ze heeft altijd hard over zichzelf geoordeeld, ook nu nog. Als je opmerkt: 'Wat een heerlijke lasagne', zegt ze: 'Weinig smaak en te veel kaas.'
Op de een of andere manier heeft ze dat gevoel van niet-goed-genoeg-zijn overgedragen op mijn zus en mij. We blijven hangen bij wat ons niet is gelukt en zien daarin het bewijs van ons onvermogen en het idee dat we het niet eens hoeven proberen. Ik haalde eens een 7 voor Frans en mijn hele wereld stortte in.
Mam probeert wel positief te zijn, maar doet dat teniet door wat ze er dan uitflapt. Toen ik tijdens de laatste doorpas van mijn trouwjurk uit de kleedkamer kwam, keek ze zorgelijk, haar lippen samengeknepen, en zei: 'Ja, ja, op de dag zelf, met de bloemen en de sluier en alles, kan het ermee door.' Haar zorgen en onzekerheden kunnen onbedoeld een verwoestende uitwerking hebben op de mensen om haar heen.

Naast dat haar moeder een zelfondermijnend stemmetje in haar hoofd had zitten, zei Elaine dat haar moeder het ook vaak bij het rechte eind had, maar – en ik wil haar absoluut niet demoniseren – net als de meesten van ons realiseerde ze zich misschien niet hoe ze tegen zichzelf praatte, en evenmin dat ze die gewoonte op haar kinderen kon overdragen.

Als je registreert hoe je tegen jezelf praat, staan je enkele opties ter beschikking hoe je daarnaar wilt luisteren. Dit is de manier waarop Elaine dat aanpakte:

> Ik wil dit zeker niet aan mijn kinderen doorgeven. Ik wil ze niet opzadelen met mijn faalangst. Dat is zo demoraliserend.
> Vroeger ging ik in discussie met die stem, en dat verloor ik altijd (en het kostte me ook zoveel energie en aandacht). Onlangs heb ik ontdekt dat het het beste is je er niets van aan te trekken. Ik behandel die zelfkritiek nu zo'n beetje als een lastige collega op het werk en zeg: 'Nou, het staat je vrij te denken wat je wilt.'
> Ik probeer dingen te ondernemen waar mijn innerlijke stem me niet toe in staat acht. Ik dwing mezelf mijn angst te overwinnen om mijn kinderen niet te ontmoedigen, ze te laten zien dat het niet erg is als je faalt. Ik ben weer gaan schilderen, ondanks de stem in mijn hoofd die me zei dat op te geven. In plaats van over mijn werk te oordelen, train ik mezelf nu op te merken wat ik er fijn aan vind en over welk deel van het schilderij ik tevreden ben. Een onverwacht neveneffect is mijn toegenomen zelfvertrouwen, niet alleen wat betreft mijn schilderijen, maar in het leven in het algemeen.

Als we de essentie van wat Elaine doet vertalen in een proces, ziet dat er als volgt uit:

1 Stap een is de stem herkennen.
2 Ga er niet in mee of ertegenin. Zie de stem als een hinder-

lijk iemand die je van je afschudt door naar hem te luisteren zonder met hem in te stemmen, bijvoorbeeld door te denken: je mag denken wat je wilt.

3. Vergroot je comfortzone. Door iets te ondernemen waar je innerlijke stem je niet toe in staat acht, groeit je zelfvertrouwen. Als je daarbij aan jezelf gaat twijfelen, weet je dat je iets doet dat je zal bijblijven.
4. Als je je bewust bent van het gevaar dat je je kritische stem doorgeeft aan je eigen kind, zal je extra gemotiveerd zijn er goed op te letten.

OEFENING: HERKEN JE KRITISCHE STEM

Houd pen en papier bij de hand en noteer iedere vorm van zelfkritiek die gedurende de dag in je opkomt. Herken je de kritiek omdat je die in je verleden al eens van anderen hebt gehoord?

Denk aan iets wat je graag zou willen bereiken en de stappen die daarvoor nodig zijn. Luister naar wat je hierover in jezelf zegt. Zeg je iets om jezelf te ontmoedigen? Doet die stem je aan iemand denken?

Goede ouder/slechte ouder: de nadelen van een oordeel

Het feit dat je dit nu leest, betekent dat je de best mogelijke vader of moeder wilt zijn. Een van de dingen die je daarvan weerhoudt, is je oordeel, zowel over jezelf als over anderen. Hoe we over onszelf oordelen als ouders is mijn schrikbeeld.

Etiketten als ‘Goede ouder/slechte ouder’ helpen je niet verder, omdat ze over extremen gaan. Het is onmogelijk om voortdurend op dezelfde golflengte als je kinderen te zitten, en zelfs goede bedoelingen kunnen verkeerd uitpakken. Omdat niemand wil worden aangemerkt als een ‘slechte’ vader of moeder als we eens de fout in gaan (en dat doen we allemaal), ontkennen we dat echter om te vermijden als zodanig te worden aangemerkt.

Mede als gevolg van zo'n etiket als 'goede moeder' of 'slechte vader' of vice versa schieten we bij alles wat we mogelijk verkeerd hebben gedaan in de verdediging om onszelf de vernedering te besparen een kwalijke rol te hebben gespeeld. Dat betekent dat we niet kijken naar of letten op de manier waarop we onszelf distantiëren van onze kinderen, of voorbijgaan aan hun emotionele behoeften. We denken niet na over hoe we onze relatie met ze kunnen verbeteren. Het kan ook betekenen dat we voor onszelf de dingen die we mogelijk verkeerd doen wegstoppen achter de dingen die we goed doen, zodat we kunnen volhouden een 'goede' moeder of vader te zijn.

De angst om als ouder te erkennen waar we mogelijk de fout in gaan helpt ook onze kinderen niet. Vergissingen – pretenderen dat de gevoelens van onze kinderen niet tellen of wat dan ook verkeerd doen – worden veel minder belangrijk als we ons anders gaan gedragen en de breuk herstellen. We kunnen echter niets herstellen als we ons te beschaamd voelen om onze fouten te erkennen – en het etiket 'slecht' draagt daar alleen maar toe bij.

Laten we niet meer spreken van goed en slecht als we het over vaders en moeders hebben. Niemand is in alle opzichten een heilige of een zondaar. Een knorrige, eerlijke ouder (normaliter gezien als 'slecht') kan een betere ouder zijn dan een gefrustreerde, wrokkige ouder die zich verschuilt achter een façade van zoetsappige beminnelijkheid. Ik ga nog verder. Net zoals we geen oordeel over onszelf moeten vellen, moeten we ook geen oordeel vellen over onze kinderen. Het is heel bevredigend om iets in een doosje te stoppen, er een etiket op te plakken en dan te vergeten, maar dat is niet goed voor ons, en zeker ook niet voor degene in dat doosje. Niemand is ermee geholpen als je je kind aanmerkt als 'goed' of 'slecht' of enig ander oordeel over ze velt, omdat het lastig is je te ontworstelen aan een etiket: 'het stille kind', 'de brokkenpiloot', 'haantje-de-voorste'...

Mensen veranderen en groeien voortdurend, zeker de kleineren onder ons. In plaats van een oordeel te vellen, kun je beter omschrijven wat je ziet en zeggen wat je waardeert. Zeg dus: 'Ik vond het fijn om te zien dat je je zo concentreerde op die sommen' in plaats van: 'Wat kun jij goed rekenen.' Zeg: 'Ik ben onder de indruk van al het werk dat je in de tekening hebt gestoken. Ik vind het leuk dat het net lijkt alsof dat huis glimlacht. Daar word ik nou vrolijk van.' En niet: 'Een prachtige tekening.'

Prijs de moeite die ervoor is gedaan, beschrijf wat je ziet en moedig je kind aan zonder een oordeel uit te spreken. Het beschrijven en vinden van iets specifieks dat je bevalt, is veel bemoedigender dan een generiek oordeel als 'goed gedaan' en heel wat nuttiger dan kritiek. Als een hele bladzijde tekst er rommelig uitziet, maar de letter 'p' prachtig geschreven is, hoef je alleen maar te zeggen: 'Ik vind dat je die "p" heel netjes hebt gedaan.' Hopelijk zie je dan de volgende keer nog een letter die je mooi vindt.

OEFENING: VEL GEEN OORDEEL

Leer om jezelf niet te beoordelen op grond van wat je maakt en doet, maar observeer en krijg waardering voor wat je goed doet. Merk op hoe anders je je dan voelt. Zeg bijvoorbeeld in plaats van: 'Ik kan goed brood bakken' eens: 'Het loont duidelijk de moeite wat meer tijd te steken in brood bakken.' Zeg niet: 'Ik ben slecht in yoga', maar: 'Ik ben begonnen met yoga en sinds vorige week alweer vooruitgegaan.' Het zit hem niet zozeer in de woorden – ik spreek geen banvloek uit over 'goed' of 'slecht' –, het is eerder een kwestie van je oordeel uitstellen of je conclusie enigszins openhouden in plaats van definitief te laten klinken. Dat is minder schadelijk voor onszelf en onze kinderen.

Ik ben dit boek begonnen met in de eerste plaats naar jou te kijken en niet zozeer naar je kind, want wat een kind tot het unieke wezen maakt dat het is (of zal worden, als het nog niet zover is) is een ongeëvenaarde mix van genen en omgeving, en jij bent een belangrijk deel van die omgeving.

Hoe we over onszelf denken en hoeveel verantwoordelijkheid we voor ons gedrag tegenover ons kind nemen, zijn sleutelaspecten van het ouderschap die te vaak over het hoofd worden gezien. We vinden het veel gemakkelijker ons te concentreren op onze kinderen en hun gedrag, dan na te denken over hun impact op ons en vervolgens onze impact op hen. En niet alleen hoe wij op ze reageren is bepalend voor hun persoonlijkheid en karakter, maar ook wat ze zien en ervaren in hun omgeving.

Ik hoop dat ik je ervan heb overtuigd nog eens goed te kijken naar hoe je reageert op de gevoelens die je kinderen in je losmaken. Wees je bewust van de manier waarop je tegen jezelf praat. Pas op voor dat stemmetje in je hoofd. En oordeel niet te snel – over jezelf, over hoe je het doet als vader of moeder, of over je kinderen.

DEEL TWEE

De omgeving van je kind

Een advocaat vertelde me onlangs over zijn werk met een vluchtelingengezin. Hij probeerde zich in hun situatie in te leven, hoe het was als je geen vaste stek had, een thuis. Een van de kinderen flapte er toen uit: 'O, maar we hebben wel een thuis, alleen nog geen vaste plek daarvoor.'

Dit antwoord ontroerde me. Het zegt in één zin hoe de liefde en zorg van gezinsleden een vangnet kunnen vormen dat we allemaal nodig hebben. Hoe kunnen we ervoor zorgen dat de relaties binnen een gezin voor allen voelen als een toevluchtsoord? Dit is wat ik in dit deel nader zal bekijken: hoe je een omgeving voor je gezin kunt creëren waarin je kinderen zullen gedijen.

Niet de opbouw is belangrijk, maar hoe we als gezin met elkaar omgaan

Jij vormt met degenen met wie je samenwoont de omgeving van je kinderen. Hoe je kinderen tegen zichzelf gaan aankijken en omgaan met anderen, wordt voor een groot deel bepaald door hun omgang met jou en de kleine kring om je heen: je eventuele co-ouder, je andere kinderen, grootouders, betaalde hulp en naaste vrienden.

Het is belangrijk goed te beseffen hoe we ons in deze relaties gedragen. Laten we de mensen die dicht bij ons staan onze waardering blijken of storten we onze woede over ze uit? Deze gezinsrelaties bepalen mede hoe de persoonlijkheid en geestelijke gezondheid van een kind zich zullen ontwikkelen. Kinderen zijn individuen, maar ook deel van een groter systeem. Naast de hechte familiebanden horen daar voor een kind ook de school, de eigen vrienden en de cultuur in meer algemene zin bij. Het is een goed idee dit systeem nader te bestuderen en dan te doen wat je kunt om er de best mogelijke omgeving voor jou en voor je kind van te maken. Het hoeft niet volmaakt te zijn – volmaaktheid bestaat niet.

De gezinsopbouw is niet het doorslaggevende punt, wat goed nieuws is als je geen deel bent van een kerngezin. Het gezin kan zo conventioneel of onconventioneel zijn als je maar wilt: ouders kunnen gescheiden leven, of samen, in een commune of een ménage à trois, ze kunnen homo-, hetero- of biseksueel zijn – dat maakt geen verschil. Onderzoek heeft aangetoond dat de gezinsstructuur zelf niet veel invloed heeft op de cognitieve en emotionele ontwikkeling van kinderen. In Groot-Brittannië groeit ruim een kwart van de kinderen op in een eenoudergezin, waarbij rond de helft van deze ongehuwde ouders een partner had op het moment dat hun kind werd geboren, en deze kinderen doen het niet beter of slechter dan die uit een meer conventioneel samengesteld gezin, als er rekening wordt gehouden met factoren zoals de financiële situatie en het opleidingsniveau van de ouders.

De mensen in het leven van een kind vormen de wereld van dat kind. Deze wereld kan rijk en liefdevol zijn, maar ook een slagveld. Het is veel belangrijker dan veel volwassenen denken dat het gezinsleven niet te ver doorslaat naar de slagveldkant van het spectrum. Als kinderen gestrest zijn, als ze zich zorgen maken over hun veiligheid, bestaanszekerheid en waar ze thuishoren, hebben ze niet de vrijheid nieuwsgierig te zijn naar de grotere wereld. Een gemis aan nieuwsgierigheid heeft een negatieve invloed op hoe ze zich kunnen concentreren en leren.

Tijdens een onderzoek werd tieners en ouders gevraagd of ze het eens of oneens waren met de volgende uitspraak: ‘Dat ouders goed met elkaar kunnen opschieten is een van de belangrijkste factoren in de opvoeding van gelukkige kinderen.' Zeventig procent van de tieners was het hiermee eens, en slechts 33 procent van de ouders.

Wat dit verschil verklaart is misschien dat de emotionele stress van kinderen van ouders en verzorgers met een slechte onderlinge verstandhouding onzichtbaar blijft voor volwassenen. Misschien weet je maar al te goed hoe erg het is als ouder om je kind te moeten zien lijden. En daarom is het erg moeilijk om onder ogen te zien dat je eigen gedrag daar misschien aan heeft bijgedragen.

Je voelt je misschien gerechtvaardigd je zo te gedragen, of hulpeloos bij het idee dat je je gedrag dient te veranderen. Mogelijk raak je ontmoedigd of wordt het je te veel als je moet erkennen hoe jij met je medeouder en andere naaste familieleden omgaat, maar ik hoop dat je in dit deel van het boek een aantal ideeën opdoet over hoe je dat eventueel kunt verbeteren.

Als ouders niet samenleven

Ook als je gescheiden leeft van de andere ouder van je kind is het belangrijk dat je op een respectvolle manier over hem of haar praat, dat je de goede punten van de ander kunt waarderen en niet altijd zijn of haar tekortkomingen benadrukt. Dit klinkt misschien onmogelijk voor een aantal mensen, vooral na een moeilijke scheiding. Misschien wordt het gemakkelijker voor je als ik zeg hoe belangrijk het is voor een kind: zij beschouwen zichzelf als deel van, verbonden met en thuishorend in allebei jullie levens. Als een van de ouders stelselmatig wordt aangeduid als 'slecht', wordt dat maar al te vaak geïnternaliseerd door kinderen, waardoor zij zichzelf ook 'slecht' gaan voelen. Kinderen kunnen ook verscheurd raken als ze proberen aan beide ouders loyaal te blijven.

Wat is de beste manier om uit elkaar te gaan? Een kind verwerkt een scheiding beter als de ouders met elkaar samenwerken en goed blijven communiceren en het kind met beide ouders geregeld een goed contact heeft. Als je dit voor elkaar krijgt, verkleint dat de kans aanzienlijk dat je kind later depressief of agressief wordt. Wat de relatie van het kind met de niet-thuiswonende ouder betreft, die pakt ook beter uit als er eenduidig en positief wordt gecommuniceerd tussen de ouders. Als een van de ouders (vaak de vader, maar niet altijd) uit hun leven verdwijnt na de scheiding, loopt het kind een grotere kans ongelukkig te worden, kwaad, depressief of onzeker. Daarom is het zo zorgelijk dat in Groot-Brittannië meer dan een kwart van de kinderen met gescheiden ouders drie jaar na de scheiding geen contact meer heeft met hun vader.

Ik begrijp dat het niet altijd mogelijk is goed te kunnen opschieten met een ex, zoals blijkt uit het volgende verhaal. Mel is de moeder van een zoon van zes jaar oud, Noah. Ze had vijf jaar lang een relatie met Noahs vader, James. Ze woonden vaak in verschillende landen en zagen zichzelf niet als een stel, maar ze genoten enorm van elkaars gezelschap als ze elkaar zagen. Het verhaal van Mel klinkt misschien wat extreem, maar kan heel bruikbaar zijn voor iedereen die onenigheid met een ex heeft over het ouderschap.

Toen Mel in verwachting raakte, ging James ervan uit dat ze abortus zou laten plegen. Toen ze dat niet deed, werd hij woedend en probeerde hun relatie te verbreken. Nu betaalt hij een minimale bijdrage voor de opvoeding, en dat nog alleen nadat hij door de vernederende procedure van een ouderschapstest was gesleept. Hij wil niets met Noah te maken hebben.

Als ik sprak met mensen in eenzelfde soort situatie als James, vertelden ze me dat ze blij waren met het leven dat ze hadden. Ze voelen zich bedreigd en beangstigd door de mogelijkheid hun leven te moeten veranderen als ze het belang zouden erkennen van iemand die van hen afhankelijk is.

En toch is een kind – dat geen ding is, maar een medemens in je leven die bovendien een paar decennia lang afhankelijk van je blijft – meer dan alleen een katalysator van verandering. Als je het ouderschap egoïstisch bekijkt, is een kind feitelijk een verrijking van je leven.

Bovendien verdwijnt een kind niet omdat je er geen aandacht aan besteedt. Jammer genoeg doen sommige mannen (en vrouwen) afstand van hun kinderen. Alsof ze niet echt bestaan als zij doen of ze niets met ze te maken hebben. Mel voelde aan haar water dat ze Noah niet moest vertellen dat zijn vader haar had laten zitten, ook al had ze zelf wel dat gevoel. Als haar zoon naar hem vraagt, haalt ze de vele goede eigenschappen en talenten van zijn vader op en praat ze daarover met haar zoon. Als Noahs vader in de toekomst toch nog eens deel wil worden van zijn leven, zal Mels positieve benadering dat proces gemakkelijker maken. Nu Noah ouder wordt en steeds meer vragen stelt, wordt het lastiger voor haar. Ze maakt zich zorgen dat, als haar zoon het hele verhaal zou kennen, hij de desertie van zijn vader persoonlijk zal opvatten, wat zijn gevoel van eigenwaarde een knauw kan geven, of misschien krijgt hij er een verwrongen kijk op zijn eigen sekse van, of beïnvloedt het zelfs zijn gedrag als volwassene op een negatieve manier.

Omdat Mel zich bewust is van deze voetangels, kan ze Noah er voorzichtig omheen leiden, maar dan nog biedt dat geen garantie dat hij zich toch niet op enigerlei moment het feit dat zijn vader er niet voor hem is zal aantrekken. Soms biedt het leven geen leidraad voor hoe je alles in orde kunt maken. Mel heeft een heleboel lieve en betrokken familieleden en vrienden en heeft de indruk dat deze voor een groot deel bij Noah het gat vullen waar een vader had moeten zitten.

Ik heb Mels verhaal hier aangehaald omdat het niet altijd eenvoudig is een soepel draaiende, goedwillende relatie met je ex tevoorschijn te toveren. Als die ontbreekt, kunnen we alleen maar ons best doen om niet tegenover ons kind af te geven op de andere ouder, en liefst ook niet tegenover onszelf.

Hoe je het leed draaglijk houdt

We willen het leven van ons kind zonder leed of zorgen laten verlopen. We willen ze zeker niet laten lijden omdat wij pech hadden toen we iemand kozen om een relatie mee te beginnen, of omdat er in onze intieme relaties conflicten voorkomen. Het is echter onmogelijk om ze tegen alles te beschermen. Er bestaat geen leven zonder levensangst, onopgelost geheim, verlangen en verlies.

Je kunt hun pijn draaglijk maken door er voor ze te zijn als ze die ervaren. Je moet er zijn, voor je kind en voor de mensen in je directe omgeving: open en onbevooroordeeld over wat zij je onthullen en over wat zij voelen. Je kunt hun leed misschien niet herstellen, maar door mee te leven in plaats van het te ontkennen of weg te duwen, kun je ze gezelschap houden zolang de pijn aanhoudt. En in harmonieus gezelschap is alles te doorstaan. Ik zal hier meer over zeggen in het deel over gevoelens (zie blz. 65).

Als ouders samenleven

Als je je kind opvoedt met een medeouder, zullen de liefde, goedwillendheid, zorgzaamheid en het respect tussen jullie bijdragen aan het gevoel van veiligheid van je kind. Zoals iedereen met een kind weet, zorgt een kind echter voor stress binnen je relatie. Je moet misschien je spontane neigingen onderdrukken, er is minder tijd alleen met je partner of met andere mensen met wie je je verbonden voelt, en ook de tijd dat je zelf in je eentje kunt zijn is minder of zelfs non-existent. De omgang van jou en je partner met seks kan veranderen en er is sowieso minder gelegenheid voor seks. Slaappatronen raken ontregeld en je zult het naar alle waarschijnlijkheid met veel minder slaap moeten doen. Ieder lid van een stel of een bredere groep verzorgers kan anders denken over het ouderschap en de dynamiek binnen die relaties kan daardoor verschuiven. Je zult je werkgewoonten moeten wijzigen en als je besluit te stoppen met werken kan dat je zelfbeeld aantasten. Het zal gevolgen hebben voor je sociale leven, je hebt minder tot geen contact meer met vroegere collega's, sommige vrienden lijken je een tijdlang uit de weg te gaan vanwege je volledige overgave aan je baby enzovoort.

En dat is nog lang niet het hele verhaal. Als je deel bent van een stel is het even wennen als je verkering een gezinssituatie wordt. En als je er eindelijk aan gewend denkt te zijn, verandert het opnieuw doordat je kind en/of je gezin blijft groeien. Deze veranderingen kunnen ertoe bijdragen dat je je aan elkaar en je kind gaat ergeren. Het is overigens beter om dit soort wrok te erkennen, al was het maar tegen jezelf. Als je dat niet doet, praat je het gemakkelijker goed als je dat gevoel op een ander uitleeft in plaats van er de verantwoordelijkheid voor te nemen.

Het leven is nooit statisch en je kunt maar beter veranderingen accepteren, onder ogen zien en omarmen dan je ertegen verzetten. Je kunt beter bedenken hoe je wat flexibeler kunt zijn dan dat je probeert terug te krijgen wat voorgoed verdwenen is. Dit wil niet zeggen dat je je oude leventje nooit zult missen. Het betekent wel dat je misschien enig werk moet verzetten om je over te kunnen geven aan je nieuwe situatie en daar plezier aan kunt beleven. Denk aan Mark op blz. 26: hij voelde wrok over de manier waarop zijn leven op zijn kop was gezet doordat hij niet meer alleen deel was van een stel, maar van een gezin van drie, en hoe hij die verandering ten slotte accepteerde doordat hij de bron van zijn wrok en ergernis herleidde tot zijn eigen opvoeding en het belang leerde inzien van de zorg voor een kind, in plaats van het af te doen als een saai corvee. Hij ontdekte ook, toen hij samen met zijn partner een gedeelde en gelijke verantwoordelijkheid voor zijn kind op zich nam, dat dat haar de vrijheid gaf meer te zijn zoals ze vroeger was in plaats van de hele tijd met de baby in de weer te zijn.

Hoe je wel en niet ruziemaakt

In de meeste gezinnen komt ruzie voor – maar waar het om gaat is hoe je zo'n conflict aanpakt (of niet) en hoe het wordt bijgelegd (of niet). Meningsverschillen hoeven op zich niet schadelijk te zijn voor een relatie en daardoor voor de omgeving van je kind. Mensen met een fijne relatie en een goed draaiend gezin zijn het niet altijd met elkaar eens en maken ruzie. Dat is nu eenmaal zo. Ze waarderen en respecteren elkaar er niet minder om als ze af en toe lucht geven aan hun verschillende opvattingen en gevoelens.

Laten we het eens hebben over de grondbeginselen van het ruziemaken. Elk conflict vindt plaats binnen een bepaalde context. Daar gaat de ruzie over. Dan is er hoe jij tegen het conflict aankijkt en hoe de ander het ziet. En dan is er nog het proces, de manier waarop jullie beiden het probleem aanpakken en oplossen.

Om een meningsverschil te lijf te gaan is het belangrijk dat je weet hoe je over de context denkt en dat hardop tegen de ander uitspreekt. De tweede stap is te ontdekken hoe de ander over de context denkt en die gevoelens mee te nemen in je overwegingen. Als gevoelens worden verzwegen kunnen beide partijen steeds verhitter raken terwijl ze een potje 'feitentennis' spelen, zoals ik het noem, waarbij ze over en weer argumenten over het net slaan en er steeds meer vinden om de ander mee te treffen. Bij deze stijl van ruziemaken wordt het doel van het conflict punten scoren in plaats van een werkbare oplossing te vinden. Ontdekken op welke punten jullie meningen uiteenlopen en deze dan een voor een afhandelen gaat over begrip en compromis, niet over winnen.

Laten we eens een typische bron van onenigheid in het gezin onder de loep nemen: wie doet de afwas? De afwas is de context, en daarnaast heb je dan nog de gevoelens van de betrokkenen. Het proces wordt als volgt een potje feitentennis:

OPSLAG Het probleem is dat als je de afwas nu niet doet, het eten aankoekt en het lastiger wordt om af te wassen, dus doe het nu maar meteen. *15-love*

RETURN Het is qua tijd voor mij handiger als ik de afwas overdag laat staan en het dan allemaal in één keer doe. *15-all*

OPSLAG Het is niet hygiënisch om de afwas te laten staan. *30-15*

RETURN Alle opgehoopte bacteriën gaan toch dood als ze vanavond in de afwas gaan. *30-all*

OPSLAG De vieze borden lokken vliegen aan. *40-30*

RETURN Het is winter. Er komen nu geen vliegen op de vieze borden af. *Deuce*

Enzovoort. Als een van beiden ten slotte door zijn argumenten heen is en daarom heeft 'verloren', voelt deze geen liefde of warmte voor de tegenstander. En als de 'winnaar' zich er goed bij voelt, gaat dat ten koste van de ander.

Een andere stijl om met meningsverschillen en conflicten om te gaan is wat ik noem de 'Kijk nou, een eekhoorn'-methode, ofwel de aandacht afleiden. Je praat niet met de ander over wat je dwarszit, maar verandert van onderwerp. Ook als je ziet dat de afwas niet is gedaan, zeg je of doe je iets anders in plaats van de koe bij de hoorns te vatten. Dat kan een goed idee zijn – het kan werken om een bepaald onderwerp een tijdje te vermijden – maar het is geen goed idee om meningsverschillen helemaal uit de weg te gaan. Als ieder conflict wordt omzeild, wordt vaak ook elke vorm van intimiteit vermeden, want als er te veel onderwerpen taboe worden, kan dit om elkaar heen draaien je heel eenzaam maken.

Een derde manier van ruziemaken is het martelaarschap. Een voorbeeld hiervan is als je bij thuiskomst zegt: ‘Laat die afwas maar, ik doe het wel even.’ Jammer genoeg lopen dit soort situaties er nogal eens op uit dat de martelaar niet zozeer de ander zich schuldig laat voelen, alswel zelf op den duur wrokkig wordt en de ander de schuld geeft, of zelfs een vervolger (zie hieronder) wordt en met beledigingen gaat smijten.

De vervolger valt aan: ‘Je bent echt een viespeuk dat je die afwas niet even doet. Van hygiëne schijn je nog nooit gehoord te hebben. Walgelijk!’ Als je dat over je heen krijgt, heb je de neiging in de tegenaanval te gaan.

Niet een van deze vier soorten van conflictbenadering maakt de sfeer er beter op in huis. Conflicten zetten de kinderen op scherp, ze bedreigen hun gevoel van veiligheid, waardoor ze minder open en nieuwsgierig zijn naar wat er om ze heen gebeurt. Hun energie en aandacht schakelen om naar een soort noodtoestandmodus.

Wat is nu de ideale manier van ruziemaken? Als je een meningsverschil aanpakt, heb het dan over één onderwerp tegelijk en vraag je steeds af waar de ruzie werkelijk over gaat. Pot je ergenisjes niet op en stort ze ook niet in één keer over de ander uit. Begin met hoe jij denkt over een onderwerp en niet met een aanval of een geheven vinger. Dus, terug naar de afwas...

'Ik ben het zat om thuis te komen en weer een berg afwas te zien staan, terwijl ik die 's ochtends al had gedaan. Wat ik echt heel fijn zou vinden is als jij in de loop van de dag je spullen afwast.'

In de ideale stijl draait het niet om winnen, maar om wederzijds begrip. Dit antwoord zou kunnen volgen: 'O, sorry lief, het was niet mijn bedoeling je rottig te laten voelen. Ik had zo veel te doen. Ik zie nu ook wel dat het niet prettig is zoiets aan te treffen als je thuiskomt.' En het antwoord daarop luidt misschien: 'Ja, jij hebt het ook druk. Nou goed. Als jij afwast, zal ik dan afdrogen?'

Een goede vuistregel bij ruzies is dat je uitspraken met 'ik' laat beginnen en niet steeds met 'jij'. Bijvoorbeeld: 'Ik vind het kwetsend dat je me geen antwoord geeft als je op je telefoon aan het swipen bent' en niet: 'Jij luistert nooit naar me als je op je telefoon zit.' Haast niemand vindt het prettig door een ander in een hokje te worden geduwd – vooral niet als het negatief is. Als je in plaats daarvan beschrijft wat je voelt bij wat je hoort of ziet, heb je het over jezelf, en daar luistert een ander veel liever naar.

Er bestaat natuurlijk geen garantie dat een bepaalde manier om je grieven te ventileren het beste werkt, dat wil zeggen: ervoor zorgt dat jij je zin krijgt. Alleen, als je goed met elkaar wilt omgaan, moet je niet manipuleren, maar zorgen dat je een fijne relatie hebt. Openheid over je gevoelens en verlangens kan je helpen een goede relatie te krijgen, terwijl manipulatie niet echt een fijne band oplevert.

In de ik-vorm spreken in plaats van de jij-vorm, je eigen gevoelens uitspreken en meer te weten komen over de gevoelens van de ander, en die erkennen: dat is meestal de beste aanpak voor dit soort onvermijdelijke meningsverschillen die in elk gezin voorkomen. Zo help je ook je kind zich veiliger te laten voelen, want het voorkomt rancune en kweekt wederzijds begrip. Bovendien vergroot je de kans dat zijzelf deze respectvolle en emotioneel intelligente stijl van ruziemaken overnemen, omdat jij het goede voorbeeld hebt gegeven.

Een belangrijke reden waarom onenigheid ontstaat is dat een van de partijen denkt expres te worden aangevallen, terwijl dat niet zo is. Het volgende voorbeeld speelde zich af in een doodgewoon gezin. (Laten we ze de familie Erfstuk noemen.)

> Jonny, een twintigjarige student, bekijkt aandachtig de oude leren jas van zijn vader. Hij zegt: 'Je bent zestig, pa, dat ding draag je nooit meer. Mag ik hem hebben?'
> Keith is leraar en heeft een rotdag achter de rug waarop hij weer eens niets snapte van de generatie van zijn zoon, dus hij voelt zich oud en afgedankt. Jonny heeft een gevoelige snaar geraakt. Met stemverheffing zegt Keith: 'Wat, kun je niet eens even wachten tot ik dood ben voor je je aan mijn spullen verlekkert?'
> Jonny vindt dat nergens op slaan en voelt zich aangevallen: 'Nou zeg, ik vroeg het alleen maar. Waarom moet je mij altijd hebben?'
> 'Ik moet jou helemaal niet hebben, maar ik vind het niet fijn als je doet of ik al dood ben.'

Deze woordenstrijd slaat nergens op en ik weet vrij zeker dat Keith er een punt achter zal zetten door zijn jas naar Jonny te gooien met de opmerking: 'Je mag hem hebben, hier', waarop Jonny zegt: 'Ik hoef hem al niet meer. Jij hebt hem nodig voor in je grafkist' en dan lachen ze met hun tweetjes de ruzie weg. Als ze geen van beiden in de gaten hebben wat hier aan de hand was, voelen ze zich nog steeds een beetje gekwetst en gebeurt hetzelfde gegarandeerd later nog eens.

Laten we daarom eens zien wat er echt aan de hand was en doen alsof er een wijze bemiddelaar bij aanwezig was.

'Hij wil me dood hebben,' zegt Keith.
'Niet waar, ik wil alleen zijn jas,' zegt Jonny.
'Dat is hetzelfde,' zegt Keith en hij beseft meteen dat het niet hetzelfde is.
De bemiddelaar zegt: 'Het is niet hetzelfde, maar vandaag heb jij het gevoel dat het hetzelfde is – en Jonny kan dat niet weten. Jij, Keith, voelde je aangevallen. En omdat Jonny niet door had dat jij je aangevallen voelde, meende hij dat wat hij als een represaille beschouwde nergens op sloeg, en dus ging hij in de tegenaanval.'
'Klopt helemaal wat mij betreft,' zegt Jonny.
Keith houdt zijn mond en dus zegt de bemiddelaar tegen hem: 'Dat jij je aangevallen voelde, wil nog niet zeggen dat je ook aangevallen werd.'
'Hij zei dat ik zestig was!' antwoordt Keith afwerend.
Bemiddelaar: 'Inderdaad, hij verborg zijn gevoelens achter een feit, een gewoonte die hij heeft opgepikt uit alle partijtjes "feitentennis" die hij vanaf zijn geboorte heeft meegemaakt. Afgezien daarvan lijk jij hier degene te zijn die moeite heeft met zijn leeftijd. En dus houd je maar al te graag vast aan de symbolen van je jeugd, zoals die leren jas. Daar is op zich niets mis mee, dus je kunt het gerust hardop zeggen als dat zo is.'

Een nieuwe versie van hetzelfde gesprek zou dan zo kunnen gaan:

'Ik vind die leren jas van je echt prachtig. Mag ik hem hebben?'
'Daar moet ik even over nadenken... Ik zie dat je hem erg

graag wilt, maar ik ben er nog niet aan toe om hem weg te geven. Het is waar dat ik hem misschien nooit meer aantrek, maar toch moet ik er nog aan wennen dat ik echt zo oud ben als de teller aangeeft. Het helpt om nog iets van die jeugdige kleren van me te houden.'
'Sorry dat ik je met je neus op die zestig drukte.'
'O, maakt niet uit, ik moet er soms aan herinnerd worden. Ik voel me soms een beetje oud, omdat ik niet meer snap waar sommige van mijn studenten mee bezig zijn.'
'Zoals?'
'Ik snap net pas wat sociale media zijn, maar wat bedoelen ze als ze tegen me zeggen dat ik het naar links moet swipen?'
'Wacht, dat zal ik je laten zien...'

OEFENING: EEN RUZIE ONTRAFELEN

Denk terug aan het laatste meningsverschil dat je met je lief hebt gehad. Maak je niet druk over wie gelijk had of ongelijk, maar ontrafel wat er gebeurde op eenzelfde manier als in het voorbeeld van Jonny en Keith. Neem dan, zoals hierboven, een metastandpunt in om naar de situatie te kijken en ontrafel de gevoelens van beide partijen.
Speel daarna de rol van een wijze bemiddelaar en bedenk hoe je het gesprek kunt veranderen en hoe het beter had kunnen gaan.
Hier volgt een korte recapitulatie van wat je dient te onthouden als er een lastig onderwerp ter sprake komt of als je je ergert of denkt dat er ieder moment ruzie kan uitbreken:

1 Zie je eigen gevoelens onder ogen en bedenk ook wat de ander voelt. Dit houdt in dat je niet jezelf 'gelijk' geeft en de ander 'ongelijk', of dat jij 'slim' bent en de ander 'dom'. Niets is slopender voor een relatie of gezin dan iemand

die meent altijd gelijk te hebben. In plaats van in termen van 'gelijk' en 'ongelijk' te denken, kun je beter denken in termen van wat jij vindt.

2 Heb het over jezelf en niet over de ander, dus spreek in de eerste persoon enkelvoud en niet in 'jij' en 'jou'.
3 Schiet niet uit je slof, maar denk na. Je hoeft niet altijd na te denken voor je reageert – ik beweer niet dat je al je spontaniteit over boord moet gooien – maar als je je ergert of woedend bent is het volgens mij een goed idee even in te houden en te snappen waarom je zo boos bent. Als Keith dat in bovenstaand voorbeeld had gedaan, zou hij hebben ingezien dat de woede die hij ten opzichte van zijn zoon voelde toen die om zijn leren jas vroeg, niets met de jongen te maken had.
4 Durf kwetsbaar te zijn en wees daar vooral niet bang voor. In bovenstaand voorbeeld had Keith kunnen bedenken dat hij bang was om oud te worden en stond hij op het punt die angst te maskeren met boosheid in plaats van zichzelf kwetsbaar op te stellen. Alleen als we kwetsbaar durven zijn en open over onszelf, kunnen we een hechte band opbouwen.
5 Denk niet dat je weet wat de ander van plan is. Probeer te bedenken, zonder al te veel aan te nemen of van jezelf op de ander te projecteren, hoe deze zich voelt en geef toe als je het mis had. Je eigen gevoelens en die van je gesprekspartner begrijpen vormt niet alleen de hoeksteen van de onderhandelingskunst, maar is ook het fundament van gezonde relaties en inlevend ouderschap. Het is nooit te laat om zo met elkaar te leren omgaan.

Als ouders dit allemaal kunnen, kost het in mijn ervaring weinig moeite om de ingesleten gedragspatronen in een relatie in korte tijd te verbeteren.

Goodwill kweken

In elk stel of gezin is een voorraad goodwill of welwillendheid nodig, wil je rekening kunnen houden met elkaars gevoelens. Als je de indruk hebt dat je daar te weinig van in huis hebt, moet je dat opkrikken.

Wat kweekt goodwill? Er lijken twee hoofdroutes te zijn om dat te bereiken: (1) ingaan op verzoeken om verbintenis en aandacht, en (2) troost vinden bij elkaar, in plaats van de ander of anderen in het gezin als tegenstanders te zien. Anders gezegd: wel samenwerken en elkaar steunen, maar niet concurreren.

Toen de psycholoog John Gottman en zijn collega Robert Levenson in 1986 het zogenaamde 'Love Lab' opzetten aan de Universiteit van Washington, bestond een van hun experimenten eruit om stellen te verzoeken over hun relatie te praten en een onenigheid te bespreken die ze met elkaar hadden gehad, te praten over hoe ze elkaar hadden ontmoet en een fijne gemeenschappelijke herinnering op te halen.

De stellen voerden deze gesprekken met metertjes op hun huid om hun stressniveau te kunnen meten.

Alle stellen leken vanbuiten rustig te blijven, maar de resultaten van de stresstests lieten iets totaal anders zien. Slechts een enkel stel was echt kalm gebleven. Andere hadden een verhoogde hartslag, zweetten overdadig en vertoonden in het algemeen alle tekenen van de vecht-of-vluchthouding.

De echte doorbraak kwam echter zes jaar later, tijdens het vervolgonderzoek. Alle stellen met veel stress waren ofwel uit elkaar ofwel samengebleven, zij het in een onprettige relatie. Gottman noemde deze stellen de 'Catastrofes'. Degenen die tijdens hun eerste gesprek geen stress hadden vertoond, noemde hij de 'Meesters'.

Uit de gegevens bleek dat de Catastrofes elkaar altijd als

een soort bedreiging ervoeren – meer een tegenstander dan een vriend. Gottman onderzocht duizenden stellen in de loop van vele jaren en ontdekte dat hoe hoger de stressindicatoren van een stel uitvielen, des te groter de kans was dat ze Catastrofes zouden worden en uiteindelijk uit elkaar zouden gaan of een slechte relatie zouden hebben.

Wat betekenen deze uitkomsten nu? Hoe gestrester en bedreigder je je voelt in aanwezigheid van je partner, des te groter is de kans dat je je op een vijandige of kille manier tegen ze zult gedragen. Hoe meer je relatie gebaseerd is op het elkaar aftroeven, op winnen of verliezen of op gelijk willen hebben, des te groter is de kans dat je vijandig in plaats van welwillend tegenover je partner staat. Dit kan een vicieuze cirkel binnen een relatie worden. Elkaar willen overtreffen is in onze cultuur maar al te vaak de reden dat mensen het gezelschap van anderen opzoeken. Zelfs reclames lijken alleen effect te kunnen sorteren door hun doelgroep het gevoel te geven beter te zijn dan anderen – of anders, en vaker, het gevoel seksueel aantrekkelijk te zijn. Ik heb het hier over advertenties voor schoonmaakmiddelen voor 'domme pappa's' of tv-reclames waarin de 'prijs' die je wint door een product te kopen eruit bestaat dat je je zelfvoldaan gaat voelen, alsof je op een of andere manier hebt bewezen superieur te zijn aan je partner.

Als een stel zich daarentegen ontspannen voelt en op hun gemak in elkaars gezelschap, is de kans groter dat beide partners veel warmte en liefde voor elkaar voelen. Gottman deed nog een experiment, waarin hij 130 stellen een dag lang observeerde terwijl ze het gezellig hadden in een vakantiehuisje. Hij ontdekte dat als stellen samen zijn, ze met elkaar iets uitwisselen wat hij omschreef als een 'verzoek om verbintenis'. Als bijvoorbeeld de ene partner zit te lezen en zegt: 'Moet je dit eens horen', en de ander legt dan het eigen boek weg om te luisteren, is het 'verzoek om verbintenis' beloond. Ze vragen om een reactie, een teken van bevestiging of belangstelling.

Als je ingaat op iemands verzoek, voldoe je aan de emotionele behoeften van diegene. Gottman ontdekte dat stellen die na zes jaar niet meer bij elkaar waren (tijdens het vervolgonderzoek) gemiddeld maar drie op de tien keer reageerden op zulke verzoeken. Deze terloopse, dagelijkse interacties kweken welwillendheid en een gerichtheid op elkaar, zonder welke geen enkele relatie lang standhoudt. Dit is dus de sleutel tot een geslaagde relatie: toon belangstelling en interesse voor elkaar. En wat geldt voor stellen geldt voor alle relaties en vooral die met onze kinderen.

Naast het reageren op verzoeken om aandacht is er nog meer wat je kunt besluiten te doen om goodwill te kweken, of het tegendeel. Je kunt op zoek gaan naar dingen die je in je partner, familieleden en wel degelijk ook in je eigen kinderen waardeert. Je kunt ook hun fouten en vergissingen onder een vergrootglas leggen. Je kunt ervoor kiezen je waardering te uiten of je kritiek. Ik weet wel wat ik het liefste zou horen. Het is een keuze om aardig te zijn – en het goede nieuws is dat aardigheid beklijft. Als de vriendelijkheid van één kant komt, is blijkens onderzoek de kans groot dat de partner dat gedrag overneemt en doorgeeft.

Als je te ver bent doorgeslagen naar één kant en altijd kritisch bent, is het van levensbelang voor je relatie om de dingen te vinden die je in de ander waardeert, en dat geldt niet alleen voor je relatie met je gezin, maar voor het leven in het algemeen. Ik kom uit een gezin waarin we eerder kritisch over elkaar waren dan onze waardering toonden, en ik heb hard moeten knokken om daar verandering in te brengen. Als ik terugval in oude gewoonten, voelt dat soms alsof ik in een bad stap met een giftige soep van betweterij.

Aardig doen is iets anders dan een slachtoffer zijn of niet assertief durven zijn. Vriendelijkheid houdt niet in dat je je gevoelens niet uitspreekt als je boos bent. Het betekent wel dat je duidelijk maakt hoe jij je voelt en waarom, zonder de ander de schuld te geven, laat staan uit te schelden.

Vergeet vooral niet dat het feit dat je niet de bedoeling had om een familielid te kwetsen of te ergeren met wat je deed, nog niet inhoudt dat ze niet gekwetst worden door je gedrag. Als iemand zich rottig voelt in reactie op wat we hebben gezegd of gedaan, zelfs onbedoeld, kun je beter luisteren en erkennen hoe zij zich voelen dan dat je in de verdediging schiet. Bedenk dat iedereen dezelfde dingen anders ervaart. Niemand heeft het mis omdat ze dingen anders beleven dan wij zouden doen. Zulke verschillen dienen te worden gerespecteerd in plaats van dat je ruzie gaat maken over de vraag wie de dingen op de 'juiste' manier ervaart.

De adviezen over hoe je je relatie goed houdt liggen voor het oprapen. Volgens de een moet je vooral niet te zwaar tillen aan kleinigheden in een gezin of relatie. De ander beweert precies het tegenovergestelde en adviseert de kleine ergernisjes aan te pakken voordat ze tot monsters uitgroeien. Volgens mij dienen we ons er vooral op te richten te begrijpen hoe anderen iets ervaren, ook al beleven wij het zelf anders, en proberen aan te voelen waar ze heen willen en hopelijk door hen op dezelfde manier worden behandeld. Iedereen kikkert ervan op als er naar ze geluisterd wordt, als er begrip en empathie is. Laat het hierom draaien bij jou thuis. Dan is je gezin een fijne plek voor een baby om in te belanden en een goede omgeving waarin een kind zich kan ontwikkelen.

OEFENING: REGISTREER VERZOEKEN OM AANDACHT

Word je er beter van bewust wanneer je gezinsleden om aandacht en verbintenis vragen en honoreer die verzoeken waar mogelijk in plaats van ze de rug toe te keren. Het maakt niet uit of het verzoek afkomstig is van je partner, je moeder of je kinderen. Relaties zijn kostbaar en ingaan op verzoeken van de ander is een essentiële factor in het onderhoud van elke relatie.

Ieder van ons is een individu, maar tegelijkertijd ook in hoge mate deel van een systeem en een product van onze omgeving. Zoals we in dit deel hebben gezien, kunnen we verschillende dingen doen om van dat systeem en die omgeving een plek te maken waarin onze kinderen veilig kunnen opgroeien.

DEEL DRIE

Gevoelens

Wie een kind krijgt, leert als geen ander dat mensen al voelen vóór ze denken en dat het bij baby's en kinderen in de allereerste plaats draait om hun gevoelens. Het is belangrijk hoe je inspeelt en reageert op de gevoelens van je kind omdat het een absoluut vereiste is dat de gevoelens van mensen – klein en groot, jij en ik – worden gezien en begrepen door de mensen die belangrijk voor ze zijn.

Een baby is een en al gevoel – een hummeltje vol gevoelens. We zullen niet altijd begrijpen wat ze voelen, en we zullen ze soms lang moeten troosten voor ze zich getroost voelen, maar met dit soort liefdewerk leg je het fundament voor het latere emotionele welzijn van je baby. Als je in die eerste paar jaar hun gevoelens serieus neemt, leren baby's dat als ze zich rot voelen dat op den duur over gaat, zeker als ze dat gevoel kunnen delen met iemand die met ze meeleeft.

Door attent te reageren op wat je baby of kind voelt, ontwikkelen ze een gezonde relatie tot hun gevoelens, wat die ook moge zijn, van uitersten als woede en verdriet tot tevredenheid, kalmte en rust en zelfs de pieken van vreugde en compassie. Dat vormt de basis van een goede geestelijke gezondheid en daarom is dit vermoedelijk het allerbelangrijkste deel van dit boek.

Evenwichtig reageren op gevoelens

Het negeren of ontkennen van wat kinderen voelen kan uiteindelijk hun geestelijke gezondheid schaden. Ik weet dat jij, als ouder, mogelijk niet eens beseft dat je dit doet, of misschien doe je het met de beste intenties. Als andere mensen, en zeker je kinderen, niet gelukkig zijn, zien we soms geen andere optie dan daar tegenin te gaan. Soms lijkt ons dat het enige juiste. We denken er goed aan te doen hun gevoelens te bagatelliseren, ze van repliek te dienen, af te leiden of zelfs te berispen om ze dat gevoel uit hun hoofd te praten. We willen niet dat iemand van wie we houden ongelukkig is, en volledig openstaan voor hun wanhoop of woede kan heel eng en ongemakkelijk voelen, en ons zelfs het idee geven dat we ze daar dan in aanmoedigen. Gevoelens die niet worden erkend, gaan echter niet weg. Ze worden hooguit ergens weggestopt, blijven daar broeien en leiden later tot problemen. Vraag jezelf af: wanneer schreeuw ik het hardst? Juist, als je niet wordt gehoord. Gevoelens moeten gehoord worden.

Ik wil je geen schuldgevoel aanpraten over hoe je in het verleden bent omgegaan met de gevoelens van je kind, maar wel benadrukken hoe belangrijk het is die gevoelens te erkennen, serieus te nemen en in hun waarde te laten. De gangbaarste oorzaak van een depressie bij volwassenen is niet wat ze op dat moment overkomt, maar het feit dat ze als kind in hun relatie met hun ouders niet hebben geleerd hoe ze getroost kunnen worden. Als er in plaats van begrip en troost een veto volgde op hoe ze zich voelden, ze zichzelf eenzaam in slaap huilden of alleen met hun woede werden gelaten, en dat keer op keer gebeurde, neemt het vermogen om onaangename of pijnlijke emoties te incasseren steeds verder af. Dan valt het ze steeds zwaarder om lastige gevoelens te verwerken. Het is alsof er maar een beperkte ruimte is waarin nare emoties kunnen worden weggestopt; op een gegeven moment is er geen plek meer en kunnen die gevoelens nergens meer heen. Als we worden getroost en nog eens extra worden gerustgesteld door onze ouders, bij welke emotie dan ook, tillen we vaak minder zwaar aan die gevoelens en zijn we in ons latere leven minder ontvankelijk voor depressies en angstaanvallen. Geen enkele aanpak kan garanderen dat we nooit mentale problemen zullen ondervinden, maar zeker is wel dat het helpt om een zeker vertrouwen te ontwikkelen dat welke emotie ons ook overvalt we er mogen zijn en dat hoe beroerd we ons ook voelen dat over zal gaan.

Bedenk ook: alle ouders maken vergissingen, maar dat weer rechtzetten weegt zwaarder dan de vergissing. Dus als je ooit hebt gedacht dat je je kind het best kon opbeuren door net te doen alsof haar boosheid of verdriet je niet opviel, is dat geen reden tot zorg. Je kunt je aanpak wijzigen en anders reageren op de gevoelens van je kind zodat het zich wel gehoord en gezien voelt. Waarschijnlijk voelt het aanvankelijk wat onwennig of zelfs vreemd om zo te reageren, maar het kan al heel snel je normale manier van doen worden. Realiseer je als eerste hoe je tot nu toe hebt gereageerd op hoe je kind zich voelt. Er zijn globaal drie manieren om dat te doen – en jouw manier zal vaak identiek zijn aan hoe je omgaat met je eigen gevoelens. Of misschien kies je nu eens de ene, dan weer de andere aanpak, afhankelijk van de emotie of situatie.

Onderdrukken

Als je een onderdrukker bent, ben je instinctief geneigd sterke gevoelens weg te duwen en als je ermee wordt geconfronteerd 'Ssst' te mompelen, of: 'Rustig maar, er is niks ergs gebeurd' of 'Verman je een beetje'.

Als je wat een kind ervaart afdoet als onbelangrijk, zullen ze minder geneigd zijn jou nog eens te vertellen hoe ze zich voelen, hoe belangrijk of onbelangrijk je dat gevoel ook vindt.

Overdreven reageren

Aan het andere eind van het spectrum kun je je zo betrokken bij het kind voelen dat je al even hysterisch wordt als zij en mee gaat zitten snikken, alsof hun verdriet eerder het jouwe is. Dat is een val waar je gemakkelijk intrapt, bijvoorbeeld die eerste paar dagen dat je je kind bij de crèche aflevert en dat voor jullie allebei onwennig voelt.

Ook als je je op deze manier meester maakt van de gevoelens van een kind, zullen ze minder geneigd zijn je te vertellen hoe ze zich voelen. Misschien denken ze dat je hen er niet bij kunt hebben, of je je al te nadrukkelijk aan ze opdringt door van hun gevoelens de jouwe te maken.

Evenwichtig reageren

Evenwichtig reageren houdt in dat je in staat bent al je gevoelens te accepteren en affirmeren. Als je dat kunt, gaat je dat van nature ook gemakkelijk af bij je kind. Je kunt een gevoel serieus nemen zonder daar overdreven op te reageren en evenwichtig en optimistisch blijven. Je zegt bijvoorbeeld: ‘Ach schat, je voelt je ongelukkig. Wil je een knuffel? Kom hier dan. Zo, en nu blijf ik je vasthouden tot je je weer iets beter voelt.’

Als je kind of kinderen weten dat ze door jou gezien en getroost worden, en een oordeel uitblijft, zullen ze meer geneigd zijn je te vertellen wat er in ze omgaat.

Dat is wat kinderen nodig hebben, dat ze bij je terechtkunnen met hun gevoelens. Dat houdt in dat je naast ze staat en weet en accepteert hoe ze zich voelen, maar niet overmand raakt door hun gevoelens. Dat is een van de dingen die psychotherapeuten voor hun cliënten doen.

Daartoe in staat zijn houdt in dat je oog hebt voor de woede die een kind voelt, begrijpt waarom ze boos zijn en dat eventueel voor ze in woorden vertaalt, een acceptabele manier voor ze vindt om die woede te uiten, en ze niet bestraft of overmand raakt door hun boosheid. Dit geldt ook voor andere emoties.

Het is voor iedereen verschillend met welke emoties we gemakkelijker omgaan, afhankelijk van wat we in onze jeugd hebben meegemaakt. Het ligt er maar aan welke associaties mensen hebben ontwikkeld bij een bepaalde emotie, en wij dus ook toen we opgroeiden. Als je bent opgegroeid in een gezin waar bij wijze van onderling contact vaak werd geruzied, ben je misschien gewend geraakt aan harde stemmen of zelfs geschreeuw. Sterker nog, misschien associeer je dat met liefde. Als je daarentegen uit een gezin komt dat ieder conflict uit de weg ging, voel je je ten overstaan van woede misschien verschrikkelijk opgelaten. Als je het gevoel had te worden gemanipuleerd toen je opgroeide, sta je nu misschien argwanend tegenover liefde en warmte en voel je je daar ongemakkelijk bij, omdat je de bui al ziet hangen.

OEFENING: HOE STA JE TEGENOVER JE EMOTIES?

Deze oefening is een goede manier om eens te kijken naar je gebruikelijke reactie op bepaalde emoties, zowel die van jezelf als die van je kind. Denk los van elkaar na over angst, liefde, woede, opwinding, spijt, verdriet en vreugde. Met welke emoties ga je gemakkelijker om? Waar voel je je ongemakkelijk bij? Met welke emoties heb je de minste problemen als je die zelf ervaart? En wat als een ander je ermee confronteert of je ze alleen waarneemt bij een ander? We kunnen niet zonder emoties, ook niet die waar we ons ongemakkelijk bij voelen. Zie die laatste als het waarschuwingslampje op je dashboard. Wanneer het lampje van je benzinemeter oplicht, moet je niet het lampje verwijderen, maar zorgen dat je auto krijgt wat die nodig heeft. Zo werkt dat ook met gevoelens. Over het algemeen geldt dat je moet proberen ze niet te negeren of weg te moffelen. Luister naar je emoties en gebruik ze om erachter te komen wat je nodig hebt, realiseer je wat je wilt en doe daar iets aan, als dat kan.

Het belang van gevoelens affirmeren

In alles wat we doen en elke beslissing die we nemen spelen gevoelens mee. Hoe we omgaan met die gevoelens bepaalt mede hoe onze baby of kind leert omgaan met zijn gevoelens. Onze gevoelens en ons instinct hangen nauw met elkaar samen. Als we ontkennen hoe een kind zich voelt, kan hun instinct afgestompt raken. Een kind met een gezonde intuïtie loopt minder gevaar. Zo vertellen de schrijvers Adele Faber en Elaine Mazlish van het fantastische boek *How2Talk2Kids. Effectief communiceren met kinderen* het verhaal van een kind dat met haar vriendinnen naar het zwembad gaat, maar al snel weer thuiskomt. 'Waarom kom je nu alweer terug, en in je eentje?' vraagt haar moeder. De dochter legt uit dat er een oudere jongen bij het zwembad was die net deed of hij een hond was en hun voeten wilde likken. Haar vriendinnen vonden dat grappig, maar zij vond het goor. Ik vermoed dat haar vriendinnen was geleerd niet overal op te reageren, omdat hun ouders dingen zeiden als: 'Stel je niet aan, dat is nergens voor nodig' en zo niet werden aangemoedigd hun eigen gevoelens serieus te nemen. Mocht dat inderdaad zo zijn, dan werd er roekeloos met hun veiligheid omgesprongen. Het is heel gemakkelijk de angst van een kind weg te wapperen, bijvoorbeeld voor iets wat ze nog nooit hebben gegeten. Als we echter niet naar ze luisteren en zeggen dat ze zich niet moeten aanstellen, kunnen ze gaan denken dat wat ze intuïtief aanvoelen aanstellerij is, terwijl het dat niet is.

Allemachtig, denk je misschien, ik vind het al lastig om al die praktische dingen te doen om mijn kind veilig, gevoed en schoon te houden. En alsof dat nog niet genoeg is, moet ik nu ook nog met ze gaan meevoelen? Hoezeer 'tips' en 'praktische oplossingen' me ook tegenstaan, er is één levensles die alles overtreft: ga nooit in discussie over hoe je kind zich voelt. Stel dat je kind van acht zegt: 'Ik wil niet naar school.' In je haast en met al je eigen beslommeringen kan je dan maar al te gemakkelijk ontvallen: 'Je gaat gewoon, einde verhaal.' Als je in plaats daarvan zegt: 'Je vindt school echt niet leuk nu, hè?' dan zal dat beter vallen bij je kind. Op die manier wordt het bespreekbaar en maak je niet ieder gesprek onmogelijk.

Het bespaart ook maar zelden tijd als je hun gevoelens negeert. Stel, we hebben haast en tillen snel de peuter op om zijn jas aan te trekken, maar het kind stribbelt tegen. Dan vragen we ze of ze zelf hun jas willen aandoen, maar nee, dat willen ze nu pertinent niet. Je ziet, het was beter geweest er even de tijd voor te nemen en hun gevoelens te respecteren en erkennen. Dus pak ze niet gelijk op, maar vertel ze dat het tijd wordt hun jas aan te doen, en kijk, luister en verwoord hoe ze zich voelen. Als ze weigeren hun jas aan te trekken, zeg je bijvoorbeeld: 'Dat is je veel te warm, hè, zo'n dikke jas. Weet je wat, we doen hem aan als je het koud krijgt buiten.' En als je 's ochtends altijd haast hebt, sta dan wat vroeger op en geef jezelf de tijd te accepteren dat kinderen alles nu eenmaal wat trager doen en respecteer wat er in ze omgaat. Dat geeft een hoop minder gedoe.

Een moeder, Kate, vertelde me eens dat, toen haar zoon Pierre nog een peuter was, hij elke dag geregeld overstuur raakte en moest huilen.

> Vaak ging het om niks in mijn ogen, bijvoorbeeld dat het regende, dat hij was gevallen, of dat ik zei dat je in de dierentuin niet in het bad met de pinguïns mocht zwemmen. Ik probeerde er echt begrip voor op te brengen, omdat ik wist dat wat in mijn ogen weinig voorstelde in zijn ogen een drama kon zijn. Toen hij vier was en dit zo bleef, begon ik me toch zorgen te maken dat Pierre nooit zou leren

> een tegenslag te incasseren. Misschien leg ik hem toch te veel in de watten, dacht ik. Misschien moest ik gewoon maar eens zeggen dat hij zich niet moet aanstellen. Wat me daarvan weerhield, was dat ik me het nare gevoel herinnerde als mijn ouders dat tegen me zeiden of me voorhielden dat ik geen klein kind meer was.
> Pierre is nu zes en het valt me op dat er soms dagenlang geen traan valt. Het soort dingen waar hij vroeger keihard om moest huilen, pakt hij nu zelf doortastend aan. Dan zegt hij bijvoorbeeld: 'Geeft niks, mam, dat lossen we wel op.' Of: 'Geef me een knuffel zolang mijn knie pijn blijft doen. Het is zo weer over.' Dat is een geleidelijk, onmerkbaar proces geweest. Ik ben heel blij dat ik zijn gevoelens ben blijven respecteren en hem altijd heb getroost.

Hoewel het vermoedelijk krankzinnig tijdrovend voor Kate moet hebben gevoeld, koos ze toch voor de snelste route. Als we onze kinderen afsnauwen omdat ze verdrietig zijn, geven we ze twee redenen om te huilen: het feit wat ze aanvankelijk verdrietig maakte, plus dat hun vader of moeder nu boos op ze is en ze nog steeds verdrietig zijn. Houd je aan de filosofie van tranen drogen, van aanvoelen boven aanpakken. Als je respecteert wat een kind doormaakt en ze troost als ze dat nodig hebben, raken ze daar op den duur zo mee vertrouwd dat ze zichzelf kunnen troosten.

Als het jou vroeger eigenlijk niet was toegestaan om bepaalde emoties te hebben, verval je maar al te snel in datzelfde patroon met je eigen kind. Om niet diezelfde fout te maken kan het helpen je te herinneren hoe het voor jezelf was als je je niet verdrietig mocht voelen, zoals Kate deed. Je verdrietig voelen hoort bij het leven. Mocht je er ook nu nog, als volwassene, mee zitten dat je bestraffend werd toegesproken als je verdrietig was, dan kan het zomaar gebeuren dat je jezelf 'sorry' hoort mompelen als je in huilen uitbarst omdat er iets verschrikkelijks is gebeurd.

Het is niet altijd gemakkelijk om te accepteren wat je kind voelt en niet uit te vallen wanneer het dat laat blijken, als je eigen gevoelens nooit serieus zijn genomen door je ouders, zoals bij Kate het geval was. Misschien voelt het als een sprong in het duister, en in zekere zin is het dat ook: je verbreekt de schakels van een overgeërfde emotionele keten. Bedenk wel dat je hiermee de basis legt voor een goede geestelijke gezondheid van je kind. En even terzijde, mocht je af en toe overdreven of juist helemaal niet reageren op hoe een kind zich voelt, dan is de schade die je een kind daarmee berokkent niet onoverkomelijk, zeker niet als je dat meestal weer rechtzet.

Goed kunnen omgaan met je eigen emoties, hoe heftig die ook zijn, is essentieel, willen kinderen bij je terechtkunnen met hun gevoelens en troost bij je vinden. Als je je eigen gevoelens afdoet als onbelangrijk, kun je niet evenwichtig reageren op hoe je kind zich voelt. Als je hysterisch wordt, kun je zelfs je eigen gevoelens niet in de hand houden, laat staan evenwichtig reageren op die van je kind.

Misschien moet je jezelf trainen in hoe je omgaat met je gevoelens, zodat je ze niet onderdrukt of hysterisch wordt. Laat tot je doordringen hoe je je voelt en vind een manier om jezelf te troosten, of laat anderen je helpen jezelf te troosten. Dat kun je bijvoorbeeld doen door je gevoel in plaats van jezelf te omschrijven. Datzelfde kun je voor je kind doen. Dus in plaats van te zeggen: 'Ik ben verdrietig' of: 'Jij bent verdrietig', zeg je: 'Ik voel me verdrietig' of 'Het lijkt erop dat je je verdrietig voelt'. Als je het zo zegt, definieer je het gevoel, in plaats van dat je jezelf ermee identificeert. Zoiets kleins kan een groot verschil maken.

Het is ook belangrijk dat je er een gewoonte van maakt om

te praten over gevoelens, zowel over die van jezelf als die van je kind. Naarmate kinderen ouder worden, wordt het deel van de hersenen waar de logica zetelt steeds dominanter. Het is niet dat ze puur logisch gaan denken – mensen blijven emotionele wezens – maar ze kunnen leren om met behulp van plaatjes, tekeningen en taal over hun gevoelens te praten en daar meer inzicht in te krijgen. Dan gaan hun gevoelens voor ze werken, in plaats van dat ze eraan overgeleverd zijn. Als kinderen hun gevoelens uiten, kan het helpen die in woorden of beelden te vertalen om ze te ordenen en leren begrijpen.

Het is heel gemakkelijk om te zeggen: ‘Daar lijk je blij van te worden’, maar soms een stuk moeilijker om lastige gevoelens te erkennen, of gevoelens waarvan je liever niet hebt dat je kind ze ervaart. Als een kind huilt omdat je hebt gezegd: ‘Geen ijsje voor het eten’, betekent ‘lastige gevoelens erkennen’ niet dat je ze dan een ijsje geeft, of je baan opzegt zodat ze nooit meer naar de oppas hoeven, of ze in alles hun zin geeft opdat ze zich maar niet ongelukkig voelen. Het wil alleen maar zeggen dat je hun gevoelens serieus neemt, hen betrekt bij je beslissingen en ze helpt weer wat rustiger te worden. Dat doe je niet door hun emoties te ontkennen of ze af te leiden, maar door hun gevoelens te erkennen en te begrijpen in plaats van ervoor weg te hollen en ze op afstand te houden. Het voelt misschien eerst wat griezelig om gevoelens te erkennen waarvan je liever had dat ze ze niet hadden – bijvoorbeeld dat ze een hekel hebben aan hun broer, zus of oma die op visite is –, maar als je kind zich gezien en begrepen voelt, hebben ze al één reden minder om te protesteren en huilen.

W. Thomas Boyce vertelt in zijn boek *The Orchid and the Dandelion*, dat in januari 2019 is verschenen, hoe hij en zijn collega-onderzoekers bezig waren data te verzamelen over de stress van voor het eerst naar school gaan en de invloed die dat had op het immuunsysteem van kinderen, toen in 1989 in Californië een aardbeving plaatsvond. Aanvankelijk lieten de onderzoekers het hoofd hangen, aangezien die extra stressfactor het hele onderzoek op losse schroeven zette, maar toen besloten ze er juist gebruik van te maken en te onderzoeken welk effect de aardbeving had op het immuunsysteem van kinderen. Alle kinderen kregen een doosje krijtjes en vellen papier thuisgestuurd met het verzoek 'een tekening van de aardbeving' te maken. Sommige kinderen maakten blije, vrolijke tekeningen van de ramp, andere hadden meer oog voor het leed en toonden de gruwelijke kanten van de aardbeving. Welke groep kinderen, denk je, bleef het gezondst na de aardbeving? De kinderen die blije, optimistische tekeningen van de aardbeving maakten ontwikkelden aanzienlijk vaker respiratoire aandoeningen dan de kinderen die de angst, het vuur, de doden en de ellende tekenden. Thomas Boyce concludeerde hieruit dat de neiging van mensen om zich uit te drukken in verhalen en beelden, die ver teruggaat in de geschiedenis, een manier is om ons de dingen waar we bang voor zijn eigen te maken, want hoe vaker we daar uiting aan geven, hoe minder griezelig ze worden. We uiten ons verdriet, hoe pijnlijk dat ook is, omdat iedere keer dat we dat doen het verdriet afneemt.

Thomas Boyce vertelt in zijn boek dat sommige kinderen hypergevoelig zijn en dat hun omgeving een zware stempel op hen drukt. Deze kinderen noemt hij orchideeën *(orchids)*. Andere kinderen zijn van nature wat steviger, en die kinderen noemt hij paardenbloemen *(dandelions)*. Het is lastig te zeggen of je baby een orchidee of een paardenbloem is, maar ook paardenbloemen hebben er baat bij als hun gevoelens gehoor vinden. Het is van wezenlijk belang dat ouders de gevoelens respecteren van een orchidee, en wij allemaal, orchideeën en paardenbloemen, zijn erbij gebaat dat onze gevoelens worden gezien, geaffirmeerd en begrepen – ook als we, onder dezelfde omstandigheden, verschillend reageren.

De casestudy die hier volgt gaat over Lucas, een orchidee. Zijn beide ouders moesten blijven werken, zoals vaak tegenwoordig. In veel gezinnen is het financieel niet haalbaar dat een van de ouders thuisblijft en altijd klaarstaat voor het gezin, al kan het ook onbevredigend zijn om thuis te zitten als het niet in je aard ligt. Een kind heeft liever gelukkige ouders dan ongelukkige en verongelijkte ouders, en ik beweer dus absoluut niet dat een van de ouders thuis moet blijven, maar sta wel toe en respecteer dat je kinderen hun eigen gevoelens en ideeën hebben over hun wereld en de taakverdeling thuis. Niet alleen zal een kind meer kans hebben om later gelukkig te worden als alle gevoelens zijn toegestaan, ook die waar je minder blij mee bent, maar, als Thomas Boyce het in zijn onderzoek rond de aardbeving in 1989 bij het rechte eind heeft, is ook het immuunsysteem erbij gebaat als kinderen hun gevoelens kunnen uiten en ze gehoord en begrepen worden. We willen zo verschrikkelijk graag dat onze kinderen gelukkig zijn, omdat we zoveel van ze houden, dat we soms niet willen zien hoe ons kind zich voelt. Ik hoop dat het onderzoek van Thomas Boyce en het hier volgende verhaal ons leren dat dat niet de verstandigste aanpak is.

Gevoelens niet toelaten kan gevaarlijk zijn: een casestudy

Annis en John zijn hartelijke, vriendelijke mensen, en dol op elkaar en op Lucas, hun jongste zoon van tien. Ze hebben elk een eigen bedrijf en keihard gewerkt om een naam en een klantenkring op te bouwen. Ze hebben een etage gekocht en zijn blij die voor later achter de hand te hebben, maar leven voortdurend in financiële onzekerheid.

Lucas ging al vroeg naar de crèche, maar kon daar niet wennen. Dus namen zijn ouders een reeks au pairs in dienst om op hem te passen. Gezien hun financiële situatie zagen ze geen andere optie dan de zorg voor hun kind uit te besteden. De au pair bracht Lucas naar school, haalde hem op en bleef met hem thuis in de vakanties. Behalve de au pairs en vrienden sprong ook oma vaak bij. Annis en John zorgden ervoor dat ze in het weekend samen waren, als gezin, en Lucas maakte een gelukkige indruk. Beide ouders bleven de hele dag met hem bezig door aan hem te denken, van hem te houden, van alles voor hem te regelen, en ze keken er altijd naar uit hem weer te zien, al lag hij als ze thuiskwamen vaak al te slapen. Als Lucas vroeg of hij ze wat vaker kon zien, beloofden ze iets leuks met hem te ondernemen in het weekend. Het ging wel goed met Lucas, zo te zien.

Ja, het leek wel goed met Lucas te gaan, tot hij op zijn tiende uit het raam probeerde te springen van hun etage op de zesde verdieping. Dat dat bij een poging bleef, kwam alleen omdat John iets was vergeten, terug naar huis ging en hem razendsnel naar binnen trok. De au pair stond in de keuken de afwas te doen. Goed, ik weet dat dit alarmerend klinkt, en wil daarom ook benadrukken dat het heel ongebruikelijk is dat een kind in redelijk gelukkige omstandigheden zoals Lucas zelfmoord probeert te plegen.

Lucas' ouders gaven hun werk een tijdje op om bij Lucas te zijn, omdat ze wel begrepen dat de situatie ernstig was. Ze hadden geen idee wat Lucas had bezield. 'Ik denk,' vertelde John me, 'dat we alleen zagen wat we wilden zien.' John aarzelde ook over de antidepressiva waar hun huisarts over begon. Hij voelde wel aan dat er iets goed mis was, en Lucas' gevoelens onderdrukken met medicijnen leek hem niet de juiste oplossing. Hij regelde voor Lucas een therapeut. Soms ging Lucas daar alleen heen, soms met een van zijn ouders. Lucas vertelde de therapeut over de vakantiedagen waarop hij van het huis van vrienden naar oma werd gebracht en vandaar naar zijn eigen huis waar de au pair op hem wachtte. Hij had het gevoel een last te zijn, omdat hij zijn ouders over de telefoon oppas voor hem hoorde regelen, en dat kon niet gemakkelijk voor ze zijn. Ergens wist hij wel dat zijn ouders van hem hielden, want dat zeiden ze, maar hij vond het lastig dat ook echt te voelen. 'Op sommigen dagen,' zei hij, 'voel ik als een pakketje dat werd doorgegeven.'

Hij vertelde de therapeut ook dat tegen de tijd dat hij het goed met de au pair kon vinden, ze weer vertrok en werd vervangen door een ander. Toen begon hij zich schuldig te voelen omdat hij zich sommige niet meer zo goed kon herinneren, terwijl hij toch dol op ze was geweest. En dan meende hij zeker te weten dat zij ook hem waren vergeten.

Hij kon zich niet het moment herinneren waarop hij verdrietig was geworden; hij wist niet eens dat hij verdrietig was. Toen hij Annis en John had proberen te vertellen hoe hij zich voelde, was het zijn ouders zwaar gevallen daarnaar te luisteren en hadden ze geprobeerd om hem af te leiden, op te vrolijken of het hem uit zijn hoofd te praten.

Als ouders willen we vóór alles dat onze kinderen gelukkig zijn. Dus als ze dat niet zijn, willen we ze ervan overtuigen, en onszelf ook, dat ze dat wél zijn. Dat maakt dat we ons tijdelijk goed voelen, maar het maakt ook dat kinderen zich niet gehoord, niet gezien en heel alleen voelen.

John: Voor Lucas zei of liet merken dat hij niet gelukkig was, zei ik dingen als: 'Niet zo verdrietig zijn – zaterdag gaan we naar de dierentuin' of: 'Ik koop een nieuwe gameconsole voor je.' Toen we daar dieper op in gingen met de therapeut, kwamen we erachter dat hij dat ervoer als een terechtwijzing. Dan wilde ik zeggen: 'Nee, dat was het niet!',

maar dan hield de therapeut me tegen en vroeg me te affirmeren wat Lucas zei.
Ik dacht dat als ik in Lucas' bijzijn herhaalde wat hij zei, bijvoorbeeld dat hij verdrietig werd als ik er niet was als hij van school kwam, hem dat nog verdrietiger zou maken. Ik vond dat moeilijk. Omdat we zo hardhandig waren wakker geschud, moesten we echt iets veranderen en deden dus wat de therapeut zei.
Ik leerde om als Lucas zei dat hij zich verdrietig voelde, te vragen hoe dat precies voelde, waar hij dat voelde en of hij misschien wist hoe dat kwam. Toen we zijn gevoelens eenmaal accepteerden, voelde hij dat er naar hem werd geluisterd, hij niet werd afgewezen, en alleen dat al beurde hem op, tot mijn verrassing.
We begrepen ook dat alleen zeggen dat we van hem houden niet genoeg is. We moeten hem duidelijk laten merken dat hij onze hoogste prioriteit is. Want dat is hij – daarom doen we zo ons best. We moeten hem laten merken dat we van hem houden door ook echt tijd met hem door te brengen en niet alleen via Skype 'Slaap lekker' te zeggen of leuke dingen te ondernemen in het weekend.
Ik heb toen een lening aangevraagd om een maand thuis bij Lucas te kunnen blijven. We scharrelden wat in en om huis, keken naar tekenfilms, gingen naar de therapeut. Lucas zei niet zoveel, maar als hij iets zei, luisterde ik. De therapeut leerde me om te luisteren zonder meteen in te grijpen, en dat probeerde ik me in die maand aan te leren.
Lucas gaat nu weer naar school. We letten erop dat in ieder geval een van ons om zes uur thuis is, zodat hij iedere avond minstens twee uur lang alle aandacht krijgt van een van ons. We koken samen, doen een spelletje of kijken samen tv. Ik zou graag beweren dat ik in die twee uur nooit op mijn telefoon kijk, maar ik doe mijn best.

Annis heeft het er veel moeilijker mee. Ze voelt zich vreselijk schuldig dat niet tot haar is doorgedrongen hoe beroerd Lucas zich voelde, de angst dat ze hem hadden kunnen verliezen of dat hij zwaargewond had kunnen raken.

Ouderlijk schuldgevoel helpt noch ons, noch onze kinderen. Het enige dat helpt is dat we onze fouten leren inzien en veranderen. Zoals ik in dit boek zal blijven benadrukken, niemand van ons is perfect en vergissingen maken we allemaal. Niet de vergissingen zijn doorslaggevend, maar de manier waarop we ze herstellen. De breuken die de relatie met onze kinderen en hun geestelijke gezondheid aantasten zijn alleen een probleem als ze niet worden hersteld. Ik wil ook benadrukken waar de therapeut en Lucas samen achter kwamen, namelijk dat het probleem niet zozeer was dat zijn beide ouders buitenshuis werkten, maar dat hij zich zo alleen voelde staan in hoe hij zich daarbij voelde. Net als met de kinderen die de aardbeving hadden meegemaakt – het was niet de aardbeving waardoor sommige kinderen ziek werden, maar het immuunsysteem dat de kinderen die al hun emoties konden uiten gezonder hield.

Ik vermoed dat Annis' schuldgevoel samenhangt met het traditionele rollenpatroon en dat zij zich verantwoordelijker voor Lucas meende te moeten voelen dan John. Natuurlijk dragen beide ouders een even grote verantwoordelijkheid, maar het is lastig om je te ontdoen van een traditie van generaties her. Dit betekent echter niet dat je dat niet moet doen. Zulke dingen moet je bespreken, zodat gezinsleden niet stilzwijgend uitgaan van verschillende dingen.

Ik hoop dat Annis zich op den duur weer goed gaat voelen omdat zij en John inzagen dat wat zij deden bijdroeg aan hoe Lucas zich voelde en ze dat hebben aangepakt. Ze leerden allebei hoe je gevoelens en ervaringen in hun waarde kunt laten en slagen daar bij Lucas nu goed in, en ook bij zichzelf en elkaar.

Godzijdank wagen de meeste kinderen geen zelfmoordpoging. Ga echter nooit zitten wachten tot alle alarmbellen rinkelen – of dat nu is vanwege problemen op school, woedeaanvallen, zelfverminking, een depressie of angstaanvallen – om je kind elke dag te laten merken dat je aan ze denkt en hun gevoelens serieus neemt. Moedig ze aan te tekenen hoe ze zich voelen of zeggen zich te voelen, en aanvaard die gevoelens. Het is belangrijk ze te laten merken dat hun gevoelens ertoe doen.

Woorden alleen volstaan niet altijd, daden zeggen meer. Je kunt je liefde niet uitbesteden – een bepaalde hoeveelheid zorg, ja, maar liefde, nee. Ook het uitstellen van liefde geven is geen goed idee, dat kan niet wachten tot het weekend: kinderen moeten die liefde iedere dag van minstens één ouder aan den lijve ervaren. De kinderpsycholoog en psychoanalyticus Donald Winnicott viel het op toen hij kinderen verstoppertje zag spelen, dat 'het heel leuk [is] om verstopt te zijn, maar een drama als je niet gevonden wordt'. Dat geldt voor het leven in het algemeen. Een enkel geheim is misschien leuk, als volwassene of kind, maar als niemand ons ziet en aanspreekt zoals we zijn, waar we zijn, of als we dat willen, kan dat op een drama uitlopen.

Breuk en herstel en gevoelens

Als je nadenkt over gevoelens, houd dan altijd de begrippen breuk en herstel in je achterhoofd. Ik zou graag beweren dat ik nooit mijn kind heb afgesnauwd of aan mijn eigen gevoelens de voorrang heb gegeven, maar dat kan ik niet, net zomin als mijn ouders trouwens. Het verschil tussen hoe ik ben opgevoed en hoe mijn dochter is opgevoed, is echter dat mijn ouders nooit erkenden dat ze onredelijk waren of fout zaten. Ook toen ik al volwassen was, verontschuldigden mijn ouders zich nooit als ze niet eerlijk waren geweest of zich bleken te hebben vergist. Ik wist hoe naar ik dat vond en heb er dus bewust voor gekozen dat anders te doen.

Ondanks mijn goede bedoelingen gedroeg ik me soms beschamend slecht. Als dat gebeurde en ik mezelf erop betrapte, of me het later realiseerde, zei ik altijd sorry tegen mijn dochter of ik herzag mijn mening en manier van doen. De vader van mijn dochter en ik pasten ons gedrag aan wanneer dat niet voldeed en kwamen er tegenover mijn dochter eerlijk voor uit waar we in de fout waren gegaan. Ik had geen idee wat dit met haar zou doen. Het was een experiment, we creëerden een nieuwe schakel in de emotionele familieketen. Ik zou er al snel achter komen.

Op een middag zat Flo, ze was toen vier, in de keuken een plak cake te eten toen ze zei: 'Sorry dat ik zo chagrijnig was in de auto, mam, ik had gewoon trek. Nu gaat het weer.' Ze zei sorry. Ze dacht na over haar gedrag en probeerde een vermeende breuk te herstellen. Ik was diep geroerd. Ik had nooit verwacht dat eerlijk uitkomen voor mijn eigen slechte gedrag zonder dat te verdedigen of toe te schrijven aan een ander, zou inhouden dat zij hetzelfde leerde doen.

Het is logisch dat ze dat doet. Kinderen zijn, net als wij allemaal, geneigd om anderen te behandelen zoals ze zelf behandeld worden. Aanvoelen hoe een ander zich voelt en op een breuk herstel laten volgen is altijd beter dan impasses, hooglopende ruzies en winnen of verliezen.

Ik herinner me nog een ander moment dat me diep trof, namelijk toen mijn dochter voor het eerst zei: 'Ik word straks heel boos.' In plaats van haar boosheid uit te leven, vatte ze die in woorden. En ik kon toen zeggen: 'Ja, stom, hè?' En zo leerde ze verder te praten over hoe ze zich voelde in plaats van driftig te worden.

Meevoelen, niet aanpakken

Dave, vader van de vierjarige Nova, raakte danig gefrustreerd omdat zijn dochter nooit van haar routine leek te willen afwijken. Hij ergerde zich mateloos aan haar woedende driftbuien als ze haar zin niet kreeg en bijvoorbeeld in de auto niet op haar favoriete plek kon zitten. Dan sprak hij haar streng toe of probeerde haar te overreden iets flexibeler te zijn, wat er meestal toe leidde dat ze allebei boos op elkaar waren.

Dave vroeg me hoe hij Nova kon leren zich wat meer aan te passen en ik legde hem uit hoe belangrijk het was om te affirmeren hoe iemand zich voelde. Hij besloot dat eens te proberen:

> Ik moest een paar neefjes van Nova met de auto ergens afzetten en een van hen ging onbedoeld op Nova's vaste plek zitten. Ze barstte in huilen uit. Normaal zou ik hebben gezegd: 'Stel je niet zo aan, je gaat gewoon ergens anders zitten' of haar neefje hebben gevraagd op te schuiven. Nu zakte ik echter door mijn knieën om op gelijke hoogte met haar te komen en zei zachtjes en vriendelijk tegen haar: 'Je vindt het heel moeilijk om Max op jouw plek te zien zitten. Dat is waar jij het liefst wilt zitten, toch?' Het gesnik werd iets minder en ze keek me aan. Ik voelde echt met haar mee en merkte dat ze dat aan mijn gezicht kon aflezen. Ik zei dat ze de volgende keer weer op haar eigen plek kon zitten. En ik vroeg: 'Waar wil je nu zitten, bij het raam of in het zitje voorin?' Tot mijn verbazing ging ze het zitje halen, deed haar gordel om en begon gezellig te kletsen.

Als Dave Nova streng toesprak of probeerde te paaien, zette ze haar hakken nog dieper in het zand. Toen ze zag dat haar vader oprecht met haar meeleefde, hoefde ze haar punt niet meer te maken. Dave affirmeerde hoe Nova zich voelde. Net zoals je in een auto op ijs kunt gaan slippen – als je dan het stuur omgooit, blijf je dezelfde kant op slippen, maar stuur je erin mee, draaien je banden zich in de rijrichting, dan krijg je weer controle over de auto en kun je uit de slip komen.

Het is vaak het lastigst om te erkennen hoe je kind zich voelt als jijzelf iets heel anders vindt. Stel dat je kind van zeven diep zucht en zegt: 'Wij gaan ook nooit ergens heen.' Misschien voel je je op zo'n moment geroepen daar tegenin te brengen: 'Maar we zijn vorige week nog in Legoland geweest!' of: 'We gaan zo vaak ergens heen.' Misschien steekt het je dat alle moeite en tijd die jij in zo'n uitstapje hebt gestopt niet echt werd gewaardeerd.

Als je ontkent wat een kind doormaakt, kan dat kind langzaamaan van je vervreemden, datzelfde kind waarmee je een liefdevolle, levenslange band wilt opbouwen en dat je alleen maar gelukkig wilt zien. Het voelt misschien contra-intuïtief om anders te gaan reageren, maar ieder van ons voelt zich beter als wordt erkend hoe wij iets ervaren en dit niet wordt tegengesproken, en kinderen zijn daarin geen uitzondering. Realiseer je dat kinderen je alleen maar vertellen wat ze voelen, en grijp dat aan om contact met ze te maken en erover te praten in plaats van ze van je weg te duwen.

Wanneer je ontkent dat iemand zich ongelukkig voelt, gaat dat gevoel niet weg, maar graaft het zich alleen nog dieper in. Terug naar ons voorbeeld.

KIND	Wij gaan ook nooit ergens heen.
VOLWASSENE	Het klinkt alsof je je verveelt en het zat bent.
KIND	Ja, we zitten nu al de hele dag binnen.
VOLWASSENE	Ja, dat is waar. Wat zou je willen doen?
KIND	Weer naar Legoland.
VOLWASSENE	Ja, dat was leuk, hè?
KIND	Ja.

Een kind zal dit vaak een fijner soort gesprek vinden, dat ook minder snel uitloopt op ruzie. Kinderen zijn niet gek – ze weten heel goed dat ze niet iedere dag naar Legoland kunnen – maar waar ze behoefte aan hebben is dat hun ouders weten dat ze graag met ze optrekken en dat samen te ervaren. Waar het om gaat is dat ze zich verzoenen met hun gevoelens als ze de bittere levensles leren dat niet alles altijd gaat zoals ze willen.

Dat geldt voor iedereen, volwassenen en kinderen. Als we ons rot voelen, hoeven we niet per se opgebeurd te worden. We willen dat een ander met ons meeleeft, niet ons opbeurt. We willen iemand die snapt hoe we ons voelen, zodat we ons daar minder alleen in voelen staan.

Mijn dochter Flo, inmiddels volwassen, zei kortgeleden tegen me: 'Ik geneer me dood dat ik ben gezakt voor mijn rijexamen.' Niemand van ons ziet een kind graag lijden en we maken dus maar al te gemakkelijk de fout ons erbovenop te storten om de boel te fixen. 'Dat is nergens voor nodig,' zei ik in een wanhopige poging haar weer op te beuren. 'Nee,' zei ze. 'Ik wil nu gewoon een stevige knuffel.'

We gaan allemaal weleens de fout in, ook ik nog steeds, maar als we meevoelen in plaats van dat gevoel uit te bannen, leren kinderen inzien waar ze behoefte aan hebben en kunnen ze erom vragen.

Je hoeft niet te wachten tot je kinderen kunnen praten om hun gevoelens te affirmeren en serieus te nemen. Je kunt dat ook doen door de situatie te lezen, hoe jij denkt dat je kind zich voelt, en dat onder woorden brengen. Zelfs als kinderen al wel kunnen praten, kunnen ze soms nog niet verwoorden hoe ze zich voelen, zoals jij dat kunt. Dat verklaart waarom in het bovenstaande voorbeeld het kind zijn gevoel omschrijft met: 'Wij gaan ook nooit ergens heen' in plaats van hoe het eigenlijk zit, namelijk: 'Ik verveel me suf, voel me opgesloten en heb geen idee wat ik zou willen doen.' De ouder vertaalt de gevoelens die ze bij hun kind observeren in woorden, die weerklank vinden bij het kind en dan tot contact leiden als het kind zegt: 'Ja.'

Monsters onder het bed

Heel kleine kinderen kunnen soms opeens beginnen over spoken of monsters onder hun bed. Let dan minder op het verhaal of de reden die ze daarvoor geven, maar meer op het gevoel dat eruit naar voren komt. Wijs het idee van monsters onder het bed niet gelijk van de hand, maar verwoord het gevoel waar die monsters voor lijken te staan. 'Je klinkt bang, kun je me er nog iets meer over vertellen?' Of: 'Zullen we een verhaal verzinnen over die monsters? Hoe heten ze?' Op die manier kun je de monsters misschien verslaan. Handel naar eigen inzicht, want het zit hem niet in de woorden, maar in het feit dat we bij ze blijven tot ze gerustgesteld zijn, en ze niet belachelijk vinden. Je weet maar nooit of die monsters misschien niet voor jouw ongeduld rond bedtijd staan, of iets anders ingewikkelds dat je kind niet kan verwoorden. Ook al is het onmogelijk om ieder gevoel te herleiden, dat maakt het gevoel niet minder echt. En dan nog moet je dat gevoel affirmeren.

Zet je kind niet voor schut door zoiets te zeggen als: 'Stel je niet aan – je weet best dat monsters niet bestaan', want dat zal ze waarschijnlijk niet geruststellen.

Het is belangrijk om in dat soort gevallen de communicatielijnen open te houden. Als je je kind afserveert door te zeggen dat ze zich niet moet aanstellen, leert ze niet alleen haar mond te houden over wat jij als 'aanstellerij' afdoet, maar ook over zaken die je beslist geen aanstellerij vindt.

Het onderscheid tussen je aanstellen en je niet aanstellen is voor ons zó duidelijk dat we menen te mogen aannemen dat een kind dat ook weet. Wat we voelen, voelen we nu eenmaal, ook als andere mensen in een soortgelijke situatie iets anders zouden voelen, en ook als ze vinden dat we ons aanstellen.

Je wilt het soort mens zijn met wie je kind kan praten. Als je zegt dat ze zich aanstellen als ze klagen dat oma een linzenschotel voor ze had gemaakt, zijn ze misschien minder snel geneigd je te vertellen dat die enge pianoleraar een hand op hun knie legde. Het verschil tussen die twee dingen is voor ons glashelder, maar een kind plaatst beide onder de noemer van 'iets smerigs'. En als smerige dingen door jou worden weggewapperd als irrelevant, zal je kind zich minder geneigd voelen om nogmaals de vernedering te doorstaan door zoiets met jou te delen.

Misschien vind je dit een extreem voorbeeld, omdat een linzenschotel van oma en de opdringerige hand van een pianoleraar zulke verschillende dingen zijn. Je kind leeft echter nog niet zo lang in de wereld als jij, heeft niet ervaren wat jij al hebt meegemaakt, nog niet alles gelezen wat jij hebt gelezen en is nog onbekend met het begrip seksualiteit. Je kind heeft misschien nog niet geleerd om even erg te schrikken van een ongepaste streling als van een hap eten dat het vies vindt. Ze ervaren beide zaken als een aanval op hun zintuigen. Wanneer je tegen kinderen zegt dat ze zich aanstellen, maak je het ze onmogelijk je nog iets te vertellen, en dat kan gevaarlijk zijn.

Het belang van iedere stemming accepteren

Als iemand je zou vragen wat je je kind zou toewensen, zeg je waarschijnlijk: 'Dat ze gelukkig zijn.' Er is niets mis mee om te wensen dat je kind voor het geluk in de wieg is gelegd. Of hechten we misschien toch te veel belang aan het idee van 'geluk', als in een perfect plaatje van je gezin dat dolle pret heeft, dartelend in een weiland tijdens een fantastische picknick tussen de wilde bloemen?

Geluksgevoelens komen en gaan, zoals alle gevoelens. Sterker nog, als je altijd gelukkig was, zou je dat nauwelijks opvallen omdat je geen andere gevoelens kende waarmee het te vergelijken viel. Wil een kind gelukkig zijn, dan dienen ouders al hun stemmingen te accepteren, alle aspecten van hoe zij hun wereld ervaren. En dat zal beslist niet altijd dolle pret zijn.

Vermaningen, of zelfs afleiding, maken een mens niet gelukkig. Hoe meer je accepteert en houdt van je kind, ongeacht wat hij doormaakt en voelt, hoe meer je kind in staat zal zijn zich gelukkig te voelen. Dat geldt trouwens ook voor onszelf. We moeten onszelf leren accepteren, met al onze stemmingen.

Ik weet nog dat een vriend van mijn ouders me eens vroeg – ik zal twaalf zijn geweest – of ik een gelukkige jeugd had. Ik antwoordde: 'Nee, niet echt. Meestal voel ik me niet zo gelukkig.' Mijn vader hoorde me dat zeggen en viel tegen me uit: 'Nonsens. Je hebt een idyllische jeugd, een heel gelukkige kindertijd. Wat een onzin.' En omdat hij mijn vader was – mijn lieve, zij het wat enge vader – dacht ik dat ik me had vergist. Ik voelde me verward, niet zeker van mijn eigen gevoelens.

Ouders zijn geneigd ervan uit te gaan dat wat hen gelukkig maakt hun kinderen ook gelukkig maakt, maar dat is niet altijd zo – zoals je vermoedelijk al wel zult hebben begrepen. Misschien denk je te hebben gefaald als je kind ongelukkig is, en om dat ongemakkelijke gevoel te vermijden, heb je misschien net als mijn vader je kinderen opgedragen gelukkig te zijn.

Als ik had geweten wat ik nu weet toen mijn vader me tegensprak, zou ik beter hebben begrepen wat ik voelde, maar op dat moment was alles in mijn hoofd verward en onduidelijk en overviel me een benard gevoel. Ik voel diezelfde benardheid als iemand tegen wie ik opkijk tegenspreekt hoe ik me voel. Er kleefde ook schaamte aan, omdat ik het fout had, opnieuw, al wist ik nooit precies wat.

Mijn vader verbruide de mogelijkheid contact met me te maken, misschien niet eens op dat moment zelf, maar later, toen die vriend was vertrokken. Hij had me kunnen vragen wat ik voelde en het antwoord, wat dat ook zou zijn, niet hoeven opvatten als een aanval op hem. Hij had me kunnen helpen dat gevoel te verwoorden en kunnen proberen zich in te leven in mijn standpunt. Ik zeg niet dat hij zijn kijk op de wereld had moeten veranderen, maar wel dat hij had kunnen proberen mijn standpunt ook te zien als een steekhoudende visie op de wereld en mezelf.

Als je het verdriet, de woede en angst van kinderen niet opvat als iets negatiefs dat verholpen moet worden, maar ziet als een mogelijkheid om meer over ze te weten te komen en contact met ze te maken, zal dat jullie band versterken. En daarmee geef je hun naar alle waarschijnlijkheid ook meer kans gelukkig te worden.

Stel, je komt thuis en zegt tegen je partner: ‘Ik had een rotdag op het werk’, en je partner antwoordt: ‘Zo erg kan het niet geweest zijn’, dan voel je je vermoedelijk niet gezien, gehoord of tegemoetgekomen door hem. Misschien krijg je zelfs het gevoel te worden weggezet. Als het normaal is dat er zo op je wordt gereageerd, ben je misschien niet zo snel geneigd je partner überhaupt nog iets toe te vertrouwen.

Als je partner echter antwoordt: ‘Vertel eens’, en jij dat doet en vertelt hoe onredelijk je baas was en je alles twee keer moest doen vanwege haar nalatigheid en je partner dan zegt: ‘Geen wonder dat je zo’n rotdag had’, voel je je misschien al wat beter.

Als je partner dan echter iets zegt als: 'Nou, je moet...' en je raad geeft, voel je je waarschijnlijk nog rottiger. Als je partner reageert met: 'Kijk, die schattige eekhoorn daar buiten', vertel je hem misschien nooit meer iets over je werk, want wat heeft dat nog voor zin? De eekhoorn helpt je misschien vergeten hoe ongelukkig je was, maar die gevoelens zullen toch weer de kop opsteken omdat je er niets mee gedaan hebt.

Bedenk goed: als je baby, je al dan niet volwassen kind of zelfs je partner opbiecht zich verdrietig te voelen, denk je misschien dat alleen maar erger te maken als je daarin meegaat, maar je helpt ze juist die emoties te verwerken en zich weer beter te voelen.

Het is vermoedelijk niet zo moeilijk om met je kind mee te leven als het een rotdag had op school. Hoe zit dat echter als het je echt niet aanstaat wat ze zeggen? Bijvoorbeeld: 'Ik vind de baby stom, ik wil dat je haar weer naar het ziekenhuis terugbrengt.' Op zo'n moment is het nog belangrijker dat je luistert, ze probeert te begrijpen en affirmeert hoe ze zich voelen. Zeg: 'We hebben ook al heel lang niets meer met ons tweetjes gedaan, geen wonder dat je wil dat de baby vertrekt.' Of: 'Het is niet eerlijk dat al het bezoek steeds over de baby hangt en maar weinig aandacht heeft voor jou.' Of zelfs: 'Hoe voelt dat, om een broer te zijn?' Wat ze dan ook zeggen, accepteer dat. Je kunt kinderen niet aanpraten dat ze van hun broertje of zusje moeten houden. Ze weten heel goed hoe ze zich voelen en hebben iemand nodig bij wie ze met die gevoelens terechtkunnen.

De eis gelukkig te zijn

De psychoanalyticus Adam Phillips zei dat de eis gelukkig te zijn ons leven ondermijnt. Ieder leven kent verdriet en vreugde, en als we proberen dat verdriet uit te bannen en te overstelpen met vreugde, of anderszins te dempen of verdrijven, dan leren we niet dat verdriet te accepteren en om te buigen.

Mensen hebben vaak een doel in het leven en menen dat ze als ze dat doel bereiken 'gelukkig' zullen zijn. Soms is dat ook zo, maar het komt ook regelmatig voor dat we een heel verkeerde voorstelling van een goed leven hebben. Onbewust zijn we misschien beïnvloed door beelden van mooie, lachende, vrolijke mensen tussen schitterende gebouwen, glimmende auto's en prachtige spullen, en dit soort beelden maken dat we denken, zonder dat in zoveel woorden te zeggen, dat dit is wat we willen. Er bestaan geen reclamebeelden van alledaags ogende mensen die worstelen met hun demonen en leren het onvermijdelijke verdriet te accepteren en juist daarin hun spontaniteit en vreugde te vinden.

Deze wijze levensles moet universeel erkend worden: als je een 'negatief' gevoel probeert te blokkeren, sluit je ook ieder positief gevoel uit. Het is zoals de therapeut Jerry Hyde zegt: 'Emoties hebben geen mengpaneel, alleen een standaardvolume. Je kunt niet verdriet en pijn omlaag draaien en geluk en vreugde wat verder openzetten. Als je het ene dempt, demp je ook al het andere.'

Voordat onze baby's en kinderen worden blootgesteld aan de cultuur van dingen die je gelukkig maken, beschikken ze over een beter besef van wat voldoening geeft, namelijk een band voelen met iemand. Het gevoel te worden begrepen – gevat, zo je wilt – door hun ouders en verzorgers in een omgeving waar ze de zin en betekenis van zien en zich dus mee verbonden voelen. Willen kinderen 'gevat' worden, dan dienen we al hun gevoelens, angsten, verdriet en plezier te accepteren. Dit gaat ons alleen goed af als we contact maken met onze eigen gevoelens.

Als je wilt dat je kind gelukkig is, gaat het vermoedelijk niet om het bezit van spullen, wat de goden van de massaconsumptie je ook hebben aangepraat. Ook niet om de slimste, de rijkste, de langste, de schitterendste of wat dan ook te zijn. Het gaat om de kwaliteit van hun relaties.

De manier waarop we een band ontwikkelen met onze ouders, broers en zussen wordt een gewoonte, een blauwdruk voor al onze latere relaties. Als het een gewoonte wordt altijd gelijk te willen krijgen, de beste te willen zijn, om materiële dingen te geven, onze gevoelens geheim te houden, geen respons te krijgen op onze spontane gedachten en gevoelens, dan kan die dynamiek een remmende werking hebben op de ontwikkeling van ons vermogen intieme relaties op te bouwen en ons gelukkig te voelen. Als we de gevoelens van onze kinderen echter affirmeren, versterkt dat onze band met hen.

Hilary is een alleenstaande moeder met een eigen kapperszaak.

> Tashi was drie toen haar broertje Natham werd geboren. Ik deed wat mij verteld was dan te doen en gaf haar een cadeautje van de baby. Daar trapte ze niet in. 'Een baby'tje heeft geen geld en kan nog niet winkelen,' zei ze. Aanvankelijk vond ze het geweldig zijn grote zus te worden genoemd en vertelde dat ook trots aan iedere bezoeker. Na een tijdje ging de nieuwigheid er echter af en kreeg ze steeds vaker driftbuien, weigerde ze mee te werken en plaste ze weer in haar bed. Al die tijd hield ik haar met mijn misplaatste goede bedoelingen voor dat ze het maar wat leuk vond een grote zus te zijn. Ze ging zich echter steeds meer misdragen.
>
> Ik zat hier op een avond over na te denken, na een slopende en om eerlijk te zijn echt afschuwelijke bedtijd. Ik dacht aan de tijd dat mijn zusje net was geboren, hoe erg ik dat had gevonden – en dat ik mezelf toen slecht vond omdat ik zo'n hekel aan haar had. Toen we wat ouder werden, wist

ik zeker dat ik slecht was omdat iedereen me vertelde dat ik zo vervelend tegen haar deed – maar ik kon er niets aan doen. Het was zij of ik, voor mijn gevoel. Om eerlijk te zijn, kan ik me nog steeds aan mijn zus ergeren, om niets eigenlijk.

Ik realiseerde me dat mijn pogingen om Tashi te dwingen van haar broertje te houden net zomin bij haar zouden werken. Ik begon medelijden met haar te krijgen. Ik besloot om echt te proberen meer begrip op te brengen voor haar gevoelens en die te verwoorden, en dat te blijven doen tot we weer een band hadden gekregen, want ik voelde me zo los van haar staan.

De volgende ochtend zei ik: 'Je vindt het echt verschrikkelijk, hè, dat Natham er is.' Ze zei niets terug. En ik vervolgde: 'Ik weet nog dat jouw tante net was geboren. Ik vond dat ook verschrikkelijk. En net als ik nu doe, zei iedereen dat ik van haar moest houden, maar dat deed ik niet. Ik vind het echt naar voor je, Tashi, dat je het er zo moeilijk mee hebt.'

Toen ze later die dag een scène maakte, gaf ik haar geen uitbrander. Ik hield vol. 'Je vindt het niet leuk als ik de baby te eten moet geven en niet met je kan spelen. Sorry, Tashi.' Telkens als ze me moest delen, even moest wachten of iets niet kon, beschreef ik wat er volgens mij door haar heen ging.

Tashi trok niet onmiddellijk bij, maar 's middags zag ik al een lichte verbetering. We voelden ons meer met elkaar verbonden, omdat ik haar gevoelens niet langer bestreed. Het was fijn dat ze weer meewerkte. Ze begon me zelfs te helpen, haalde luiers, gaf me billendoekjes aan en kwam melden dat Natham weer wakker was geworden na zijn middagdutje. Die nacht plaste ze sinds lange tijd niet in haar bed.

Wat ik nu heb begrepen is dat als een kind iets voelt, hoe ongelegen dat ook komt en hoe graag ik het ook zou willen ontkennen, ik dat gevoel moet benoemen, moet checken of ik het bij het rechte eind heb en dat gevoel moet affirmeren. Laatst moesten we het park uit en Natham, inmiddels drie, wilde nog één keertje onder de fontein toen ik hem net had afgedroogd – en dan zou hij dus druipnat de auto in moeten. Mijn moeder probeerde hem ervan te overtuigen dat hij echt niet nat in de auto wilde zitten, maar daar trapte hij niet in. Ik onderbrak haar en zei tegen Natham: 'Je wilt echt nog een keertje nat worden, hè? Sorry dat dat nu niet gaat en je zo teleurgesteld bent.' Het verraste haar hoe snel Natham dit accepteerde.
Ik ben ook blij te melden dat hoewel Natham en Tashi soms kibbelen, ze meestal in harmonie samen of apart van elkaar spelen.

OEFENING: LEEF JE IN EEN ANDER IN

Als je jezelf erin traint te voelen wat een ander voelt, zal je dat gemakkelijker afgaan als de situatie daar daadwerkelijk om vraagt. Denk aan iemand of een groep mensen die anders denken dan jij – qua politiek bijvoorbeeld. In plaats van ze gewoon stom te vinden, denk je na over hun omstandigheden, hun dromen, hun angsten. Verplaats je in hun positie en probeer te begrijpen waarom zij tot een andere conclusie zijn gekomen dan jij. Voel mee met hoe zij zich voelen.
Empathie ontwikkelen is lastiger dan je misschien zou denken. Het gaat er niet om je eigen standpunt te laten varen, maar om echt in te zien en te begrijpen waarom een ander iets zo voelt en, nog belangrijker, om in dat gevoel mee te gaan.

Afleiding

Afleiding is een favoriete strategie van ouders om hun kinderen even niet te laten voelen wat er in ze omgaat. Het wordt vaak toegepast, maar is zelden geëigend. Dat komt omdat het een trucje is dat je kind op de lange termijn niet helpt om open te staan voor het geluk.

Kijk in de ogen van je baby en je ziet een en al oprechtheid. Ik vind dat onze kinderen, ongeacht hun leeftijd, recht hebben op hetzelfde van ons. Als we kinderen afleiden, handelen we niet oprecht, maar manipulatief. En het kan ook zijn dat je zo'n kind dan behoorlijk onderschat.

Wat zegt het als je een kind probeert af te leiden? Stel dat je uitglijdt en een flinke schaafwond oploopt. Hoe zou je het vinden als je partner zich dan niet bezorgd of geïnteresseerd toonde in je pijn, bloed en gêne, maar naar een eekhoorntje wees of beloofde je favoriete videogame te kopen?

Ik zeg niet dat afleiding altijd verkeerd is, maar wel als dat als tactiek wordt gebruikt om de ander te manipuleren. Stel dat je kind een medische behandeling moet ondergaan. Dan kan het een idee zijn ze te vertellen dat ze er minder van voelen als ze niet op de prik letten, maar zich concentreren op jouw hand die over hun voorhoofd strijkt. In dat geval haal je geen trucje uit – ze weten wat er gaat gebeuren – maar leid je ze af ter geruststelling.

Iets anders is dat je kinderen jou kunnen gaan behandelen zoals jij hen behandelt. Jij zou het ook niet leuk vinden als ze op het moment dat je hun rapport met ze wilt bespreken, naar buiten wijzen en roepen: 'Kijk! Een eekhoorn!'

Verder is het een goed idee de medewerkers van de crèche en de oppas te vertellen dat je liever hebt dat er met je kinderen wordt meegeleefd dan dat ze telkens worden afgeleid van wat ze doormaken. Als je om de lieve vrede te bewaren kinderen afleidt die alleen oog hebben voor het speeltje in de handen van een ander kind, zullen ze nooit leren, of begrijpen, hoe ze een conflict kunnen oplossen. Omgaan met lastige emoties is niet iets wat je leert door die te mijden.

Trouwens, als je kinderen iets willen hebben dat jij niet in hun handen wilt zien, zeg je autosleutel, moeten ze leren dat dat niet kan. Ze moeten horen dat je niet wilt dat ze met de autosleutel spelen in plaats van iets als: 'O kijk nou, wat een lief poppetje.' In plaats daarvan kun je ze helpen met hun frustratie te leren omgaan door te zeggen: 'Je bent boos omdat ik je de sleutel niet kan geven. Ik hoor hoe kwaad je daarover bent.' Als je rustig blijft en evenwichtig reageert op hoe je kind zich voelt, leren ze ook zelf evenwichtig te reageren. Je denkt misschien dat dit proces meer tijd vergt dan wanneer je ze afleidt, maar de tijd die je erin stopt zal ze helpen zich die vaardigheden eigen te maken.

Als je kinderen regelmatig afleidt van wat ze voelen of doormaken, ontmoedig je ze onbedoeld zich te concentreren. Zie het als volgt: als ze zich pijn hebben gedaan, gekwetst voelen of niet hebben gekregen wat ze willen en je ze dan afleidt in plaats van ze helpt dat te verwerken, is het gevolg dat ze niet leren hun aandacht bij lastige kwesties te houden. En je wilt niet dat je kinderen bij een moeilijk karwei snel afgeleid raken.

Het ergste van dit soort ongewenste afleiding is in mijn ogen dat het een barrière opwerpt voor een goede, open en hechte relatie met je kind.

Een van de redenen dat je misschien geneigd bent de gevoelens van je kind weg te wapperen door ze af te leiden of tegen te spreken is omdat je de situatie beziet vanuit jouw standpunt en niet die van je kind.

Zo zal jij als volwassene het geen ramp vinden dat je niet met je moeder mee kunt naar haar werk. Een kleuter kan dat echter heel anders zien. En soms kun je je schuldig voelen omdat jij debet bent aan hun leed en dan voelt het misschien prettiger om dat te ontkennen.

Dus, wat doe je als jij of je partner de deur uit moet om te werken en je kleuter ogenschijnlijk ontroostbaar is? Ben jij het die gaat werken, trek de deur dan gedecideerd achter je dicht. Je kind voelt zich vaak zekerder als jij kalm, kordaat en optimistisch blijft. Het is belangrijk om niet het huis uit te sluipen, maar begaan en vriendelijk te blijven als je weggaat. Als je in paniek schiet, word je misschien al te dramatisch en daar help je je kind niet mee. Als je hun verdriet negeert, ben je niet de spiegel voor ze die ze nodig hebben. Erken wat ze voelen, geef ze een knuffel en zeg iets in de trant van: 'Je wilt niet dat ik ga werken, maar ik kom aan het eind van de middag weer terug.'

Als je degene bent die thuisblijft, leef je dan in in wat er door je kind heengaat. Verwoord dus wat er is gebeurd, bijvoorbeeld: 'Je wilde niet dat mama wegging. Je voelt je verdrietig.' Als je er even over nadenkt, is het eigenlijk niet meer dan normaal dat een mens verdrietig is als iemand van wie hij houdt vertrekt. Je kunt vertellen wanneer ze weer terugkomt. 'Mama is aan het eind van de middag weer thuis.' Lieg daar nooit over, want dat geeft ze een vertekend beeld van de tijd of maakt dat ze je de volgende keer domweg niet geloven.

Wees er voor het kind, houd een oogje op ze en let ook op hoe je jezelf voelt. Wees begaan, maar overdrijf niet. Blijf rustig en laat je kind niet alleen huilen. Leid je kind niet af, praat er niet overheen en spreek ook niet tegen wat je kind voelt. Blijf luisteren, en vaak is dit een goed moment om ze even stevig te knuffelen. Na een tijdje gaat het kind misschien wat zitten spelen. Je kunt ook zelf iets voorstellen om te doen, maar niet zolang het kind nog heel verdrietig is. Bedenk hoe jij je zou voelen als je iemand mist van wie je zoveel houdt dat je niet zonder ze denkt te kunnen en dat een ander dan jouw hevige, oprechte gevoelens wegwuift in plaats van die te respecteren. Als je eenmaal uiting hebt gegeven aan die gevoelens en je je enigszins kunt neerleggen bij de situatie, ga je meer openstaan voor een activiteit die wordt voorgesteld. Dat is iets anders dan verplicht worden om naar het grappige dansje van Action Man te kijken terwijl je nog zo verdrietig bent.

OEFENING: DENK NA OVER AFLEIDING

Denk aan momenten waarop je overstuur was. Hoeveel tijd had je nodig om die gevoelens te verwoorden, te duiden en eraan te wennen, voor je eraan toe was om afleiding te zoeken in een film of boek? Dat wij van andere dingen overstuur raken dan onze kinderen betekent niet dat hun gevoelens minder heftig of echt zijn dan die van ons.

Een baby kan niet anders dan een en al gevoel zijn. Op den duur kunnen kinderen leren hun gevoelens te observeren en dan hanteren – maar dat lukt ze niet in hun eentje. Ze hebben iemand nodig bij wie ze met al hun gevoelens terechtkunnen, die ze allemaal accepteert.

Omdat we zo graag willen dat onze kinderen gelukkig zijn, duwen we ze soms van ons af als ze boos of verdrietig zijn. Voor een goede geestelijke gezondheid dienen de gevoelens van kinderen echter te worden geaccepteerd en zullen ze een acceptabele manier moeten vinden om die te uiten, en dat geldt ook voor volwassenen. Het is dus belangrijk ook onze eigen gevoelens te accepteren en niet te ontkennen, en echt essentieel om de gevoelens, wat die ook mogen zijn, van onze kinderen te accepteren. Door kinderen te helpen die gevoelens in woorden (of beelden) te vertalen, helpen we ze om die te verwerken en een acceptabele manier te vinden om over te brengen wat er door ze heen gaat.

DEEL VIER

Een basis leggen

Zwangerschap

Het lijkt misschien wat raar om hier een hoofdstuk in te lassen over het eigenlijke begin van het ouderschap – de zwangerschap. Zelfs als je kind al geboren is, of al een puber is of volwassen, kan dit hoofdstuk enig licht werpen op jullie relatie en waarom die zo is. Als iets in die relatie lijkt te haperen, kan dit hoofdstuk je helpen daar wat aan te doen. Als je nog helemaal aan het begin staat, kan dit deel je een duwtje geven in de richting van de liefdevolle, blijvende relatie die we allemaal willen hebben.

Ik zie bij ouders vaak de neiging om hun kinderen te behandelen als dingen die efficiënt afgehandeld kunnen worden. De reden daarvoor is meestal dat ouders het druk hebben, het leven stressvol is en zij dit zo van hun eigen ouders hebben geleerd. Het is een dominante, ouderwetse ideologie die belooft dat, ondanks je toch al drukke bestaan, het ouderschap er gemakkelijk naast te doen is. Vaak heeft dat echter wel een prijs. Als je je kinderen niet als mensen behandelt, als je ze eerder hebt 'afgehandeld' dan met ze hebt meegeleefd, dan kan het zijn dat je als ze eenmaal de puberteit bereiken of volwassen zijn en je met ze wilt praten, zij bepaald niet staan te springen.

Misschien vind je het volgende voorbeeld van een vrouw van 38 en haar moeder van 80 niet echt relevant voor een hoofdstuk over zwangerschap. Als je echter nog nooit hebt nagedacht over je relatie met je ouders, of over wat voor soort relatie jij zou willen met je kind, dan is de zwangerschap daar een goed moment voor. Zo kun je bijvoorbeeld eens nadenken over hoe je een eerlijke en open relatie met je kind denkt te kunnen verwezenlijken zonder steeds in oude patronen te vervallen.

We ontwikkelen een band met onze kinderen. Ook Natalie, die me het volgende verhaal vertelde, heeft een band met haar moeder. Een band kan echter zo veel meer zijn dan een familierelatie: er kan sprake zijn van een sterk gevoel van verbondenheid, van vriendschap en ook liefde. Dat valt te bereiken met eerlijkheid en openheid.

'Als je mijn moeder ziet,' vertelde Natalie, 'zou je denken dat ze een erg aardig mens is, heel innemend – en dat is ze ook. Het punt is alleen dat ik bij haar niet mezelf kan zijn. Ik verwijt mezelf dat ik niet vaker bij haar langs ga, maar iets weerhoudt me daarvan. Ik moet mezelf dwingen haar op te zoeken.'

Er zat duidelijk iets niet helemaal goed in hun relatie, zoals Natalie die omschreef. Bij een later bezoek kreeg Natalie meer inzicht in waar hem dat in zat.

Een paar jaar geleden besloot ik het erop te wagen met mam. Ik dacht dat als ik eerlijker tegen haar zou zijn, zij dat misschien ook tegen mij zou zijn. Ik vertelde haar dus wat er werkelijk speelde, namelijk dat ik een paar keer in een depressie was beland sinds mijn partner en ik uit elkaar waren gegaan. Mam zei alleen: 'O, ik ben heel gelukkig.' En daarmee was de kous af.

Alles viel op zijn plaats: ik realiseerde me dat mijn 'lastige' gevoelens onacceptabel voor haar waren. Ik geloof dat ze zelfs haar eigen 'lastige' gevoelens ontkent. Dus als ik verdrietig ben, ervaart ze dat misschien als bedreigend. Ik heb dit proberen aan te snijden, maar de deur naar haar emoties zit potdicht.

Ik wil aardig tegen mam doen, maar na 38 jaar houden we elkaar in onze relatie op afstand en bevinden we ons nog

altijd in het stadium waarop we beleefd met elkaar converseren. Iets anders lijkt onmogelijk.
Toen ik zwanger raakte van Brigitte, wist ik dat ik niet zou willen dat mijn kind uit plichtsbesef bij me langs zou komen als ik oud was. Ik wil dat ze mij *wíl* zien – of niet – dat ze zichzelf bij me kan zijn en wat dan ook met me kan delen. Ik dacht veel na over hoe ik dat zou kunnen verwezenlijken toen ik zwanger was. Ik dacht: als ik mezelf niet kan zijn bij mam, dan kon, of kan, mam misschien niet zichzelf zijn bij mij.
Het klinkt misschien gek, maar ik besloot toen nooit de schone schijn op te houden met Brigitte, maar altijd mezelf te zijn. Toen Brigitte werd geboren en ik geconfronteerd werd met de verpletterende oprechtheid die alleen een baby je kan geven, wist ik dat mijn besluit goed voelde. Ik besloot mijn verdomde best te doen om altijd eerlijk tegen haar te zijn, want dat verdiende ze, zij het uiteraard altijd afgestemd op haar leeftijd.
Ik let er scherp op dat ik voor alle stemmingen van Brigitte opensta en die accepteer, ook de minder vrolijke. En dat geldt ook voor mijn eigen buien. Ik weet nu hoe moeilijk het kan zijn als je een baby hebt die vaak huilt en zich moeilijk laat troosten. Die momenten maken allerlei gevoelens in me los. Dan voel ik me onthand en boos – het is weleens gebeurd dat ik om drie uur 's nachts zat mee te janken. Ik weet echter dat ik die dingen voel, ik accepteer dat en doe mijn best met liefde en zorg te reageren en haar te behandelen, zoals ik zelf behandeld zou willen worden als ik de baby in mijn armen was.
Ik heb mijn best moeten doen het me niet persoonlijk aan te trekken als ik Brigitte niet kan opvrolijken. Het is soms lastig om niet meteen iets te doen aan wat er mis zou kunnen zijn, zeker als niet meteen duidelijk is wat. In plaats

daarvan probeer ik er voor haar te zijn, naast haar te staan en haar te begrijpen.
Ik zeg niet dat het gemakkelijk is en het me altijd lukt, maar ik praat met haar en als ik bij haar ben, is dat voor de volle honderd procent. Ik wil geen modelouder zijn uit een gids voor ouders, ik wil mezelf zijn. Ik hoop dat ik Brigitte zo help om volledig zichzelf te zijn bij mij wanneer ze wat ouder is.

Als ouders, of aanstaande ouders, kunnen we het beste een langetermijnvisie aanhouden. Daarmee bedoel ik dat we onze baby's, kinderen en pubers niet moeten zien als een taak – eten geven, wassen en anderszins op de been houden –, maar van meet af aan als mensen met wie we ons leven lang een relatie zullen hebben. Dan is de kans het grootst dat we een liefdevolle, hechte band met ze opbouwen.

Als kersverse ouder ontwikkel je langzaamaan een band met je kind die ieder jaar hechter kan worden. Sterker nog, tijdens de zwangerschap leg je daarvoor al de basis. Als je kind in praktische zin niet langer op je leunt en een eigen sociaal netwerk en intieme vrienden heeft, kan die band blijven groeien als jullie elkaars lief en leed delen.

Sympathische magie

Hoe begint onze relatie met onze kinderen doorgaans? Zodra je vertelt dat je zwanger bent, krijg je een lading adviezen over wat je wel en niet kunt eten en drinken en meer in het algemeen niet meer kunt doen. Dat advies verschilt per cultuur en tijdsperiode, maar dit proces van veel goede raad krijgen is vrijwel altijd identiek.

Je denkt bij al die te volgen regels en raadgevingen misschien dat er zoiets bestaat als een optimale zwangerschap...

en ongewild dus ook zoiets als een perfecte ouder die een ideaal kind aflevert.

Ik geloof dat deze manier van denken onze relatie met onze kinderen niet helpt, maar kan ondermijnen. Als je denkt dat zwangerschap, geboorte en ouderschap op de een of andere manier geoptimaliseerd kunnen worden, loop je het gevaar een object op de wereld te zetten dat geperfectioneerd dient te worden, in plaats van een mens om van te houden. Het zou beter zijn als we in plaats van zo'n dwingende, onmogelijke perfectie na te streven tot ons laten doordringen dat een zwangerschap en het ouderschap geen projecten zijn. Het hele punt ervan is, zoals ik blijf herhalen, dat je een mens ter wereld brengt met wie je voor de rest van je leven een vriendschappelijke en liefdevolle relatie zult hebben.

Er is nog een reden om goed na te denken over jouw reactie op al die regels en raadgevingen die je misschien krijgt als je zwanger bent. Als je je aan alle regels houdt en iedere raad opvolgt, hoe goed die ook is, krijg je misschien onterecht het idee je zwangerschap volledig in de hand te hebben, inclusief de chromosomen en ziektes die we kunnen overdragen op ons kind.

Zie het zo: er bestaan een heleboel voorschriften waar je je aan dient te houden als je zwanger bent en die verschillen van cultuur tot cultuur. Ouders kunnen echter volkomen in paniek raken als ze menen die raad niet tot op de letter te hebben opgevolgd. In Groot-Brittannië krijg je bijvoorbeeld te horen dat je producten van ongepasteuriseerde melk moet mijden. Als je daar iets van binnen hebt gekregen toen je nog niet wist dat je zwanger was, kun je in je paniek misschien denken iets verschrikkelijks te hebben opgelopen dat je baby kan schaden.

Voor sommige gevaren word je gewaarschuwd, voor andere niet. In werkelijkheid is het onmogelijk een honderd procent veilige zwangerschap te doorlopen. Aan een zwangerschap kleven van nature risico's. Je krijgt misschien een kind dat anders is dan de meeste andere kinderen en dus niet voldoet aan het draconische 'perfecte' plaatje, maar wat je op de wereld zet is een mens om van te houden, geen kunstwerk.

In sommige culturen, zoals die van de Kaliai-stam in Papoea-Nieuw-Guinea, meent men dat een zwangerschap goed gedijt als het stel zo vaak mogelijk seksuele gemeenschap heeft tot vlak voor en zo mogelijk nog tijdens de bevalling. De Kaliai denken ook dat wanneer een zwangere vrouw een vliegende hond eet, een gangbaar gerecht in hun cultuur, het kind geestelijk gehandicapt zal zijn of net zo zal beven als de vliegende hond.

Over de hele wereld stuit je op dit soort gebruiken en taboes. Antropologen noemen het 'sympathische magie': symptomen worden gekoppeld aan wat de moeder deed of at toen ze zwanger was of borstvoeding gaf. Aan welke regels je ook wordt verzocht je te houden, of dat nu wetenschappelijk bewezen medische voorschriften zijn of volkswijsheden, ze zijn afhankelijk van waar je woont en onderhevig aan verandering. Ik beweer niet dat je medisch advies in de wind moet slaan, maar wel moet nadenken over hoe je ertegenover staat.

Misschien ben je dolblij met de uitkomst van dit onderzoek aan de Yale University: zwangere vrouwen die in de laatste drie maanden van hun zwangerschap vijf of meer porties chocolade aten hadden 40 procent minder kans zwangerschapsvergiftiging te ontwikkelen. En er blijken nog meer redenen te zijn om chocolade te eten. In 2004 onderzocht Katri Räikkönen aan de Universiteit van Helsinki de link tussen de hoeveelheid chocolade die zwangere vrouwen aten en het gedrag van hun baby. Als de baby's zes maanden oud waren, werd hun gedrag ingeschaald op verschillende categorieën, zoals angst, hoe gemakkelijk ze zich lieten troosten en hoe vaak ze lachten en schaterden. De baby's van vrouwen die tijdens de zwangerschap dagelijks chocolade gegeten hadden, waren actiever en lachten en schaterden vaker. Daarnaast werden de moeders getest op stress. De baby's van gestreste moeders die regelmatig chocolade aten bleken minder angstig te reageren op onbekende situaties dan de baby's van gestreste vrouwen die weinig tot geen chocola aten.

Het probleem met advies is dat als het te laat komt, je kunt denken dat je je baby iets hebt aangedaan. Het advies om chocolade te eten kwam voor mij bijvoorbeeld te laat. Ik eet zelden chocolade en mijn baby lachte toch al vaak. Sympatische magie, medisch bewezen of folklore, werkt geruststellend als we ons eraan houden en leidt tot paniek als we dat niet doen. Zoals ik al zei, hebben we onze zwangerschap minder in de hand dan we graag zouden denken.

Extreme stress (ook wel toxische stress genoemd) als gevolg van een trauma, zoals voortdurend fysiek gevaar lopen tijdens de zwangerschap, heeft net als ondervoeding nadelige gevolgen voor de ontwikkeling van het ongeboren kind, en uiteraard proberen we dat soort dingen als het even kan te mijden. Normale stress, die bijvoorbeeld optreedt wanneer we moeilijk werk doen of een conflict met iemand proberen op te lossen, zal de foetus waarschijnlijk niet nadelig beïnvloeden.

Er is een kans dat je kind met een afwijking wordt geboren of komt te overlijden. En waarschijnlijk had je daar niets tegen kunnen doen – geen magie die dat had kunnen voorkomen – door bijvoorbeeld geen vliegende hond te eten of je aan een andere regel te houden die je vreest te hebben genegeerd.

Ik denk dat sympathische magie het best kan helpen als je bedenkt dat hoe jij je zwangerschap ervaart de foetus kan beïnvloeden, alsof de omgeving van de baarmoeder de baby een verhaal vertelt over wat er te verwachten valt na de geboorte. Dus als je het naar je zin hebt, je ontspannen voelt, goed eet en optimistisch gestemd bent, vertel je je baby een verhaal dat jullie willen voortzetten na de geboorte.

Eén manier om dit verhaal te beginnen is door bij jezelf na te gaan hoe je je bij al die raadgevingen voelt. Probeer als het kan die gevoelens niet te laten uitmonden in angst, maar in optimisme. Het helpt volgens mij als we ons ongeboren kind niet zien als iets wat zou kunnen misgaan. Dat is denk ik niet de manier om de beste basis te leggen voor een wederzijds bevredigende relatie met dit nieuwe mensje. Onze kijk op mensen wordt al snel een gewoonte, en je foetus is het begin van een individueel mens.

Richt je op wat goed kan gaan en niet op de enge verhalen die je hoort. O, en dat geldt ook voor wat mensen je vertellen over zware bevallingen. Als je je goed voelt, zal dat van invloed zijn op je ongeboren kind. Als je kijkt in de richting waar je heen wilt in plaats van waar je niet heen wilt, dan helpt je dat er positiever in te staan en dat vormt een betere basis voor je relatie. (En mocht het ergste gebeuren, dan zal je gruwelijke angst destijds dat het zou kunnen gebeuren je verdriet niet verlichten.)

De gewoonte om optimistisch gestemd te zijn wat betreft onze kinderen is een noodzaak. Het is in hun belang dat we erop vertrouwen dat ze zullen groeien en leren en capabel worden. Ik weet van mezelf hoeveel gemakkelijker ik het vind om iets te leren als iemand tegen wie ik opkijk alle vertrouwen in me heeft, en ik weet zeker dat ik daarin niet alleen sta. Zo zou ik bijvoorbeeld nooit aan dit boek zijn begonnen als mijn literaire agent niet alle vertrouwen in me had gehad. Op diezelfde manier hebben kinderen het nodig dat je alle vertrouwen in ze hebt, zodat ze kunnen floreren. En die optimistische kijk maak je je eigen gedurende je zwangerschap.

Als je iemand voor het eerst ontmoet, heb je misschien al eens iets over die persoon gehoord. Je begint je een beeld van zo iemand te vormen nog voordat je hem of haar zelf leert kennen. Denk eens na over wat de invloed van die informatie vooraf is geweest op hoe je nu over diegene denkt. We denken misschien wel dat we ons oordeel uitstellen tot we iemand zelf ontmoeten en leren kennen, maar naar mijn ervaring doen de meesten van ons dat niet.

In haar boek *Origins* beschrijft Annie Murphy Paul een experiment waarin 120 zwangere vrouwen werd gevraagd de bewegingen van hun foetus te omschrijven. Daaruit bleek dat als de vrouwen al wisten dat de baby een jongen of een meisje was, ze de bewegingen die ze voelden in andere bewoordingen beschreven. Voor de bewegingen van een meisje gebruikten ze vaak woorden als ‘zacht’, ‘wentelen’ en ‘rustig’, terwijl bij jongens werd gesproken van ‘energiek’, ‘krachtig’ en ‘porren’. De vrouwen die de sekse van hun baby niet kenden, gebruikten niet zulke clichématige woorden. En dit is nog maar één aspect waarvan we onszelf bewust moeten zijn als we onze kinderen niet willen opzadelen met onze verwachtingen nog voor ze zijn geboren. Laten we de gewoonte ontwikkelen ze te observeren en niet te oordelen.

Hoe je denkt over je ongeboren baby zal ook van invloed zijn op jullie band later. Als je je foetus uit gewoonte gaat zien als een parasiet, een moedwillige bezetter, een last of als een imaginaire vriend, een levende god of iets daartussenin, zal dat gaan meespelen in jullie latere relatie. Het zal ook deels bepalen of je ertegenop ziet je baby te ontmoeten of dat je je, zoals ik hoop, erop verheugt.

OEFENING: HOE DENK JE OVER JE BABY?

Kijk eens goed naar jezelf als je aan je ongeboren baby denkt. Denk na over de manier waarop je over het kind denkt en hoe dat jullie latere relatie kan beïnvloeden. Dat geeft je een betere basis op grond waarvan je kunt beslissen hoe je tegenover deze persoon wilt staan die je nog niet hebt ontmoet.

Praat tegen je foetus, hardop, om jullie band te versterken. Een foetus kan je horen vanaf achttien weken na de bevruchting. Je zult jezelf horen praten en begrijpen hoe je aankijkt tegen dit kind, en dat zal je helpen je bewuster te worden van jouw aandeel in jullie relatie. Bovendien ontwikkel je zo de gewoonte om ook na de geboorte tegen je baby te praten en het kind te zien als een ander mens.

Welk type ouder ben je?

Volgens een bijzonder invloedrijk boek dat al zo'n dertig jaar oud is maar nog niets aan zeggingskracht heeft verloren, vallen ouders grofweg in te delen in twee categorieën: regelaars en bemiddelaars. In *The Psychological Processes of Childbearing* beschrijft Joan Raphael-Leff dat regelaars doorgaans meer zijn afgestemd op volwassenen en zich door routine laten leiden, terwijl bemiddelaars meer zijn afgesteld op het kind en zich door het kind laten leiden in plaats van het kind zich te laten voegen naar de situatie.

Als je een regelaar bent, zie je het liefst dat je baby een routine ontwikkelt. Volgens de filosofie van een regelaar voelen kinderen zich veilig en geborgen als er iedere dag op hetzelfde moment hetzelfde gebeurt, omdat kinderen dan weten wat ze te wachten staat en niet voor verrassingen komen te staan. Ook ouders weten dan wanneer wat dient te gebeuren, en de oppas zal zich aan diezelfde dagindeling houden. Mensen voelen zich aangetrokken tot dit idee als ze steun vinden bij een zekere mate van orde, regelmaat en zekerheid over wat wanneer gebeurt.

Of misschien ben je een bemiddelaar. Ook bemiddelaars vinden een zekere mate van voorspelbaarheid belangrijk voor hun kind, alleen maken zij niet de routine, maar hun reactie op de baby voorspelbaar. Op die manier leren baby's dat op iedere wenk van hen wordt gereageerd en aan vrijwel al hun behoeften wordt voldaan, vanuit het idee dat ze zo leren dat hun wereldje een veilige wereld is en ze zich geborgen voelen.

Het heeft weinig zin te discussiëren over welke aanpak de beste is, omdat je van nature meer geneigd bent tot het een of juist het ander, misschien op grond van je culturele achtergrond of in reactie op hoe je zelf bent opgevoed. En daar zit ook nog wel enige speling in. Misschien kies je met je eerste kind voor de rol van bemiddelaar, omdat je je met één kind daar prima naar kunt voegen, maar met nog een erbij is een wat striktere routine handig om in ieders behoefte te kunnen voorzien. Je kunt bijvoorbeeld de baby niet laten slapen als je de oudere kinderen naar school moet brengen. Dan zul je de baby toch echt wakker moeten maken en meenemen.

Het komt ook voor dat jij een regelaar bent en je partner een bemiddelaar is of vice versa. In dat geval heeft het weinig zin te schermen met feiten die de door jou verkozen ouderfilosofie onderschrijven. Als je gaat argumenteren op grond van feiten, diagrammen, tabellen en statistieken is de kans groot dat jullie alleen maar nog rigider vasthouden aan jullie respectievelijke standpunt.

Je denkt vermoedelijk dat je standpunt is gebaseerd op feiten en niet op wat je voelt – maar meestal kiezen we de feiten die aansluiten op onze gevoelens en niet andersom. Bespreek dit met je partner in termen van wat je voelt, laat de feiten achterwege en probeer je niet vast te klampen aan wat volgens jou goed is en wat fout. Je voelt wat je voelt, en daar komt geen goed of fout bij kijken. Misschien helpt het je iets flexibeler te worden als je erkent dat je meer naar het ene of het andere neigt omdat dat je meer ligt, in plaats van dat je het alleen maar doet voor het kind.

Door welke filosofie je je ook aangetrokken voelt, bedenk altijd dat acceptatie, warmte en vriendelijkheid het allerbelangrijkst zijn als het gaat om onze kinderen (en onze meeste andere relaties). Raphael-Leff merkte op dat vrouwen die zich eerder een bemiddelaar voelen meer geneigd zijn om zich over te geven aan alle emoties die een zwangerschap losmaakt, terwijl regelaars daar doorgaans terughoudender in zijn. Het viel haar op dat bemiddelaars introspectief worden, verbaasd over het wonder dat zich in hen voltrekt, en dat regelaars zo lang mogelijk proberen hun oude zelf te blijven en niet 'toe te geven' aan hun veranderde toestand. De zwangerschap kan zelfs worden ervaren als een inbreuk. Bemiddelaartypes ervaren hun foetus vaker als een imaginaire vriend.

Een bemiddelaar heeft het gevoel dat de zwangerschap haar nog meer maakt tot wie ze is, terwijl een regelaar haar zwangerschap kan ervaren als een inperking van haar persoonlijkheid. Bemiddelaars zijn geneigd de geboorte te zien als een overgangsfase in het leven voor haarzelf en de baby, regelaars toch vooral als een mogelijk pijnlijke geschiedenis. Ik som al deze verschillen op om alles wat je misschien voelt enigszins te normaliseren. Als de meeste van je zwangere vriendinnen en bevriende ouders van jouw leeftijd tot het tegenovergestelde type behoren, kun je je behoorlijk eenzaam voelen.

Er zijn tal van argumenten, gebruiken, tradities, voorschriften en boeken te vinden die je van het gelijk van de ene of de andere aanpak proberen te overtuigen, maar waar het om gaat, waar het echt om gaat is dat – of je nu een bemiddelaar bent of een regelaar, je je op de volwassenen richt of op het kind – je eerlijk bent tegen je kind en jezelf. Dat houdt in dat je je instinctieve voorkeuren en je eigen gevoelens erkent.

En dat je erkent dat je bent wie je bent vanwege die voorkeuren en gevoelens.

OEFENING VOOR ZWANGERE MOEDERS EN VADERS

Noteer voor jezelf welke gevoelens het aanstaande ouderschap in je losmaakt.
Kun je niet wachten tot het moment daar is of voel je enige terughoudendheid en is het wel goed dat het nog niet zo ver is?
Realiseer je wat je verwacht van het ouderschap. Denk na over hoe je die verwachtingen in de hand kunt houden en laat tot je doordringen in hoeverre die je gedrag bepalen. Misschien maak je je grote zorgen, die allemaal beginnen met: wat als? Probeer dat 'wat als...' dan te vervangen door: 'en wat dan nog als...' Als je doorkrijgt dat je eigenlijk denkt dat het een simpel trucje is om kinderen zich netjes te laten gedragen, zet dan vraagtekens bij dat idee en denk na in termen van jouw verhouding tot ze in plaats van ze te willen manipuleren. Leer je lichaam zien als het belangrijkste communicatiemiddel met je baby en visualiseer hoe dat bekend en vertrouwd kan raken met je kind en hoe je kind met jou vertrouwd kan raken. Begin tegen je baby te praten: ze kunnen je horen. Kijk ernaar uit ze te leren kennen.
Als je een partner hebt, doe deze oefening dan allebei en bespreek wat dat in elk van jullie losmaakt.

OEFENING VOOR OUDERS

Als je na dit te hebben gelezen denkt dat je de zwangerschap 'fout' hebt aangepakt – als je bijvoorbeeld enorm gestrest en emotioneel was, bijvoorbeeld doordat je hormonen opspeelden of omdat er zo veel meer is waarover je je zorgen kunt maken – vergeef jezelf dat dan onmiddellijk.

We willen onze wereld begrijpen, dat geeft ons het gevoel het enigszins in de hand te hebben, maar probeer dat wel te doen op een manier die jou niet opzadelt met het idee verantwoordelijk te zijn voor een breuk die niet meer te herstellen valt. Misschien denk je dat, omdat jij en je partner zich zo veel zorgen maakten toen je zwanger was, je kind nu moeite heeft om zich, bijvoorbeeld, te concentreren. Misschien is er geen aanwijsbare reden waarom je kind dat moeilijk vindt. Als je wilt weten hoe je ze het best met zoiets kunt helpen, is het echter zinniger om ze in het hier en nu te observeren dan te denken dat het komt door iets wat je tijdens je zwangerschap hebt gedaan. Verzoen je met die stressvolle zwangerschap door te erkennen dat je deed wat je kon met de kennis en de middelen die je toen had. Niemand is erbij gebaat als je jezelf van alles gaat verwijten.

De baby en jij

De volgende bladzijden gaan over je kennismaking met de baby, de geboorte en hoe je je misschien voelt in die eerste paar minuten, uren, weken en maanden na de geboorte. Hoewel we allemaal het liefst een rustige bevalling en direct een band met onze baby zouden willen en deze periode ons wordt voorgeschoteld als het meest essentiële en belangrijkste moment van ons leven, is dit geen sprookje, maar het echte leven. Dit betekent dat de dingen soms anders lopen dan je had gewild. Ik moet ook zeggen dat er nogal wat sympathische magie voor nodig is om ons veilig te voelen en ons door de bevalling en de eerste paar dagen heen te helpen. Vraag zo nodig of desgewenst hulp – niemand kan dit helemaal alleen – en wat betreft de raadgevingen, volg die alleen op als je dat geruststelt en niet als je denkt dat het je te veel wordt. Als je je hieraan houdt, zul je je leven kunnen accepteren zoals het is en niet het gevoel krijgen dat er iets mis is alleen omdat het niet voldoet aan het perfecte plaatje.

De bevalling plannen

Waarschijnlijk heb je er al over nagedacht hoe je wilt bevallen, of dat nu is met verdoving, drijvend in een bad of iets daartussenin.

Het is goed om daar alle tijd voor te nemen en alles grondig uit te zoeken. Kies wat jou het prettigst en minst traumatisch lijkt, dat biedt de grootste garantie op een goed begin voor jou en je baby.

Zoals je vast al zult hebben gehoord van andere vrouwen, kan de geboorte van je baby anders lopen dan gepland. De geplande ruggenprik kan misschien niet worden toegediend, en een natuurlijke geboorte kan eindigen met een keizersnee. Een goede voorbereiding geeft echter meer kans op het soort bevalling dat je zelf zou willen, zo lang je maar flexibel omgaat met eventuele, noodzakelijke aanpassingen. Het is te vergelijken met de planning van het leven dat je zou willen hebben: je kunt het alleen enigszins de gewenste richting op sturen en flexibel zijn over wat je niet in de hand hebt.

Toen ik zwanger was, wilde ik een rustige, natuurlijke en vredige bevalling, en zo had ik het dus ook gepland. Ik zou het echt graag hebben gewild, maar de geboorte van mijn dochter verliep niet geheel volgens plan. De hartslag van de baby werd trager – de navelstreng zat driemaal om haar hals gewikkeld – dus gingen alle alarmbellen rinkelen en moest de baby er met een vacuümextractor worden uitgetrokken, en snel ook. Veel vredige bevallingen lopen echter wel volgens plan.

Mijn baby moest direct naar de Neonatale Intensive Care Unit worden gebracht. Het speet me heel erg dat zij en ik geen huid-op-huidcontact hadden, dat volgens mij erg belangrijk is. We leefden, allebei. Er bleek niets mis met haar te zijn, maar er werden uit voorzorg toch maatregelen getroffen. Zodra ik weer op mijn benen kon staan, vond ik de betreffende afdeling en ontmoette ik mijn dochter. Hoe ze hun best ook deden, de verpleegkundigen kregen me niet meer weg. Ik heb dit verhaal al vaak verteld, en ook moeten vertellen, want voor mij was dit een traumatische ervaring. Nu, ruim 25 jaar later, kan ik het vertellen zonder emotioneel te worden, maar het duurde heel lang voor ik zo ver was.

Praten over de bevalling

Als na de zwangerschap en bevalling de baby levend en wel is geboren, hebben we het gevoel vooral dankbaar te moeten zijn, hoe traumatisch de bevalling ook verliep. Volgens mij is het echter ook belangrijk om te praten over wat je hebt meegemaakt, zo vaak als nodig, om je balans te hervinden. Misschien verklaart dat ook deels waarom je als je zwanger bent vaker verhalen hoort over zware bevallingen dan over een soepele bevalling – mensen hebben er meer behoefte aan om over zo'n moeilijke bevalling te praten.

Het feit dat je voor het eerst een kind krijgt kan op zichzelf al overweldigend zijn, nog los van wat je doormaakt tijdens de bevalling. Ook als het een prachtige, fantastische ervaring is, is en blijft het misschien toch een gedenkwaardig moment voor je en is het dus belangrijk erover te praten.

Sommige moeders voelen zich schuldig of teleurgesteld over hun ervaring. Bedenk echter dat niets volmaakt is. Ons hele leven bestaat eruit weer op koers te raken als de zaken anders liepen dan we hadden gewild. Het belangrijkste is niet wat er misgaat, maar hoe we dat weer rechttrekken. En in dit geval doe je dat door je baby te leren kennen en een band met je kind te krijgen.

Ik weet niet of het feit dat mijn dochter en ik na de bevalling werden gescheiden mij als jonge moeder angstiger heeft gemaakt, of mijn baby die eerste maanden onrustiger. Misschien was het zonder die emotionele schok niet anders geweest. Maar ik weet wel dat ik in die eerste maanden soms vond dat mijn baby zich maar moeilijk liet troosten, en daar maakte ik me zorgen over. Volgens mij was ze gestrest toen ze werd geboren. Toen ik langzaamaan leerde hoe ik haar kon troosten, werkte dat voor mijzelf ook enigszins troostend. Dus als de geboorte voor haar traumatisch was (en voor mij was ze dat zeker), dan werd die breuk, voor ons beiden, op den duur toch hersteld.

De borstcrawl

We hebben vaak zo'n haast met onze kinderen. We willen dat de bevalling snel komt, de bevalling vlot verloopt en de baby dan snel aan de borst kan, de nachten doorslaapt, zindelijk wordt, rechtop zit, gaat staan, lopen en praten, zelfstandig wordt, een huis koopt en gaat sparen voor een pensioen. Als we even stilstaan bij wat onze baby's al kunnen, leren we om niet altijd zo'n haast te hebben en kunnen we van onze kinderen leren om in het hier en nu te leven.

Een ongelooflijk voorbeeld daarvan vindt vlak na de geboorte plaats. Baby's hebben een reflex om naar de borst te zoeken en vinden die met minder hulp dan je zou denken. Dat heet de borstcrawl. Widström en anderen aan het Karolinska Instituut in Zweden hebben dit onderzocht en ontdekten dat als een pasgeboren baby direct na de geboorte op de buik van de moeder wordt gelegd deze zelfstandig de borst kan vinden. Gemiddeld gebeurt er zo'n vijftien minuten niets en dan begint de baby de beentjes te bewegen en manoeuvreert zich in de juiste houding, met telkens even een rustpauze.

Na zo'n 35 minuten brengen baby's een hand naar hun mond en dankzij hun grijpreflex kunnen ze de tepel vastpakken en stimuleren. Na 45 minuten gaan de baby's wroetende en zuigende bewegingen maken. En na 55 minuten vinden baby's dan spontaan de tepel en beginnen te zuigen. Dit is uitgebreid onderzocht in achtereenvolgende onderzoeken. Als de moederborst is bevochtigd met vruchtwater, schijnen baby's de borst zelfs nog gemakkelijker te kunnen vinden.

Het is niet verrassend dat baby's bij de geboorte al de drang hebben om de tepel te zoeken, want bij jongen van andere zoogdieren is dat de norm. Net als andere dieren beschikken baby's over verschillende reflexen om te kunnen overleven en een van de meest evidente daarvan is het vermogen om te huilen, waarmee ze je vertellen dat ze behoefte hebben aan je gezelschap, een schone luier, een knuffel of drinken.

Uit vervolgonderzoek bleek dat baby's die huid-op-huidcontact met de moeder maakten en op haar bleven liggen, veel minder vaak huilden dan baby's die in een bedje werden gelegd. Na 25 minuten huilden eerstgenoemde baby's gemiddeld zo'n 60 seconden, de baby's in het bedje ruim 18 minuten. Zo'n 55 tot 60 minuten later huilden de baby's die in voortdurend contact bleven met hun moeder en een borstcrawl uitvoerden helemaal niet, en de baby's uit de controlegroep langer dan zestien minuten. Na 85 tot 90 minuten huilden de baby's die nog altijd op hun moeder lagen gemiddeld tien seconden, vergeleken met ruim twaalf minuten voor de groep die de meeste tijd in een bedje lag.

Het is alsof dit voor onze baby's even natuurlijk is als voor ieder ander zoogdier, maar wij hebben in dit proces al te ijverig ingegrepen. Er kunnen ook andere dingen meespelen, zoals pijnstillers of een keizersnede. Veel baby's is deze, op eigen kracht kruipende, natuurlijke start in het leven ontzegd, jou en mij vermoedelijk ook... en toch zijn sommigen van ons uitgegroeid tot uitgebalanceerde, prima functionerende en liefhebbende mensen, over het geheel genomen, die bijzondere banden en vriendschappen voor het leven kunnen ontwikkelen.

Wat dit onderzoek en de praktijk van de borstcrawl ons leren is dat we er goed aan doen onze baby's te observeren en zo te ontdekken wat ze kunnen en nodig hebben. Op die manier kunnen we ons geheel op hen afstellen, in een natuurlijk ritme van geven en nemen in plaats van ze dingen op te leggen. Als je baby's hun instinct laat volgen en ze hun borstcrawl laat uitvoeren, of ander natuurlijk gedrag, zoals je aanstaren of met huilen je aandacht trekken, dan respecteer je ze en doordring je ze meteen van het besef dat ze geen object zijn waar van alles mee wordt uitgevoerd, maar iemand met handelingsvermogen. Iemand die een relatie heeft met jou.

De eerste aanzet tot een band

Gedurende je zwangerschap heeft je lichaam je baby het verhaal verteld van jou en je omgeving aan de hand van wat je hebt gevoeld, hebt gegeten, de geluiden rondom je en die in je lichaam. Is de baby eenmaal buiten je lichaam, dan krijgt dit verhaal een vervolg.

Veel ouders voelen direct een band en een overweldigende liefde voor hun kind, zoals Emma.

> Ik was bang dat ik geen band zou voelen met mijn baby, John, omdat ik nooit zo geïnteresseerd ben geweest in andermans baby's. Zodra hij op mijn buik werd gelegd, wist ik echter dat hij beeldschoon was en hield ik zielsveel van hem. De bevalling duurde tien uur. Ik liep veel heen en weer en gebruikte een baarkruk, wat voor mij prima werkte. Het was pijnlijk, maar omdat weeën in golven komen,

> kon ik tussendoor telkens even uitrusten. Het hielp enorm dat ik wist wat me te wachten stond, denk ik. Tegen het eind kreeg ik wat gas en zuurstof toegediend. Toen John er eenmaal was, had ik medelijden met andere moeders, omdat hun baby's veel minder mooi waren! Omdat het voor mij zo'n bijzondere, unieke ervaring was, snapte ik niet dat de meeste moeders precies hetzelfde denken en voelen. Ik begreep niet dat andere moeders hun baby vermoedelijk ook idealiseerden en medelijden met mij hadden!

Emma's reactie valt waarschijnlijk toe te schrijven aan het vrijgekomen 'liefdeshormoon' oxytocine. Sommige middelen die tijdens de bevalling worden toegediend, of de shock of het trauma van de bevalling zelf, kunnen van invloed zijn op de aanmaak van oxytocine – met als gevolg dat die golf van liefde, zoals Emma het ervoer, in jouw geval misschien uitbleef.

Dit is het verhaal van Mia.

> Mijn baby, Lucca, werd ingeleid. De bevalling deed verschrikkelijk pijn, meer pijn dan ik ooit had gehad. Ik kreeg geen ruggenprik omdat de anesthesist de naald er niet in kreeg.
>
> Toen Lucca werd geboren, was ik in shock en voelde verder helemaal niets. Mijn moeder was bij me en ik liet de baby aan haar geven omdat ik er zelf nog niet aan toe was, waarom weet ik niet. Ik was er gewoon nog niet aan toe.
>
> Daarna brachten ze hem voor een dag naar de Neonatale Intensive Care Unit.
>
> Die eerste twee weken kon ik niet geloven dat Lucca mijn zoon was. Ik dacht er serieus over een DNA-test te laten doen, want ik wist zeker dat hij in het ziekenhuis was verwisseld. Godzijdank was mijn moeder er. Ze luisterde ge-

duldig naar al mijn zorgen en emoties, bleef kalm en sprak me nooit tegen. Ze vertelde dat ik me niet altijd zo zou blijven voelen. Mam bleef een maand bij ons. Ze zei dingen als: 'O, Lucca heeft jouw ogen', en: 'Hij lijkt precies op jou toen je nog een baby was.' En langzaamaan kreeg ik een band met hem.

Pas toen Lucca een maand of zes was, voelde ik dat we een hechte band hadden. Ik hield hem in het zwembad in mijn armen en hij sloeg met zijn vuisten op het water. Hij keek naar me op en lachte – en we lachten samen.

Die eerste paar maanden waren zwaar. Ik kan daar niet over liegen. Ik had het gevoel dat ik 'deed alsof' we een band hadden en dat hielp me erdoorheen, maar maakte me ook treurig.

Denk niet dat je abnormaal bent of 'de enige' die zich zo voelt na de geboorte. Wat je nodig hebt is iemand die naar je luistert en accepteert wat je voelt, zodat je dat ook zelf leert accepteren. Je moet accepteren wat er in je omgaat en jezelf niet hekelen omdat je niet voelt wat je denkt te moeten voelen. Zo slaagde Mia er uiteindelijk in een band met Lucca te krijgen. Mia's moeder sprak haar niet tegen en keurde haar gevoelens niet af, maar erkende ze gewoon.

OEFENING: HOE VOELT JE BABY ZICH?

Ga op de grond liggen. Bedenk hoe het is om je alleen te voelen, trek te hebben, ongemakkelijk te liggen, maar daar geen woorden voor te hebben – geen woorden om mee te denken en geen woorden om mee te communiceren. Bedenk hoe het voelt om alleen een lichaam en gevoelens te zijn, niet rechtop te kunnen gaan zitten, op je zij te rollen of te voelen dat je ergens deel van uitmaakt. Je kunt alleen maar liggen en je gevoelens zijn. Stel je nu voor hoe het voelt als je wordt gered, opgetild, verzorgd, gekoesterd en je deel voelt van iemand anders, maar nog steeds geen woorden hebt, geen verleden, geen toekomst, maar alleen dit nu, je lichaam en je gevoelens.

Hulp: een zorgzame ouder kan niet zonder zorgzame ouders

Het kan heel moeilijk zijn om een kind tijd, respect en liefdevolle aandacht te geven als je er zelf helemaal doorheen zit. Dat kan zijn omdat je gewoon bekaf bent of denkt dat nooit van je eigen ouders te hebben gekregen. Om een zorgzame ouder te kunnen zijn, moeten we zelf zorgzame ouders hebben gehad. Dat gezegd hebbende, zal het je verbazen hoe veel je nog uit je tenen kunt halen en hoe lang je het volhoudt. Daar zit echter een grens aan, dus als je echt óp bent, vraag dan hulp.

Die hulp kan van praktische aard zijn, zodat je wat meer tijd aan je kind kunt besteden – of even kunt bijslapen. Het kan echter ook iemand zijn die naar je luistert en met je meeleeft nu je je kind probeert te geven wat jij zelf nooit hebt gekregen of meent niet in je te hebben. Het hoeft niet per se een therapeut te zijn die naar je luistert en je het gevoel geeft gehoord en niet veroordeeld te worden voor de gevoelens die het ouderschap in je losmaakt. Ook vrienden en familie kunnen dat, als ze accepteren en ook zelf weten dat het ouderschap nu eenmaal allerlei kanten heeft. We moeten ons goed realiseren dat het niet onze gevoelens zijn of de dingen die we ons voorstellen die onze kinderen kunnen schaden, maar hoe we met ze omgaan. Denk aan het verhaal van Mark (blz. 26). Het feit dat hij weg wilde bij zijn gezin had geen negatieve invloed op zijn zoon, omdat hij niet wegging bij zijn gezin.

Dit is het verhaal van Charlotte.

Ik had vaak griezelige gedachten over wat ik mijn baby, Rosanne, zou aandoen. Als ze me 's nachts voortdurend uit de slaap hield met haar gehuil, kreeg ik ideeën over haar neergooien of door elkaar schudden. Deze gedachten verontrustten me meer dan haar huilen. Ik schaamde me er diep voor en dacht dat als ik het zou vertellen, Rosanne van me zou worden afgenomen. En dan martelde ik mezelf met de gedachte dat dit misschien het beste zou zijn. De enige keer dat ik zoiets eerder had meegemaakt was toen ik als puber mijn ouders wilde vermoorden. Die gedachten waren echter minder heftig. Ik was doodsbenauwd dat ik door het lint zou gaan en haar iets zou aandoen. Toen ik er echt niet meer tegen kon, raapte ik al mijn moed bij elkaar en vertelde het aan mijn zus. Zij zei dat iedereen zich weleens zo voelde en haar strategie was dan gewoon toe te kijken hoe ze die gedachten had, alsof je luistert naar een irritant mens van wie je vastbesloten bent je niets aan te trekken. Alleen al het feit dat ze me normaal vond en niet dacht dat ik gek was, hielp enorm. Volgens mij was dat ook het moment waarop die gedachten over wat ik mijn dochter zou aandoen hun grip op mij verloren. En ik weet dat ik altijd bij mijn zus terechtkan als die gedachten terugkomen. Ik wilde dat ik er eerder over was begonnen.

Als we als ouder het gevoel hebben niet te kunnen praten over onze niet bepaald ideale gedachten, gevoelens of fantasieën, kunnen deze verder uitgroeien tot ze nauwelijks nog in de hand te houden zijn. Het is belangrijk om erover te kunnen praten, een plek te hebben waar we ze kunnen verjagen, gelouterd worden, en ze niet in de praktijk brengen ten koste van onze kinderen.

Je hebt iemand nodig die echt naar je luistert, begrijpt wat je bedoelt en al je gevoelens kan accepteren zonder overweldigd te raken, en dus als een kalme en veilige haven kan dienen. Hun kalmte komt voort uit de wetenschap dat welke angsten of doemscenario's je ook hebt, die van voorbijgaande aard zijn. Dat is de rol die Mia's moeder voor Mia vervulde en Charlottes zus voor Charlotte.

Dit soort hulp heb je nodig omdat jouw baby met al haar gevoelens bij jou terecht moet kunnen zonder dat het je te veel wordt. Het is jouw taak om je kind die zorg en steun te geven. En dat valt niet mee als je het zelf zonder die aandacht moet stellen. Misschien moet je je vrienden of familie heel precies uitleggen dat dit het soort van zorg en steun is die je nodig hebt.

Misschien kun je ook praktische hulp gebruiken. Het kan zijn dat sommige mensen dat aanvoelen en zichzelf aanbieden, maar doen ze dat niet, vraag er dan om. En het zijn trouwens niet alleen moeders die wel wat emotionele steun kunnen gebruiken, maar ook vaders. De mens is er niet voor gemaakt om overal alleen voor te staan, geen woord te zeggen en zich kranig te houden. We zijn kuddedieren, leden van een stam. Laat de stam je helpen. In vergelijking met de voorgaande generatie is het veel lastiger geworden een gezin te onderhouden, omdat een huis huren of kopen zoveel duurder is geworden. Terwijl we wachten tot de politici dit hebben rechtgetrokken, zou de vorige generatie naar mijn idee jonge ouders best financieel en emotioneel kunnen bijstaan.

Toen Sheena in haar achtste maand was, kreeg ze te horen dat het met een van de tweeling niet goed ging en dat ze ingeleid moest worden. De bevalling was een traumatische ervaring en niet zonder gevaar voor Sheena en de baby's. Een van de tweeling, Charlie, werd gezond geboren, de ander, Ted, had meer zorg nodig en moest in de couveuse. Sheena bleef in het ziekenhuis achter met Ted, zwak als hij was, terwijl

Charlie naar huis ging. Vier weken lang zorgde Sheena voor Ted en hield hem in haar armen tot hij voldoende was aangesterkt om uit het ziekenhuis te worden ontslagen. Sheena's partner Judd was een bekende musicus die lange uren maakte, vaak op tournee was en geen extra tijd kon of wilde vrijmaken om vaker bij zijn gezin te zijn in deze periode. Misschien was hij ook bang zijn emoties niet in de hand te kunnen houden als hij iets langer zou stilstaan bij het feit dat hij bij de bevalling bijna zijn vrouw en een van zijn kinderen was verloren. Het idee dat mannen 'sterk' moeten zijn heeft mijns inziens meer kwaad dan goed gedaan.

Toen Sheena thuiskwam, vond ze het moeilijk te geloven dat ze de moeder van een tweeling was. Ze hield de verpleegkundige aan die was ingehuurd om voor Charlie te zorgen. Ze wist op een verstandelijk niveau wel dat Charlie van haar was, maar zo voelde dat niet – Charlie was van de oppas, Ted van haar. Omdat ze zich daar erg ongemakkelijk bij voelde, wilde ze dat liever vergeten en denken dat er niets mis was.

Sheena verzette haar gedachten door demonstratief iedereen te laten zien dat het prima met haar ging. Ze ging veel uit en bleef vaak in nachtclubs hangen tot in de vroege uurtjes. Haar emoties bezorgden haar steeds weer een schok – dat ze een tweeling had, hoe zwaar de bevalling was geweest, dat ze Ted bijna was verloren en, het ergst van allemaal, dat Charlie niet echt van haar was. Telkens als ze zo'n schok ervoer, besteedde ze daar verder geen aandacht aan, maar regelde ze meer oppas en zocht ze afleiding in een avondje stappen.

Als Charlie huilde, voelde ze zich nauwelijks geroepen hem te troosten. Als de oppas er niet was, vroeg ze een van de kinderen, Judd, haar moeder, de werkster – 'Wie dan ook, maar ik niet,' zei ze later. Haar manier van troosten was om hem af te leiden en niet om hem door het verdriet heen te helpen – niet zo heel veel anders dan ze bij zichzelf deed.

Pas toen Charlie vier was, slaagde Sheena erin hem te accepteren als haar zoon, ook in emotionele zin. 'Volgens mij heb ik drie jaar lang in shock geleefd, maar dat besefte ik pas toen ik ervan herstelde,' zegt ze.

Wat heeft dit alles met Charlie gedaan? De tweeling is inmiddels tien. Sheena's andere kinderen, inclusief Teddy, zijn vrolijk en onbezorgd, maar Charlie is een wat angstig kind en erg aanhankelijk. Hij lijkt te denken dat hij geen enkele relatie volledig kan vertrouwen en dat, willen mensen van hem houden, hij daar erg zijn best voor moet doen. Sheena zegt dat Charlie alles zou doen voor Ted, al is dat omgekeerd niet het geval, tot nu toe. Soms vinden vrienden en andere gezinsleden Charlies neiging iedereen te vriend te willen houden nogal wanhopig en irritant. Dat maakt de zaak voor Charlie alleen maar erger, en dan gaat hij nog meer zijn best doen het iedereen naar de zin te maken. Zijn onzekerheid heeft waarschijnlijk iets te maken met het feit dat hij zo vroeg van zijn moeder werd gescheiden en later maar moeilijk een band met haar kreeg. Sheena zegt dat hij zich alleen enigszins kan ontspannen als ze met hem alleen is – wat lastig is als je een baan en vier kinderen hebt.

Een keer in de week gaan Sheena en Charlie echter samen naar een kunstklasje, met zijn tweeën. Sheena zegt dat dat helpt. Als de les uitvalt vanwege een vakantie, gaan ze zelf twee uurtjes aan de slag, op dezelfde dag en hetzelfde tijdstip, alleen zij tweeën.

Ik vroeg Sheena wat haar zou hebben geholpen om het anders te doen, helemaal in het begin. Zij dacht dat als de bevalling niet zo traumatisch zou zijn geweest, ze vermoedelijk niet in shock zou zijn geraakt, want dat is volgens haar een van de redenen dat ze ontkende de moeder van een tweeling te zijn. De echte breuk was echter volgens haar veroorzaakt door de vier weken direct na de geboorte dat ze niet bij Charlie was. Toen ze daarna thuiskwam, zegt ze, 'rook hij niet als mijn baby, maar Ted wel'. Ze denkt ook dat met enige professionele hulp ze wel in staat zou zijn geweest te erkennen wat haar was overkomen en de gevolgen had kunnen verwerken door erover te praten. Hoewel Charlie degene was die huilde en gevonden wilde worden door Sheena, wilde zij zelf ook worden begrepen en gevonden. Omdat ze niets voor zichzelf voelde, lukte het haar ook niet iets voor anderen te voelen, en al helemaal niet voor Charlie. En omdat hij haar koud liet, was het voor haar niet zo moeilijk om afleiding te vinden, hem op afstand te houden en hem over te laten aan de zorgen van de oppas.

Sheena is inmiddels dol op Charlie en geniet enorm als ze iets met hun tweetjes doen. Door zo veel mogelijk tijd met hem door te brengen herstelt ze nu de breuk. We kunnen hooguit ons best doen als ouder, en willen we een goede relatie met onze kinderen hebben, zeg ik nog maar eens, dan zijn niet de breuken doorslaggevend, maar de manier waarop we die herstellen.

Sheena en Charlie verstevigen hun band met elkaar en Charlies onzekerheid over zijn relaties met anderen neemt af. Naarmate zijn hunkerende gevoelens minder worden, zal hij meer van het leven kunnen genieten. Want het goede nieuws is dat we weliswaar nooit meer de spons worden die we als baby waren, maar niet van steen zijn. We worden gevormd door onze relaties met anderen, maar kunnen daar ook weer opnieuw door worden gevormd, ons leven lang. Als Sheena die oude breuk met Charlie niet had aangepakt en hersteld, had hij op latere leeftijd in zijn romantische relaties weer kunnen vervallen in diezelfde onzekerheid waarin hij liefde eerder ervoer als pijn en hunkering dan als een gelukkige verbintenis.

Later zal Charlie misschien meer hulp moeten krijgen om

zich wat zekerder en minder angstig te voelen in een relatie. Misschien moeten zijn ouders hem vertellen over zijn vroegste jeugd, zodat hij beter begrijpt waarom hij zich zo voelt. Dat kan helpen om hem ervan te doordringen dat het niet aan hemzelf ligt, en zeker niet zo is omdat hij minder lief is dan anderen, maar omdat de indrukken die we als baby opdoen zo'n impact hebben.

Sheena's partner Judd viel het niet op dat ze geen band ontwikkelde met Charlie. En hijzelf deed ook niet zijn best om een band met Charlie te krijgen. Als hij vanaf de geboorte de zorg voor Charlie op zich had genomen, in plaats van alles aan de oppas over te laten, denk ik dat Charlie zich in zijn relaties met anderen minder onzeker zou hebben gevoeld. Extra hulp is altijd goed, maar kinderen moeten in de eerste plaats een band met hun ouders krijgen.

Ik vertel dit verhaal niet om Sheena en Judd zwart te maken. Hij deed gewoon wat alle mannen in zijn familie, en veel mannen in het verleden, altijd hebben gedaan – hij liet de zorg voor baby's over aan de moeder en de oppas. Het is niet eenvoudig het traditionele patroon te doorbreken omdat het zo is ingeburgerd. Alleen als we ons er bewust van zijn, valt er iets tegen te ondernemen.

Sheena's strategie om afleiding te zoeken als ze het emotioneel moeilijk had in plaats van haar gevoelens te verwerken, was waarschijnlijk te wijten aan het feit dat men haar in haar vroege jeugd ook zo had proberen op te vrolijken. Net zoals haar man geloofde dat de zorg voor de kinderen geen taak is voor een man, kun je ook al snel denken dat een bepaalde handelwijze 'natuurlijk' is en geen pure indoctrinatie. Dit soort indoctrinatie kan een barrière vormen in onze relatie met onze kinderen. Dat is geen kwestie van een 'goede' of 'slechte' ouder zijn – we doen allemaal ons best. Als we ons echter bewust worden van zo veel mogelijk cultureel bepaalde ideeën over de opvoeding en de gevolgen daarvan, kunnen we er iets aan doen en een constructievere manier vinden om met onze kinderen om te gaan.

De meeste ouders hebben hulp nodig, van familieleden of betaalde krachten, zodat ze kunnen werken of zelfs alleen maar even douchen. De belangrijkste mensen in het leven van een kind moeten echter de ouders zijn (en zoals gezegd bedoel ik met 'ouder' de persoon die in eerste en laatste instantie verantwoordelijk is voor het kind, dus dat kan ook een pleegouder zijn, een adoptieouder, stiefouder, voogd of vervangende ouder, maar niet iemand die tijdelijk in de zorg deelt.) Iedereen moet één primaire band met iemand hebben als anker. Betaalde krachten vertrekken weer en dat kan de primaire band dan verbreken, met alle gevolgen van dien. En kinderen moeten voelen dat zij bij hun ouders op de eerste plaats komen, zeker als ze nog jong zijn. Ze moeten het gevoel hebben een mens te zijn met wie een band wordt opgebouwd, niet een taak die kan worden uitbesteed.

OEFENING: WELKE HULP HEB JE NODIG?

Schrijf midden op een vel papier je naam of een symbool dat voor jou staat. Teken of schrijf daaromheen je hulpnetwerk. Bedenk welke mensen uit zichzelf zullen bijspringen en wie je daarom zult moeten vragen. Bijvoorbeeld: je moeder komt langs en stelt de juiste vragen, luistert aandachtig en biedt aan het komende jaar de huur te betalen, je zus kan snel en gemakkelijk de maaltijden verzorgen en je partner kan bijspringen door je gezelschap te houden, de huishouding deels op zich te nemen en het gezin financieel te ondersteunen. Andere vormen van hulp moeten misschien worden geregeld: begin of sluit je aan bij een groepje ouders in vergelijkbare omstandigheden, of regel professionele hulp als je daar behoefte aan hebt. Trek een

lijn vanaf jouw naam naar de steun die je toch al krijgt en een stippellijn naar de hulp die geregeld moet worden.
Denk na over het soort hulp dat je nodig hebt – emotionele of praktische ondersteuning. Kijk of er nog gaten zijn in je netwerk, en zo ja, probeer die dan in te vullen.
En ouders hebben misschien niet alleen in de kraamtijd hulp nodig, maar ook daarna zolang hun kinderen nog afhankelijk van ze zijn. Deze oefening kun je dus om de paar jaar herhalen zodat je altijd verzekerd bent van de juiste hulp om de best mogelijke relatie met je kind op te bouwen.

Hechtingstheorie

Hoe is het om een baby te zijn?

Je hebt een grote voorsprong op je baby; je weet ongeveer wat je kunt verwachten van het ouderschap. Misschien heb je gezien hoe je ouders voor je jongere zus of broer zorgden, of heb je andere ouders met hun kinderen geobserveerd. Of misschien weet je nog hoe je jezelf voelde als kind, of heb je een blog van ouders gelezen of boeken hierover. Het allerbelangrijkste is dat jij zelf een baby bent geweest. Die ervaring zal zijn opgeslagen in je onderbewustzijn, maar is er wel degelijk.

Een baby heeft echter geen idee hoe het is om een ouder te zijn. Ze zijn zelfs nooit eerder een baby geweest. Alles wat baby's meemaken, maken ze voor het eerst mee. Je kunt je dat nauwelijks voorstellen, maar houd het in je achterhoofd. Alles wat je voor het eerst meemaakt, maakt diepe indruk. Als volwassene krijgen we nog maar zelden de kans een eerste indruk op te doen. Als we iemand voor het eerst ontmoeten, krijgen we daar een indruk van, maar dat zal weinig veranderen aan onze ideeën over mensen in het algemeen, die zich al lang geleden hebben gevormd.

Als je op vakantie gaat naar een onbekend oord en de mensen daar geweldig blijken te zijn en het weer is precies zoals je het wilt hebben, dan krijg je waarschijnlijk allerlei prettige associaties met die plek en denk je er graag aan terug. Precies zo zal het leven gemakkelijker zijn voor een baby als hun eerste indruk van de wereld die van een veilige en liefdevolle plek is waarin ze zich thuis voelen. Welke tegenslagen ze ook te verduren krijgen, ze zullen minder gemakkelijk uit koers raken en zich sneller herstellen als ze altijd hebben gevoeld dat ze belangrijk zijn, ergens bij horen en er van ze gehouden wordt. Ofwel krijgen ze dit gevoel van degene die vanaf dag één voor ze zorgt – van jou – of ze krijgen een andere boodschap.

Stel dat je opeens midden in de woestijn belandt. Geen eten, geen onderdak, geen drinken en, het ergste, je bent helemaal alleen. Hoe zou je je na een uur voelen? En na twee uur? Stel dat je dan in de verte opeens mensen zag lopen. Je zou er alles aan doen om hun aandacht te trekken. Je zou gaan schreeuwen, gillen, zwaaien. Je zou wanhopig zijn. Misschien voelt een baby zich ongeveer zo.

Een baby komt uit de baarmoeder, een omgeving die van nature volledig op ze is afgesteld, en belandt dan zomaar in de wereld daarbuiten. Na de geboorte moeten baby's ons duidelijk maken wat ze nodig hebben. Het is aan ons de fysieke signalen van een baby te lezen om te snappen wat er van ons wordt gevraagd. Iedere keer dat ze erin slagen met ons te communiceren en wij attent reageren is het alsof die persoon in de woestijn de aandacht heeft weten trekken van de mensen in de verte en wordt gered.

Als je eerste ervaring met het leven te vergelijken valt met moederziel alleen zijn in de woestijn, zou je je kijk op de wereld en je persoonlijkheid baseren op hoe die mensen op jou reageerden. Of ze al dan niet attent reageerden, of je lang moest schreeuwen voor ze zich om je bekommerden, of je snel werd begrepen en tevredengesteld. En, waarschijnlijk het zwaarstwegend, al die tijd dat je alleen werd gelaten als je behoefte had aan gezelschap zou je doordringen van een gevoel diep vanbinnen dat – bij gebrek aan iets anders – heel lang je basale gemoedsgesteldheid zal blijven, tot een andere ervaring er verandering in brengt.

Baby's komen voorgeprogrammeerd ter wereld om zich te hechten aan anderen en een band met ze te ontwikkelen. Of mensen in de regel ongecompliceerde, hechte en liefdevolle relaties hebben of licht wanhopige, veeleisende en ingewikkelde relaties, of dat ze het moeilijk vinden zich hoe dan ook aan iemand te binden of denken alleen beter af te zijn, is volgens de hechtingstheorie afhankelijk van hoe ze zijn behandeld als kind. Er zijn vier hechtingstypen: veilig, ambivalent, onveilig-vermijdend en onveilig-afwerend. Wat jij wilt, is dat je baby uitgroeit tot een veilig gehecht kind. Daarvoor is het goed om eerst te bedenken hoe jij je hebt gehecht aan de mensen die voor jou zorgden. Als je geen veilig gehecht kind was, zul je extra moeten opletten, nadenken en je van jezelf bewust zijn in je omgang met je baby, want dan zul je niet automatisch attent en empathisch reageren.

Veilige hechting

Als er vrijwel altijd werd voldaan aan je behoefte aan geborgenheid en zorg als baby, groei je waarschijnlijk op met het idee dat mensen over het algemeen goed zijn. Dit betekent dat je mensen kunt vertrouwen, het goed met ze kunt vinden, meestal optimistisch bent en gemakkelijk contact maakt. Dat draagt bij aan een prettig leven. Als je denkt zelf wel oké te zijn en je andere mensen ook oké vindt, kun je het niet beter treffen. Het is alsof er destijds in de woestijn altijd iemand was die je opving, je nooit veel hoefde te doen om hun aandacht te trekken, ze daar speciaal voor jou waren, je al snel niet meer alleen was en je ook niet meer alleen voelde.

Dat is wat we willen bereiken. Soms maken ouders zich zorgen omdat baby's van een paar maanden oud opeens eenkennig worden. Het is heel gewoon dat ze alleen bij jou willen zijn en andere mensen schuwen. Dat komt omdat ze veilig gehecht zijn – en dat is goed – alleen hebben ze nog geen 'objectpermanentie' ontwikkeld, zoals psychotherapeuten dit noemen. Dat wil zeggen dat ze zich nog niet kunnen voorstellen dat iemand of iets ook bestaat wanneer zij diegene of dat ding niet kunnen zien. Als je alert blijft reageren op wat je baby aangeeft nodig te hebben, zal je baby vroeg of laat een 'objectpermanentie' ontwikkelen en komt er een eind aan deze fase. Ik vind het moeilijk om te zeggen op welke leeftijd dat ongeveer gebeurt, want dat wisselt nogal.

Ambivalente hechting

Als er soms wel, maar soms ook niet werd voldaan aan je behoeften als baby, als je vaak lang en hard moest huilen om aandacht te krijgen en die zelfs dan niet altijd kreeg, vorm je je waarschijnlijk een beeld van de wereld waarin je altijd genegeerd en over het hoofd gezien wordt en je een hoop herrie moet maken om opgemerkt te worden. Vriendschappen zijn voor jou niet vanzelfsprekend. Je vindt jezelf over het algemeen vermoedelijk niet oké en gaat er ook niet van uit dat de meeste andere mensen goed en betrouwbaar zijn. Het is alsof je in de woestijn vaak op en neer hebt moeten springen om de aandacht van de mensen verderop te trekken en vervolgens vertrokken ze vaak weer en lieten jou daar achter. Hoewel je eerste ervaringen je meestal een blauwdruk geven, kun je je later alsnog veilig hechten als er geregeld en zo vaak attent op je wordt gereageerd dat het oude hechtingspatroon teniet wordt gedaan.

Onveilig-vermijdende hechting

Als men je vaak liet huilen en regelmatig niemand je kwam troosten, heb je de neiging het op te geven. Je innerlijke overtuiging en mantra zouden dan kunnen luiden: ik krijg toch geen aandacht, dus wat zal ik? Je raakt ervan overtuigd dat je geen enkele invloed op mensen hebt, verwacht ook niet dat ze je begrijpen en groeit op met het idee dat je een buitenstaander bent. Als er in de woestijn in de verte mensen langslopen, ga je op een gegeven moment niet meer met je armen zwaaien om hun aandacht te trekken, want dat heeft toch geen zin – en vermoedelijk denken zij, omdat je niet zwaait en schreeuwt, dat je ze niet nodig hebt. Het nadeel van dit hechtingstype is dat je later in je leven mensen niet al te dicht bij je kunt laten komen. Net als voor het ambivalente hechtingstype geldt, kan dit nog worden vervangen door een ander type, al zal dat veel werk en moeite kosten.

Onveilig-afwerende hechting

Stel, je staat midden in de woestijn, maar de mensen stopten niet vaak voor je en als ze dat wel deden, ging hun zorg niet naar jou uit, maar verwachtten ze dat jij deed wat zij wilden, of ze misbruikten je, gaven je geen eten of brachten je zelfs lichamelijk letsel toe. Stel je voor wat dat zou doen met je geloofssysteem en hoe je dan zou leren omgaan met anderen. Waarschijnlijk zou je in mensen dan een potentieel gevaar zien, weinig tot geen medeleven kennen en een wankel moreel kompas hebben.

OEFENING: HOE HEB JIJ JE GEHECHT?

Weet je hoe jij je hebt gehecht aan je verzorgers? Valt te traceren hoe dit hechtingstype van generatie op generatie is doorgegeven aan jou? Als je denkt ambivalent, onveilig-vermijdend of onveilig-afwerend gehecht te zijn, hoe denk je dat dan anders aan te pakken met jouw baby? En als je veilig gehecht bent, waar denk je dan dat dat gevoel van geborgenheid op is gebaseerd? Hoe denk je dat te kunnen bereiken met jouw baby?

Dwingend gehuil

Waarschijnlijk denk je dat als je je baby hoort huilen er een beroep op je wordt gedaan. Dat komt omdat baby's zoals wij dat noemen 'dwingend' huilen. Mensen, en alle zoogdieren, zijn geprogrammeerd om daarop te reageren – en dat is essentieel, wil de soort overleven. Hun gehuil is een alarmkreet, net zoals een zebra die een leeuw ziet dit doorseint aan de kudde, die daar onmiddellijk op reageert. Je kunt niet anders dan er gehoor aan geven.

De emoties van een baby zijn doorgaans niet zo subtiel: als ze overstuur zijn, klinken ze wanhopig. Dat is omdat dat ook zo is. Het helpt als je weet dat willen en nodig hebben hetzelfde zijn voor een kind. Een baby kan niet overleven zonder jou.

Als je hun dwingende gehuil probeert te negeren, moet je bepaalde delen van jezelf afsluiten, tegen je instinct ingaan. Je belemmert baby's dan in hun ontwikkeling, omdat een hechte band essentieel voor ze is, en essentieel voor jullie relatie. Hun hersenen ontwikkelen zich niet zelfstandig, maar in relatie tot andere hersenen in hun omgeving. Onze hersenen blijven zich ons leven lang ontwikkelen in relatie tot andere om ons heen, maar in die eerste paar dagen, maanden en jaren worden de meeste connecties gevormd, en dus moeten we in hun buurt blijven en beschikbaar zijn.

Als er vroeger niet automatisch en als vanzelfsprekend op je werd gereageerd, dan zal toegeven aan het proces van horen en reageren op dwingend gehuil allerlei gevoelens in je losmaken. Ik zeg dit nogal vaak, maar als je ook maar iets voelt dat zich ophoudt tussen ongemak en wanhoop in reactie op het feit dat je vader of moeder wordt, zoek dan steun bij anderen. Je hebt iemand nodig bij wie je met deze gevoelens terechtkunt, zodat je er niet overweldigd door raakt, en je baby op haar beurt bij jou terechtkan met haar gevoelens.

Wanneer baby's zich niet geborgen en niet gehoord voelen als er iets met ze is, dan lijken ze geneigd te zijn zich ervoor af te sluiten, zich ervan te distantiëren. Ze houden dan soms op met huilen, maar blijven wel evenveel cortisol aanmaken, zoals is gebleken uit onderzoek naar baby's die alleen werden gelaten om ze te leren in hun eentje te slapen. Die dissociatie is een overlevingsmechanisme waar alle zoogdieren mee zijn toegerust, een reflex, maar de keerzijde ervan is dat mensen flashbacks kunnen krijgen van deze gevoelens waarvoor ze zich hebben afgesloten. De dissociatie van een herinnering leidt ertoe dat mensen er geen enkele greep op hebben als het ze overvalt en erdoor achtervolgd worden alsof het uit het niets komt.

Als je je als ouder ongemakkelijk of onprettig voelt, vraag je je misschien af hoe dat komt. Dat komt doordat je kind gevoelens in je kan losmaken waar jij je als kind van hebt gedistantieerd, en dat kan dan ongemakkelijk of vreemd voelen of als verontrustend of storend worden ervaren. De aanleiding kan iets heel miniems zijn en toch een reactie in je losmaken.

Als je je baby traint om niet te huilen door er niet op te reageren, leer je de baby zich te distantiëren van zijn gevoelens. Ogenschijnlijk maken ze het misschien prima, maar die gevoelens kunnen later weer de kop opsteken. Volgens mij wil je dit risico niet nemen, zeker niet omdat er geen enkel risico is verbonden aan wel reageren op dwingend gehuil.

Als je je baby op heel jonge leeftijd vaak lang hebt laten huilen omdat je meende dat het voor je baby en jou het beste was, dan kan wat ik geschreven heb je misschien boos of angstig maken. Het heeft geen zin dit jezelf – of mij – te verwijten. Wat je wel kunt doen is de situatie herstellen door de buien van je kind serieus te nemen en niet af te doen als onbelangrijk of onzin, en je kind dicht bij je te houden als het daar behoefte aan heeft. Je kunt ze zelfs vertellen wat je deed en waarom je dat deed en dat dit niet aan hen lag. Als ze worden overvallen door nare gevoelens die uit het niets lijken te komen en die ze niet begrijpen, dan kan daarover praten ze helpen er wijs uit te worden. Hoe oud een kind (of volwassene) ook is, het is altijd heilzaam als je gevoelens serieus worden genomen, en als degene die je gevoelens serieus neemt een van je ouders is en niet in de verdediging schiet en jou verwijten maakt, dan is het helemaal heilzaam.

We kunnen onszelf nooit zo volledig op onze baby afstemmen als de natuur dat doet met de baarmoeder. Er zullen onvermijdelijk af en toe misverstanden en breuken optreden. Wat we kunnen doen, is proberen zo goed mogelijk voor ze te zorgen en alert en gepast op ze te reageren om de optimale omstandigheden te creëren waarin kinderen een gevoel van veiligheid kunnen ontwikkelen en de overgang van de baarmoeder naar de buitenwereld zo soepel mogelijk verloopt. Het gehuil dat je hoort is het dwingende gehuil van de natuur. Eenzaamheid is net zo goed als onvrede, dorst of honger een gevoel waar aandacht aan moet worden geschonken, wil een individu gezond blijven.

Andere hormonen, een andere versie van jezelf

Tijdens de zwangerschap en na de bevalling voel je alles misschien tien keer zo heftig. Victoria is negen maanden zwanger van haar tweede kind: ‘Ik keek naar het schaatsen op de Olympische Spelen en de vrouw van wie ik hoopte dat ze zou winnen maakte een smak en verloor de wedstrijd. Ik barstte in tranen uit. Zo ben ik helemaal niet. Anders ben ik echt niet zo emotioneel.'

Nou, zo was je misschien helemaal niet, Victoria, maar zo ben je nu wel. Als je alles heviger voelt dan je gewoonlijk deed, denk dan niet dat er iets mis met je is. Je wordt niet gek. En hoewel je gevoelens misschien een tikkeltje overdreven lijken, wil dat niet zeggen dat ze er niet toe doen of dat wat je zo aangrijpt niet iets over jouzelf zegt. Bijvoorbeeld, het feit dat je overstuur raakt als je een sportvrouw die haar best doet toch ziet vallen, kan een metafoor zijn voor je eigen angsten en dus kunnen de tranen die je om haar laat je eindelijk soelaas bieden. En als je ziet dat ze weer opkrabbelt en zich opmaakt voor de volgende wedstrijd, dan is ze een uitstekend rolmodel voor je.

Hormonen of enige andere prikkel voor heftige emoties lijken gevoelens uit het niets tevoorschijn te toveren, maar in werkelijkheid gaat het om een verhevigde vorm van wat je toch al voelde. En scherp afgestelde gevoelens helpen je alerter te zijn op je eigen behoeften en die van je baby.

Eenzaamheid

Misschien is het niet alleen de baby die zich eenzaam voelt. Hoewel je negen maanden lang hebt kunnen wennen aan het idee, word je toch in één klap vader of moeder. En terwijl je oude leventje naar de achtergrond verdwijnt en je nieuwe leven eigenlijk nog moet beginnen, is er een gerede kans dat de eenzaamheid toeslaat. Tenzij je de hele familie of een andere groep mensen om je heen hebt die dicht bij je wonen en staan, is het niet ongewoon dat je je alleen voelt.

Juli is een moeder van 32 met één kind. Johann, de vader van de baby, liet haar na twee maanden met het kind zitten.

Juli vertelde me: 'Ik had er niet op gerekend dit in mijn eentje te gaan doen, maar Sophie was er amper of hij nam de benen.' Ze was in shock en in paniek – en voelde zich heel alleen. Eenzaamheid is een gevoel dat veel ouders overvalt, ook als ze niet in de steek zijn gelaten door hun partner. Wat Juli's eenzaamheid nog schrijnender maakte, was dat haar ouders niet zagen, of wilden erkennen, dat Juli een inzinking nabij was.

Eenzaamheid werd vroeger vaak geassocieerd met mensen die sociaal onhandig zijn of een beetje raar, en dat stigma en de schaamte ervoor zitten er nog altijd aan vast. Dat zou niet zo moeten zijn: eenzaamheid overkomt iedereen. Het komt zo hard aan omdat het je attendeert op wat je zou moeten doen, en dat is mensen om je heen verzamelen. Mensen zijn geen eilanden, we zijn kuddedieren. We krijgen trek als we iets moeten eten, voelen pijn als we aan een uitslaande brand moeten ontsnappen en voelen ons eenzaam als we onder de mensen moeten zijn en ons gezien en geaccepteerd willen voelen. Eenzaamheid is een noodzakelijke emotie, net zoals honger en dorst noodzakelijk zijn. Je kunt het maar beter niet negeren, want dat kan je mentale en lichamelijke gezondheid ernstig aantasten.

Als we eenzaam zijn, voelen we hoe slecht dat voor ons is, dus waarom sluiten we ons dan niet aan bij een clubje of maken we meer vrienden? Helaas is dat vaak niet zo eenvoudig. Juli was uitgeput en om nu iets te ondernemen tegen haar eenzaamheid voelde als weer zo'n taak waar ze de puf niet voor had. Er is echter nog een reden waarom het zo lastig is om eenzaamheid aan te pakken. Wie zich eenzaam voelt, wordt automatisch hyperalert op iedere vorm van afwijzing of dreiging in het sociale verkeer en extreem gevoelig voor alles wat daarop lijkt. En als we daar al op rekenen, gedragen we ons soms op zo'n manier dat we nóg sneller worden afgewezen. We voelen ons misschien gemarginaliseerd, maar zijn toch bang onszelf weer centraal te stellen voor het geval we op de vingers worden getikt – en dus trekken we ons nog verder terug. Zo kan juist de verwachting te worden afgewezen een afwijzing uitlokken.

Juli's zelfvertrouwen kelderde toen haar partner bij haar wegging en ze bestempelde zichzelf als 'waardeloos'. Alleen al bij het idee om zich aan te sluiten bij een oudergroep of naar de zangles voor-moeder-en-kind te gaan die ze bij haar in de buurt aangekondigd zag staan, had ze de neiging onder de dekens te kruipen en geen stap meer buiten te zetten. Niet alleen mensen kunnen zich zo voelen: koppel een willekeurig sociaal dier los van de groep en het beest zal niet snel geneigd zijn zich weer bij de oude of een nieuwe groep te voegen uit angst te worden afgewezen en nog verder geïsoleerd te raken. Onderzoek heeft aangetoond dat ratten, en zelfs fruitvliegjes, na te zijn afgescheiden van de groep zich daar niet weer middenin storten, maar aan de rand blijven hangen. Wij hebben een streepje voor op ratten en fruitvliegjes: wij kunnen door logisch te redeneren ons instinct aftroeven om te krijgen wat we nodig hebben. Dit kost echter moeite en we verzinnen allerlei smoesjes om het niet te hoeven doen. Het is normaal om te denken dat je niet lekker valt in een nieuwe groep en redenen te verzinnen waarom dit zo is, waarvan de meest gangbare is dat je om de een of andere reden minder waard bent ('Ze weten allemaal wat ze doen en ik niet') of juist superieur ('Ik ga niet bij een groep waar ze alleen maar leuteren over borstvoeding en luiers'). Het klinkt misschien gek dat Juli, die even daarvoor nog een capabele medewerker personeelszaken was, het niet aandurfde bij een groep te gaan, maar het ís het niet. Eenzame mensen zijn sneller geneigd geringschattend te doen over sociale betrekkingen door te denken dat zijzelf beter zijn of juist minder dan andere mensen en zichzelf zo een excuus te geven het niet eens te hoeven proberen. Beide gedachten – 'Daar ben ik te goed voor' en 'Daar ben ik te min voor' – leiden tot een spiraal van je terugtrekken en meer en meer maatschappelijk geïsoleerd raken.

Het voelde als een grote stap voor Juli te erkennen dat ze eenzaam was en zichzelf op te peppen om bij een groepje te gaan om er iets tegen te doen.

> Ik heb me aangesloten bij een steungroep voor borstvoeding die ik op Facebook vond en dat heeft me enorm geholpen. We komen een paar middagen per week samen bij iemand thuis. Het doet me goed dat andere moeders luisteren naar mijn ervaringen, en ik voel me nuttig als ik anderen kan helpen. De groep is ook online actief, wat heel handig is 's nachts – veel van ons zijn dan toch wakker! Ik besef nu dat ik de gewoonte had mezelf weg te zetten als waardeloos. Nu ik dit en andere problemen deel met andere ouders, gaan ze niet weg, maar ik kan er wel beter mee omgaan.

OEFENING OM EENZAAMHEID TEGEN TE GAAN

1. Wees bereid te erkennen dat je eenzaam bent. Ontken het niet en veroordeel jezelf er niet om.
2. Leer inzien wat eenzaamheid met je doet, en bedenk dat het als sociaal dier gevaarlijk is je geïsoleerd te voelen.
3. Leer die hyperalerte stemming te herkennen zodat je er iets tegen kunt doen – word geen fruitvlieg. Jonge ouders willen zich vaak niet aansluiten bij een groep omdat ze denken zelf veel slimmer te zijn of een te grote kluns, dus pas op voor dit soort arrogantie of minderwaardigheidsgevoelens. Het zijn maar smoesjes om je te kunnen blijven vastklampen aan het wantrouwen dat eenzaamheid met zich kan meebrengen.

4 Stel jezelf open. Zoek uit wat voor soort ouder-en-babygroepen er bij jou in de buurt actief zijn, misschien kun je online contact zoeken met andere ouders, nodig vrienden uit langs te komen en ga zelf langs bij vrienden.

Postnatale depressie

Eenzaamheid kan ook meespelen bij een postnatale depressie, al kan een depressie na de komst van de baby of de verantwoording van het ouderschap allerlei oorzaken hebben. De symptomen van een postnatale depressie zijn onder meer: prikkelbaarheid, een sombere stemming en wanhoopsgevoelens, gevoelens van waardeloosheid, angst, slapeloosheid, het gevoel dat de geringste inspanning eigenlijk al te veel is, de neiging je af te schermen van anderen, gedachten aan zelfverminking en, in extreme gevallen, psychose. Jaarlijks krijgt zo'n 10 tot 15 procent van alle jonge moeders een postpartum depressie. Uit verschillende studies is gebleken dat zelfs zo'n 10 procent van alle vaders aan deze stemmingsstoornis lijdt.

Dit is Paula's verhaal:

> Ricky krijste als ik hem niet oppakte en ook als ik dat wel deed. Als ik hem aan mijn partner gaf, leek zij veel beter met hem overweg te kunnen. Ik had het gevoel dat ik maar wat deed. Ik was doodsbang dat Ricky iets ergs overkwam als ik zijn luier verschoonde. Ik schaamde me daar zo voor dat ik iedereen die ernaar vroeg, ook de kraamzorg, vertelde dat het 'prima' ging.
>
> Ik wist zeker dat er iets mis was met Ricky, omdat hij zoveel huilde. Ik ging met hem naar de huisarts, maar daar zeiden ze dat hij niets leek te mankeren. Toen voelde ik me nog slechter, want ik geneerde me rot dat ik met hem naar de arts was gegaan.

Ik begon te denken dat mijn baby beter af was zonder mij. Ik kon hem zelfs de borst niet geven omdat mijn tepels zo'n pijn deden – alsof er naalden in me werden gestoken. Dat ik hem de fles moest geven, maakte dat ik me een nog grotere mislukking voelde.

Ricky was twaalf weken toen de bom barstte. Ik stortte volledig in en mijn partner en mijn broer zagen dat ik het niet meer trok. Ze weigerden mijn 'prima' nog langer te geloven. Ze dwongen me te bekennen dat ik dood wilde, of toch minstens wilde weglopen. Ik heb me nog nooit zo beroerd, terneergeslagen en depressief gevoeld. Het voelde als iets veel groters dan het moederschap alleen. Ik zat opgesloten in een dikke mist van ellende.

Het was zwaar voor mijn partner omdat ze het leeuwendeel van de zorg voor de baby op zich moest nemen. Zij had het er ook moeilijk mee, al was ze er beter aan toe dan ik, en in al die drukte kon ze mijn gevoelens er niet meer naast hebben, denk ik. Ze haalde me over in therapie te gaan, waar ik toen boos over was omdat ik het gevoel had dat ze me wegduwde. In mijn ogen waren zij en de baby het stel en werd ik buitengesloten.

Nu ik erop terugkijk, komt het me erg onwezenlijk voor, omdat ik doodnuchter plande mezelf van kant te maken. Ik dacht dat iedereen beter af was zonder mij. Ik ging er echt van uit dat ik mijn plan zou doorzetten – maar goed, dacht ik, eerst maar eens die therapie.

De therapeut vroeg naar mijn eigen babytijd. Ik kon me er niets meer van herinneren en vroeg mijn familie ernaar. Mijn nicht vertelde me dat, toen ik drie maanden was, mijn ouders de zorg voor mij hadden overgedragen aan een tante en een kindermeisje en een maand zonder mij in het buitenland hadden gezeten. Ik vroeg mijn ouders waarom ze dat hadden gedaan. Mijn vader zei dat ze een

beetje genoeg hadden gehad van al dat babygedoe en er even tussenuit moesten. Mijn moeder vertelde dat ze bij thuiskomst helemaal overstuur was geraakt omdat ik haar niet meer herkende. Ze zei dit op een toon alsof ze me het nog altijd kwalijk nam.
Ik voelde me verdrietig omdat ik als baby niet genoeg voor haar was geweest, en boos omdat ze me in de steek had gelaten. En ik begreep waarom Ricky zo wezensvreemd voor me voelde – mijn moeder had destijds precies hetzelfde gehad met mij. Ik realiseerde me waarom ik dacht dat mijn partner en Ricky samen een stel waren en ik werd buitengesloten: ik was als baby echt buitengesloten. 'Geen wonder dat ik dacht dat ik er niets van kon, want mijn ouders konden er ook niets van.'
Op de een of andere manier hielp het dat ik dat verband zag. Geleidelijk aan en haast onmerkbaar krabbelde ik weer op. Toen Ricky achttien maanden was, besefte ik dat ik zijn moeder was en er dus voor hem moest zijn. Ik leerde enigszins accepteren dat ik er voor hem was en hij voor mij. Ik voelde me iets meer met hem verbonden en kreeg medelijden met hem als hij huilde, in plaats van dat te zien als een straf die mij toekwam.
Na een jaar lang wekelijks bij de therapeut te hebben gezeten, voelde ik me nog altijd niet mijn oude zelf, maar accepteerde wel meer de nieuwe versie van mezelf.
Langzaamaan leerde ik die nieuwe versie wat beter kennen – ik mocht haar eigenlijk wel. Mijn zoon is nu trouwens een vriendelijke en fantastische jongen van 21.

Soms kan het helpen om een dergelijk soort verklaring te vinden voor je gevoelens, zoals Paula vond. En soms volstaat het al te weten dat er zo'n verklaring bestaat.

Hoe meer we over onze opwellingen en reacties op onze

baby praten en onze gevoelens ook echt worden begrepen en geaccepteerd, hoe beter we erover leren nadenken en de baby leren zien als een baby en niet als een object waarop we onbewust een monster of een geest uit het verleden projecteren. En hoe meer we erover kunnen praten, hoe meer we leren inzien dat we geen monster zijn omdat we ons voorstellen dat we de baby misschien kwaad doen, of fantaseren over hoe we aan onze baby kunnen ontsnappen of de benen kunnen nemen. Bedenk goed dat een fantasie geen schade aanricht zolang het een fantasie blijft. Praten over fantasieën en gevoelens kan je helpen ze daar te plaatsen waar ze voor het eerst in je opkwamen, dat wil zeggen ze te zien in de context van je eigen jeugd. Soms helpt dat om ze te minimaliseren.

Ik denk dat we allemaal iemand nodig hebben met wie we kunnen praten zonder veroordeeld te worden, iemand voor wie we ons niet hoeven te verontschuldigen en bij wie we oprecht onszelf kunnen zijn, want dat is immers wat je baby van jou nodig heeft. Deze persoon of personen kunnen andere ouders zijn, die je begrijpen. En als je met een therapeut of arts wilt praten, aarzel daar dan niet over omdat je denkt dat je zorgen niet groot genoeg zijn of juist zo groot dat ze geschokt en ontzet zullen reageren. Een baby hebben is niet niks emotioneel en fysiek gesproken. Al die verschillende hormonen laden je emoties op en als je gevoelens je weghouden van je baby en je gezin is het een goed idee om steun en professionele hulp te zoeken.

Dit is hoe Gretchen haar postnatale depressie ervoer:

> Van al mijn vriendinnen was ik de eerste die een baby kreeg. Ik miste mijn oude leventje. Ik miste het werk en ik miste het contact met vrienden. Op mijn werk was ik een ambitieuze tante, die de lat hoog legde. Als moeder had ik het gevoel het steeds verkeerd te doen. Ik deed alle goede

dingen, zoals naar een moeder-en-babygroep gaan, maar als ik me daar dan vergeleek met andere moeders, vond ik dat ik ernstig tekortschoot.
Als mijn baby huilde, irriteerde me dat in plaats van dat ik hem meteen wilde troosten. De deur uitgaan was zo'n gestress dat ik bang was hem nog eens in een winkel te vergeten, dus vaak nam ik niet eens meer de moeite naar buiten te gaan. Ik deed liever niet open als er werd aangebeld. Zelfs aankleden was me soms al te veel. Ik sliep slecht. Er was bij de bevalling een verlostang aan te pas gekomen en de hele procedure was me rauw op het lijf gevallen. Als ik al sliep, schrok ik steeds weer wakker en herleefde opnieuw die nachtmerrie van een bevalling.
Vlak voor mijn vriend zou thuiskomen, kleedde ik me aan. En dan zei ik hoe geweldig alles was. Ik dacht dat als ik hem of een ander zou vertellen hoe waardeloos ik me voelde, ze me zouden veroordelen. Mijn vriend zag niet hoe nerveus en wankel ik was en bleef maar vragen wat er aan de hand was. Ik zei dat ik wat weinig sliep, maar verder oké was. Maar ik was helemaal niet oké.
Ik sleepte mezelf naar een andere moeder-en-babygroep in de buurt om ook daar weer net te doen alsof alles prima ging, zodat ik tenminste iets kon vertellen als mijn vriend weer thuiskwam. Een van de vrouwen, Suzi, vertelde dat ze het echt niet aan kon en heel ongelukkig was. De andere vrouwen kwamen gelijk met allerlei adviezen aanzetten, waar ze nog ongelukkiger van werd. Ik raapte al mijn moed bij elkaar en zei: 'Dat heb ik ook' en vertelde haar mijn verhaal. We werden vriendinnen. Suzi ontdekte een groep voor vrouwen met een depressie – want we dachten allebei dat we die hadden. De groep had een crèche. Wij moeders hoefden alleen maar te fröbelen – als kinderen, collages maken van stukjes stof op papier – maar het deed

ons allebei goed. Iedereen praatte terwijl we zaten te plakken en naaien. Over hoe het nu eigenlijk zat. Het besef dat ik niet de enige was die zich zo voelde maakte dat de depressie langzaam optrok.
Nu, drie jaar later, heb ik een fijne relatie met mijn zoon. Van dat moeizame begin lijkt hij weinig last te hebben ondervonden. Ik heb inmiddels een tweede kind, een dochter van één. Wat veranderd is, is dat ik me niet meer zo alleen voel en ik denk ook niet meer dat, tenzij alles perfect is, ik ergens gefaald heb. Al denk ik niet dat ik daarom een depressie kreeg na de geboorte van mijn zoon, dat lag volgens mij gewoon aan de hormonen.

Onthoud goed dat je ervaringen en gevoelens na de komst van je baby niet goed of fout zijn. Hoe raar en extreem je ze ook vindt, praat erover. Vind net als Gretchen gelijkgestemde mensen met wie je die kunt delen, en aarzel niet om professionele hulp te zoeken. Denk nooit dat je zorgen daarvoor te klein of te groot zijn. Je bent het niet alleen aan jezelf verschuldigd om in het moment te leven en je goed over jezelf te voelen, maar ook aan je kind.

OEFENING: DE VERBORGEN KANTEN VAN HET OUDERSCHAP

De volgende oefening wordt ook wel een geleide visualisatie genoemd. Je wordt gevraagd je een bepaald scenario voor te stellen en dat grondig uit te diepen om erachter te komen wat daarachter schuilgaat.
Stel je drie kamers voor. De eerste is een ontvangstruimte met twee deuren naar respectievelijk de tweede en derde kamer. Zie dit huis met drie kamers als een metafoor voor jezelf als ouder. Stel je nu voor dat je de ontvangstkamer binnenloopt. Hier ontvang je bezoek. Hier gedraag je je zoals je meent je te moeten gedragen.

De tweede kamer is de ruimte waarin je je het meest onzeker voelt, en misschien het vaakst boos, berouwvol, gefrustreerd, triest of ontevreden bent. Dit is de kamer van de moeilijke kanten en de kwetsbaarheid van het ouderschap. Stap deze kamer binnen en durf te voelen wat dat met je doet. Kijk om je heen en realiseer je wat je daar ziet zonder een oordeel te vellen. Voel ondertussen hoe het is om daar te zijn en let op je ademhaling. Als je je adem inhield of snel ademhaalde, haal dan weer normaal adem. Kijk nog één keer om je heen in deze kamer vol lastige kwesties en keer dan terug naar de ontvangstkamer, de publieke ruimte. Registreer hoe je je voelt als je de deur van de kamer vol lastige kwesties achter je dicht trekt, maar besef ook dat die daar nog altijd zijn.

Dit is het moment om de deur naar de derde kamer open te doen. Dit is de kamer waar je je op je best voelt. In deze kamer gaat alles van een leien dakje, ben je trots op jezelf als ouder en voel je de vreugde die je kunt voelen als je met je kind of kinderen bent, en ben je misschien nog wel trotser dan je daarbuiten durft te erkennen. Kijk om je heen in deze positieve kamer en merk op wat er allemaal te zien valt. Blijf kijken en realiseer je wat je voelt in deze kamer. Heel goed.

Ga nu weer terug naar de ontvangstruimte. Blijf daar staan en laat tot je doordringen wat zich achter die twee gesloten deuren bevindt. Bedenk dat iedereen deze twee kamers heeft, naast de publieke ruimte waar mensen ons kunnen zien met onze kinderen. En dat we stuk voor stuk allerlei kanten hebben als ouder waar we trots op zijn en niet zo trots op zijn. En wat vooral belangrijk is, is dat we onze kamer met lastige kwesties niet gaan vergelijken met de ontvangstruimte van andere ouders.

Onthoud goed dat we allemaal iemand nodig hebben die

ons accepteert zoals we zijn om over die twee kamers naast de ontvangstruimte te praten. Iemand die echt naar ons luistert als we overlopen van liefde en ook de gecompliceerdere gevoelens accepteert die het ouderschap in ons losmaakt.

DEEL VIJF

Voorwaarden voor een goede geestelijke gezondheid

Het is fantastisch dat we in onze samenleving eindelijk praten over de geestelijke gezondheid van kinderen en wat we kunnen doen om die te bevorderen. Het is echter treurig dat de geestelijke gezondheid van kinderen juist nu een crisis doormaakt. In dit deel zal ik vaak verwijzen naar de eerste weken, maanden en jaren, omdat die zo belangrijk zijn als het erop aankomt onze kinderen een gevoel van geborgenheid te geven. Al is het nooit te laat, en ik blijf dat benadrukken, om te proberen welke breuk dan ook uit het verleden te herstellen, ook niet als je kind al wat ouder is.

Een achtergestelde, afschuwelijke jeugd leidt niet per definitie tot mentale problemen later, net zomin als een ideale kindertijd je altijd zal beschermen tegen waanzin. Dat gezegd hebbende, er zijn dingen die we kunnen doen om onze kinderen een optimale kans te geven om eventuele geestelijke gezondheidsproblemen te minimaliseren. We zijn het aan hen en onszelf verplicht een koers te volgen die ze de beste kans biedt op een goede geestelijke en lichamelijke gezondheid.

De onderlinge band

Een van de belangrijkste indicaties voor een goede geestelijke gezondheid is een sterke band tussen ouder en kind.

Mensen zijn kuddedieren, we hebben eeuwenlang in stamverband geleefd. Het zit in ons bloed een band met anderen te ontwikkelen, zo hebben we als soort overleefd. De meest elementaire band is die tussen kind en ouder, ouder en kind. Jij zult een band met je kind krijgen en je kind is erop ingesteld een band met jou te ontwikkelen. Hoe kun je die band zo volwaardig mogelijk maken voor allebei en ervoor zorgen dat deze band jullie gezondheid en welzijn ten goede komt? Ik heb al besproken hoe belangrijk het is om baby's gezelschap te houden en bij ze te zijn als ze gevoelens ervaren en stemmingen ondergaan, zodat ze zich niet alleen voelen. Ook heb ik al verteld hoe belangrijk het voor een baby is om fysiek dicht bij de ouders te blijven. Hoe kun je er echter voor zorgen dat je niet alleen fysiek dicht bij een baby of jong kind staat, maar ook emotioneel? Jullie hebben immers niet allebei de beschikking over woorden. Jullie band is er een van geven en nemen. En dan doel ik op de wederzijdse invloed die jullie op elkaar hebben. Het lijkt misschien evident dat ik jou beïnvloed en jij mij, en dat we een unieke relatie hebben die verschilt van iedere relatie die we met andere mensen hebben. En dat is waarschijnlijk wat er ook onbewust zal gebeuren, of al is gebeurd, met jou en je baby. Ik begin met de allerjongsten, omdat je daar als ouder in eerste instantie een band mee aangaat, maar wat ik wil zeggen over de communicatie over en weer, en de wenselijkheid van een dialoog als een soort gezamenlijke dans, is relevant voor iedere relatie.

Geven en nemen, communicatie over en weer

Als je baby geluid maakt, communiceert je baby met je. De geluiden van een baby, de gebaren, het dwingende huilen en de manier waarop ze om-de-beurtspelletjes initiëren, zijn de voorlopers van een gesprek. Met alles wat ik hier opsomde probeert het kind je naar zich toe te trekken.

Als je 'ssst' tegen ze zegt, zeg je dat die communicatie niet welkom is. Heel vaak 'ssst' moeten aanhoren kan ertoe leiden dat een kind zich niet welkom voelt. Ik ben geen fan van 'ssst'. Ik zie niets verkeerds in een speentje als je het kind tegelijkertijd troost en aandacht en liefde geeft, maar ik zie een speen niet graag gebruikt worden als een zoethouder die aan alle essentiële communicatie een eind maakt.

Voordat onze kinderen hun gevoelens aan ons duidelijk kunnen maken, leren wij deze aflezen door ze te observeren. Of ze nu een paar minuten of een paar jaar oud zijn, ieder kind heeft een unieke kijk op de wereld. De gelukkigste ouders zijn volgens mij degenen die zich openstellen en bereid zijn te leren van hun kinderen, hun eigen wereldbeeld uitbreiden door ook dat van hun kinderen te omarmen. Een kind dat wordt gerespecteerd om wie hij is en hoe hij denkt, leert als vanzelf ook anderen te respecteren. Zo'n kind gaat ervan uit dat er meer dan één manier is om tegen iets aan te kijken en iets te ervaren.

Als je een baby hebt gekregen en je niets anders wilt dan naar je baby kijken en er 'gesprekken' mee voeren in de vorm van gebaren en gezichtsuitdrukkingen, dan is dat precies wat je moet doen. Dit 'spel' zal zich ontwikkelen tot een dialoog van geven en nemen. En dat zal jullie band versterken, gelijk op met jullie relatie. Later verliezen we die fysieke vorm van communicatie met ons kind enigszins uit het oog als er woorden voor in de plaats komen, maar helemaal verdwijnen zal het nooit. Het blijft goed om kinderen niet alleen te horen, maar ook scherp naar ze te kijken wil je echt naar ze luisteren en de boodschap bij je laten aankomen. Dat geldt trouwens ook voor relaties tussen volwassenen.

Een dialoog, of die nu bestaat uit gezichtsuitdrukkingen en gebaren of ook geluid en woorden, beïnvloedt beide partijen. En met 'gebaren' bedoel ik alle lichaamsbewegingen, die we soms bewust maken en soms als een vorm van fysieke communicatie terwijl we elkaars stemming en bedoelingen aanvoelen. Het is niet één partij die onderwijst en alles geeft, terwijl de ander alles ontvangt en opzuigt als een spons. Nee, juist zo ontwikkelt zich een volwaardige relatie. Die beïnvloeding over en weer is de sleutel tot al onze relaties, inclusief die van ouder en kind. Het gebeurt maar al te vaak dat we te gehaast zijn, en dan is de relatie geen kwestie meer van over en weer en om de beurt, maar van wat ik 'doen en aangedaan worden' noem. Dan wordt het een relatie waarin de ene partij domineert en de ander ondergeschikt is in plaats van dat beiden gelijkwaardige partners in deze uitwisseling zijn. Dit gebeurt als we de ander niet de kans geven om te reageren en als dat een gewoonte wordt, kan het de relatie ernstig verstoren.

Vergelijk het met een leraar en zijn klas. De leraren die hun leerlingen bij de les betrekken, zijn degenen die hun klas door en door kennen en hun les afstemmen op die klas. Ze zijn niet bang om op hun beurt ook iets van de klas te leren. Ze ontdekken wat de leerlingen al weten, ze houden hun belangstelling vast door ze te laten brainstormen en checken of ze alles hebben begrepen voor ze nieuwe informatie aanbieden. In een klas die zo functioneert gaat alles in vreedzaam overleg, over en weer, maar in een klas waar de leraar puur en alleen informatie verstrekt, worden leerlingen opstandig en rusteloos en steken ze minder op.

De frustrerendste en minst waardevolle relaties in onze ogen zijn relaties waarin wij geen enkele impact op de ander hebben. Het maakt niet uit wat we zeggen of doen, de ander let er niet op, ook niet als ze ons iets aandoen en we ons hulpeloos, geïsoleerd of opstandig voelen. Het is dus belangrijk je kinderen ook hun stempel op jou te laten drukken. Geef ze daarin het voorbeeld, en dat is belangrijk omdat jouw kinderen zich op hun beurt door jou laten beïnvloeden.

Een gesprek beginnen

Een voorbeeld van een dialoog in een vroeg stadium is samen ademhalen. Een baby haalt automatisch adem. Mettertijd leert een baby dat je je ademhaling kunt sturen en reguleren. Ze kunnen automatisch de ademhaling overnemen van de volwassene die ze vasthoudt of tegen ze aan ligt. De synchronisatie van onze ademhaling kan deel worden van de manier waarop we samen een band krijgen. Ikzelf vond het heel waardevol, en ontroerend ook, om naast mijn baby te liggen en mijn ademhaling aan de hare aan te passen of te voelen dat zij dat deed. Misschien is dat de reden dat we liedjes zingen voor of met kinderen, popliedjes of kinderliedjes, omdat samen zingen zowel samen ademhalen is als samen spelen.

ADEMHALINGSOEFENING

Ga tegenover je partner of vriend staan en probeer om de beurt gelijk met de ander adem te halen. Registreer hoe het voelt de ander te volgen en om de leiding te hebben, en blijf dit doen tot je volkomen ontspannen bent. Houd dit een tijdje vol, tot je weet hoe je je voelt bij deze oefening.

Om de beurt

Een andere vorm van interactie met een nog heel jonge baby kan de vorm aannemen van een spelletje waarbij je elkaar aankijkt en dan wegkijkt, en om de beurt het initiatief daartoe neemt. Dit type spelletje is uniek in die zin dat je het al doende samen bedenkt. Tijdens het spel kan de baby neutraal wegkijken en in plaats van je weer aan te kijken de blik afgewend houden. De ouder blijft zitten en wacht op wat de baby vervolgens doet. Dan kijkt de baby, nieuwsgierig en lacherig, de ouder weer aan. De ouder kan dan vriendelijk en met een hoge stem zeggen: ‘O, hallo, daar ben je weer!’ De baby kan dit net zo lang herhalen tot ze er genoeg van heeft.

Als moeders en vier maanden oude baby’s een patroon ontwikkelen van afwisselend geven en nemen, kijken, luisteren en reageren, voorspellen onderzoekers dat tegen de tijd dat het kind een jaar is, moeder en kind een hechte band hebben. Als we nog even teruggaan naar de metafoor van de woestijn, dan is dit de baby die zich gered voelt en zich welkom weet. Ze kunnen ervan uitgaan dat hun behoeften, inclusief hun relationele behoeften, vaker wel dan niet worden bevredigd.

Natuurlijk kan er, zoals bij alles, iets misgaan bij de hechting. Als ouder kun je het natuurlijke verloop ervan onderbreken en verstoren door niet te observeren, niet te luisteren en je onvoldoende in te leven in het kind. Als een ouder te veel aanwijzingen van de baby 'mist', of te veel van de baby vraagt, zal de baby zich waarschijnlijk niet veilig voelen in deze zo belangrijke relatie – dat wil zeggen, tot de ouder het patroon doorbreekt en wel gaat observeren en reageren.

Misschien vind je deze vorm van nabijheid, waarin je volledig op elkaar bent afgestemd, nogal vermoeiend en veeleisend en voelt het niet natuurlijk en gemakkelijk. Dat moet je jezelf niet kwalijk nemen. Het kan samenhangen met hoe er vroeger op jou als baby werd gereageerd, maar het kan ook zijn dat het gewoon niet in je aard ligt of dat je het moeilijk vindt je zo op een ander te richten.

Als het gesprek moeilijk op gang komt: diafobie

Ikzelf vond die wederkerige nabijheid niet eenvoudig. Ik moest mezelf erin trainen. Dit kwam misschien omdat er als kind niet zo vaak naar me werd geluisterd of rekening met me werd gehouden. Misschien heb je onbewust de regel of het idee dat maar één iemand (de volwassene) alles doet en de ander (het kind) alles ondergaat. In dat geval kan er van zoiets als wederkerigheid geen sprake zijn.

Gaat het je van nature gemakkelijk af de invloed van je kind te ondergaan terwijl jullie je voor elkaar openstellen en ook om te luisteren en te reageren? Niet iedereen komt dat zomaar aanwaaien – sommigen van ons moeten er diep voor graven. Misschien voel je enige weerstand om een baby, peuter of zelfs volwassene invloed op je te geven. Dat heet 'diafobie', een fobie voor een echte dialoog, voor de invloed van een ander op je, de angst dat je iets wordt 'aangedaan'.

Vaak doen we anderen aan wat onszelf is aangedaan als baby of kind. Soms is het net of ons natuurlijke, aangeboren vermogen om op anderen te reageren is afgestompt. Misschien werd er in praktische zin goed voor je gezorgd als kind, maar kreeg je verder weinig respons. Als je gevoelens toen niet serieus werden genomen, je niet voor volwaardig doorging en niet werd gezien als een individu, maar meer als een ding, of werd weggewuifd als 'de baby', 'dat kind' of een van 'de kinderen', als je geen enkele invloed werd gegund op oudere mensen, dan bestaat er een kans dat je lijdt aan diafobie.

Het is voor baby's en kinderen noodzakelijk, en dus meer dan een behoefte, dat er op ze wordt gereageerd. Als we niet reageren op een baby die huilt, ons aankijkt of om-de-beurt-spelletjes doet en jij geen deel hebt aan het geven en nemen dat ze van ons vragen, kan het zijn dat ze onzeker worden en zich onveilig-vermijdend hechten, met alle gevolgen van dien. Dan zal het ze later aanzienlijk meer moeite kosten een gezonde relatie op te bouwen.

Als je vermoedt dat je een diafobie hebt, neem jezelf dat dan niet kwalijk, geef jezelf er niet de schuld van en geneer je er niet voor. Als je inziet hoe je het geven en nemen in een relatie verstoort, kun je je gedrag aanpassen en je meer afstemmen op je kind. Wees er trots op dat je dat hebt leren inzien en durven aanpakken. Soms is het gemakkelijker een diafobie in anderen te herkennen dan bij jezelf. Probeer wel te registreren of je inderdaad het contact en het geven en nemen met je baby, kleuter, puber of volwassen kind uit de weg gaat. Of dat je meer tegen ze praat dan met ze. Leer je instinct te volgen en geef je kind het soort van aandacht vol geven-en-nemen waar het behoefte aan heeft.

Misschien lees je dit vol wroeging: 'Ja, maar nu is het te laat, nu ben ik al diafobisch omgegaan met mijn kind.' Dat moet je niet denken. Je hebt een band met je kind en je kunt er altijd wat aan doen om die te verbeteren. Je kunt beginnen met luisteren, met zien hoe de wereld er in hun en in jouw ogen uitziet, met accepteren dat ze anders dan jij zijn en van invloed op je zijn. Het betekent veel voor kinderen, ook als ze al volwassen zijn, dat hun ouders ze als gelijkwaardig zien en zich rekenschap geven van wat ze vertellen en laten zien. Natuurlijk valt een breuk nog te herstellen voordat ze volwassen zijn. Als je inziet dat je je kind feitelijk hebt weggezet, kun je daarmee ophouden. Ik zeg niet dat je al je standpunten en ideeën overboord moet gooien en alleen nog maar naar je kind moet luisteren, helemaal niet. Ik bedoel alleen dat jouw standpunt evenveel waard is als dat van hen.

Laten we eens luisteren naar wat John van 42 hierover te zeggen heeft.

> Mijn partner vroeg me onlangs: 'Waarom kun je nooit eens iets van een ander aannemen?' Ik schrok daarvan. Het zette me aan het denken en ik besefte dat ik me ervoor geneerde als ik iets niet wist. Ze vertelde me ook dat mijn standaarduitdrukking 'weet ik' was. Ik gebruik dat belachelijk vaak, of het nu waar is of niet.
> Niet lang daarna ging ik langs bij mijn vader. Hij maakte een zootje van alle medicijnen die hij moet slikken, dus ik hielp hem door een schemaatje voor hem te maken van wat hij wanneer moest slikken. En toen merkte hij sarcas-

tisch op: 'Denk je dat ik 85 ben geworden zonder te weten hoe je het etiket op een medicijnpotje moet lezen?' Ik had meteen door dat ook hij er de pest aan had te worden verteld dat hij iets misschien niet wist.

Ik moet bekennen dat mijn vaders houding van vertel-mij-wat me altijd pijn heeft gedaan, en nog doet. Het zou prettiger zijn geweest als hij eens zou hebben gereageerd met: 'Dank je wel daarvoor. Ik maakte er een zootje van.' Maar hij kan er niet tegen om te worden terechtgewezen, en al helemaal niet door zijn zoon. Ik ben dan misschien al in de veertig, voor hem ben ik nog steeds een jochie.

Toen besefte ik dat ik nooit echt naar mijn zoon luister, omdat het niet in me opkomt dat hij me iets zou kunnen vertellen dat ik niet al weet. Het viel me op dat hij net zo vaak 'weet ik' ging zeggen.

Mijn partner heeft me geholpen me meer open te stellen, beter te luisteren en me niet te schamen als ik iets niet weet. Inmiddels laat ik mijn zoon me ook van alles duidelijk maken, en niet op een denigrerende manier, en onze relatie is daardoor echt verbeterd. Vroeger gaf ik hem daar niet de ruimte voor. Het was net of ik dacht dat de communicatie maar van één kant kon komen, namelijk van mij naar hem, van leraar naar leerling, maar nu leer ik hoe ik hem de ruimte kan geven te laten zien wie hij is. En ik leer te ontdekken hoe hij is in plaats van dat zelf al te hebben ingevuld.

Ik was het wandelende cliché van een man die niet naar de weg vraagt omdat hij er niet tegen kan dat hem iets wordt verteld wat hij niet weet. Dus nu vraag ik iedereen voortdurend de weg en laat mezelf de gêne voelen voor alles wat ik niet weet. Maar ik handel daar niet meer naar, en ik laat me dat er niet meer van weerhouden nieuwsgierig te zijn en naar mijn zoon te luisteren. En ik ga er niet dood aan, integendeel. Sinds ik dit besef, en dat is nog niet eens zo lang, voel ik me veel hechter met hem verbonden.

Soms, als je besluit het roer om te gooien, zoals John deed door niet meer aan zijn diafobie toe te geven, al kende hij dat woord niet eens, vrees je het ergste, maar blijkt een kleine aanpassing van je gedrag grote gevolgen te hebben, ten goede.

OEFENING: LET OP VASTE PATRONEN IN JE GEDRAG

Als je, wanneer je kind om aandacht vraagt, vrijwel altijd aan iets denkt wat urgenter is, zoals een klusje thuis, iets voor je werk of een telefoontje, en je gebruikt dat als excuus om je kind van je weg te houden, dan is je diafobie waarschijnlijk actief. Registreer wanneer je dat doet. Hou ermee op, negeer je instinct ze van je af te duwen en betrek ze juist bij wat je nog moet doen.

OEFENING: NEEM JE OOIT IETS VAN ANDEREN AAN?

Hoe voelt het als je iets wordt verteld wat je al weet? Hoe voelt het als je iets wordt verteld wat je volgens jou had moeten weten? Probeer niet het in jouw ogen gewenste antwoord te geven, maar wat je echt voelt als zoiets gebeurt. Wat deze oefening ook in je losmaakt, kun je de oorsprong daarvan terugleiden tot je jeugd?

Je hoeft niet voortdurend, vierentwintig uur per dag oog in oog met je kind over en weer op elkaar te reageren. Uit onderzoek is echter wel gebleken dat als je met je kind of kinderen bent en zelden reageert op hun verzoek om aandacht, dat beangstigend voor ze is. In een experiment werd moeders gevraagd recht tegenover hun baby te gaan zitten, maar niet fysiek te reageren op het kind, dat wil zeggen geen enkele emotionele reactie te tonen. Na nog geen drie minuten waren de baby's al verontrust. Ze toonden angst, gêne en verdriet en dat hield een paar minuten aan. Het is dan een beetje alsof je die baby's in hun eentje laat bungelen.

Kinderen hebben behoefte aan een wederkerige vorm van contact met hun verzorgers, anders gaan ze zich hulpeloos voelen en leren ze dat hun handelingen geen gevolgen hebben. Als baby's deze ervaring in woorden konden omzetten, zou dat iets zijn als: 'Als ik geen invloed op je heb, besta ik niet.' Daarom lijken sommige baby's het op te geven. Als we onvoldoende reageren op wat baby's aangeven, leren we ze ongewild dat ze het niet eens hoeven proberen.

Het belang van betrokken observeren

Vaak is het zo dat we denken dat we luisteren, maar eigenlijk alleen maar wachten op de kans zelf iets te kunnen zeggen. We gebruiken al onze energie om een reactie of antwoord te verzinnen in plaats van te begrijpen wat de ander ons probeert duidelijk te maken. Het voelt soms wat griezelig om daarmee op te houden en de ander op ons in te laten werken. Het voelt niet griezelig als we die angst in woorden vatten, maar wel als we de onuitgesproken angst hebben dat als we echt luisteren en ons laten beïnvloeden, wijzelf verdwijnen. Maar we verdwijnen niet – integendeel, we groeien. Dit is het verhaal van Jodie en Jo.

> Die eerste paar weken was ik vaak uitgeput door alles wat mijn baby, Jo, van me vroeg. Ik wilde voor haar openstaan, in actie komen als ze huilde, maar dat kostte me de grootste moeite. Ik had het gevoel dat als ik in alles aan haar zou toegeven, ikzelf zou verdwijnen en zij me volledig zou overnemen.
>
> Wat me hielp om me meer open te stellen en me niet te

verzetten tegen alles wat ze van me eiste, was naar haar kijken. Als ik bij haar was en haar mijn volle aandacht gaf, vroeg ze minder van me. Ik leerde op den duur haar gehuil zelfs af en toe vóór te zijn omdat ik de tekenen aan haar kon aflezen.

Ik begon alles wat ik in huis of anderszins deed non-stop van commentaar te voorzien voor haar en gaf haar de gelegenheid terug te 'kletsen'. Als ik niets te doen had, greep ik niet naar mijn telefoon of een boek, maar gaf ik al mijn aandacht aan haar.

Ik ontdekte dat als ik, in plaats van haar steeds van alles te laten zien, keek naar waar zij naar keek of me liet tonen wat zij leuk vond, me dat veel meer voldoening gaf. Als ze ergens naar keek, pakte ik dat op of bracht haar ernaartoe en dan keken we er samen naar. Ze leerde me de tijd te nemen en echt te kijken, want zelf was ik dat verleerd. Niet dat ik uit mijn dak ging bij het zien van een boomblad, lieveheersbeestje of SpongeBob Squarepants, maar haar zo te zien focussen op iets vervulde me met – hoe zal ik het zeggen – misschien ontzag, of gewoon liefde.

Toen Jo wat ouder werd en leerde praten, viel me op dat onze relatie altijd beter was als ik naar haar luisterde. Soms vergat ik dat en praatte ik tegen haar aan of over haar heen. En dan was ze minder ontvankelijk en begreep ik dat ik in mijn oude gedragspatroon was teruggevallen, dat voor geen van ons beiden werkte.

Dat ik Jo meer ruimte gaf, maakte dat ik milder werd en meer liefde voelde, niet alleen voor haar, maar ook voor andere mensen en dingen. Jo is nu al bijna volwassen en ik vind mezelf nu ook volwassener dan destijds, omdat ik zo veel van haar heb opgestoken door naar haar te kijken, te luisteren en de dingen vanuit haar standpunt te zien. Nu ik zo over haar invloed op mij praat, stroom ik over van liefde. Liefde die ik misschien niet kon opbrengen vóór ik moeder werd. Door haar ben ik gegroeid.

Jodies ervaring gaat over haar relatie met haar baby en een nieuw gedragspatroon om samen te zijn en op elkaar te reageren dat ze leerde in relatie tot haar kind. Door echt te luisteren, en dus niet alleen na te denken over haar reactie of wat zij wilde overbrengen, ontwikkelde Jodie een liefdevolle en vertrouwelijke relatie met Jo. Dat kunnen wij allemaal met onze baby's en al dan niet volwassen kinderen, sterker nog, met iedereen.

Wat er gebeurt als je verslaafd bent aan je telefoon

Als je in de buurt van je kind bent, maar niets oppikt, omdat je bijvoorbeeld bezig bent met je telefoon of op de computer, zal je kind dat dwarszitten. Hoe zou jij je voelen als je uitgaat met een vriend die voortdurend op zijn telefoon kijkt? Irritant, toch? Omdat jij al min of meer gevormd bent, zal dat geen kwalijke gevolgen hebben, al zal het jullie relatie geen goed doen. Je kind is echter nog doende een persoonlijkheid te ontwikkelen en gewoontes aan te leren in hoe jullie met elkaar omgaan.

We weten dat alcohol- en drugsverslaafden minder goede ouders zijn, omdat het spul waar ze aan verslaafd zijn altijd op de eerste plaats komt en hun kinderen dus een hoop aandacht moeten missen die ze wel degelijk nodig hebben. Volgens mij zijn mensen die verslaafd zijn aan hun telefoon er niet veel beter aan toe. Ik ben er geen voorstander van dat mensen langdurig spelletjes spelen of hun e-mail checken op hun telefoon waar de kinderen bij zijn. Niet alleen maak je iedere vorm van contact zo onmogelijk, maar je creëert ook een soort leegte in ze. En ik wil niet dramatisch klinken, maar dat is het soort van leegte dat mensen later aan een verslaving kan helpen als ze die leegte proberen op te vullen met verslavende middelen of dwangmatig gedrag om zich niet langer zo vervreemd van alles – zo leeg – te hoeven voelen.

Een ander risico is dat je kind ook verslaafd raakt aan achter een scherm zitten, ter vervanging van echt contact. Misschien voel je een directer soort connectie achter je scherm dan wanneer je direct contact maakt met een ander, maar als vervanging daarvan stelt het weinig voor.

Misschien ben je zo gehecht aan je telefoon omdat je behoefte hebt aan contact. Nou, je kind heeft behoefte aan contact met jou en dat is veel dringender, omdat de hersenen van je kind zich nog in relatie tot die van jou moeten ontwikkelen. Geïsoleerd van anderen ontwikkelen mensen zich niet normaal. Mensen hebben mensen nodig.

Iedereen die voor je baby of kind zorgt, moet dit ook weten, ongeacht of dat de vaste oppas, een babysitter, vriend of familielid is. Als jij of zij voortdurend naar een scherm staren, zal je kind ook een scherm willen hebben om naar te kijken. Als je nu je dit leest beseft dat je je kind vaak negeert, denk dan niet: 'Ik heb zijn leven geruïneerd', want dat is niet zo. Als je er gewoon mee ophoudt en je kinderen de ruimte geeft, kun je jullie relatie herstellen.

Ons aangeboren vermogen een gesprek te voeren

Er kwam ook nog iets anders uit dat experiment met niet-reagerende moeders, namelijk hoe moeilijk veel moeders het vonden hun gezicht strak te houden als ze naar hun baby keken. Dit bewijst hoe krachtig de signalen van een baby zijn, en hoe sterk wij geneigd zijn daarop te reageren. We hoeven er alleen maar aan toe te geven.

We hebben een aangeboren vermogen een dialoog te voeren, te interacteren, over en weer op elkaar te reageren. Dat proces begint al bij de geboorte en houdt nooit meer op. Of misschien begint het zelfs al eerder en is ook de bevalling een vorm van om de beurt reageren, een wee gevolgd door rust.

In een dialoog lokt de handeling van de een een reactie uit bij de ander. In deze uitwisseling over en weer ontmoeten ouder en kind elkaar, elk in hun eigen cadans. Beiden stellen zich af op de ander en leren van elkaar. Samen ontwikkelen kinderen en ouders zo een unieke vorm van samenzijn. Een baby en de ene ouder kunnen het ene patroon ontwikkelen, diezelfde baby en de andere ouder een ander patroon, en een baby en haar broertje nog weer een ander enzovoort. Iedere relatie kent een ander patroon.

Deze patronen worden niet gedicteerd door de volwassene, maar ontstaan in onderling contact. Het patroon ligt niet vast, maar wisselt al naargelang de stemming en bijdrage van beide partijen. Soms 'vatten' beide partners elkaar, soms niet, en dan moet er wat worden bijgesteld.

Je komt erachter wat je baby wil door goed te kijken, iets te proberen, iets te herstellen door een nieuwe poging die wel slaagt. Je kunt in een bepaalde blik leren lezen: 'Ik wil nog meer lachen', of aan een soortgelijke blik op een ander moment leren aflezen: 'Ik wil drinken.' Het is heel normaal niet te snappen wat baby's bedoelen met hun gehuil of gebaren, en dat is ook niet erg, maar je kunt altijd proberen om op jouw manier te reageren. Het gaat niet zozeer om de betekenis, als wel om het patroon van over en weer op elkaar reageren. Ikzelf voelde me schromelijk tekortschieten als jonge moeder toen meer ervaren ouders me vertelden dat ik al snel het gehuil van mijn baby zou leren interpreteren, bijvoorbeeld dat ze dorst had of het te warm had. Haar huilkreten klonken in mijn oren niet als een ontoereikende taal, maar als klanken, een andere vorm van communicatie die mijn aandacht, gerichte blik en betrokkenheid vergde, maar zeker geen niet-bestaand babywoordenboek was. Het werd gemakkelijker toen we een patroon van over en weer en om de beurt reageren hadden ontwikkeld.

Een baby leert communiceren en zich hechten door bij het gezin te zijn en de leden van dat gezin leren door tijd met de baby door te brengen een eigen, uniek communicatiesysteem met de baby te ontwikkelen. Het lijkt een beetje op hoe de beste stand-upcomedians een zaal kunnen lezen en hun voorstelling daarop aanpassen. Geen twee zalen of twee baby's zijn gelijk. Na een paar maanden kennen alle partijen elkaar beter en hebben ze geleerd om op de voor hen prettigste manier met elkaar om te gaan. Observeren en om de beurt reageren speelt daar een belangrijke rol in, ook al gebeurt het grotendeels onbewust.

Dit is Simons verhaal:

Door mijn zoon Ned te observeren begreep ik dat hij van meet af aan communiceerde. Ik begreep niet altijd wat hij me vertelde, maar door naar hem te kijken leerde ik hem steeds beter snappen. Ik leerde de signalen lezen voor als ik iets moest doen en voor wat nog even kon wachten.
Ned is onlangs twee geworden, kent al aardig wat woordjes en maakt zelfs korte zinnen. Hij weet echter niet altijd wat hij precies wil – dus moeten we nog steeds goed naar hem kijken.
Afgelopen weekend waren we in een restaurant met een ander gezin met oudere kinderen en Ned genoot ervan met ze te kletsen en te spelen. Toen zag ik dat hij een wat glazige blik kreeg en zijn hoofd afgewend hield. We weten inmiddels dat Ned hiermee aangeeft ergens genoeg van te hebben en even rust wil. Als we daar niet op letten, kan het snel omslaan in een huilbui of zelfs een driftaanval.

Deze keer zag ik het gebeuren, dus ik stond op en vroeg Ned of hij een ommetje met me wilde maken en hij knikte. Dus ik tilde hem uit zijn kinderstoel en liep met hem het restaurant uit. We gingen in het gras zitten en hij bleef een minuutje of twee tegen me aan hangen. Toen begon hij madeliefjes te plukken en gaf die aan mij. We speelden een bekend spelletje voor ons waarbij ik aftel wat hij me geeft: een madelief, twee madelieven, drie madelieven. Dan pakt hij ze terug en geeft ze weer een voor een aan mij.
Ik zag dat Ned weer rustig was geworden en aandacht had voor zijn omgeving en niet meer zo glazig keek. Toen hij klaar was met de madelieven, keek hij om zich heen of iets anders zijn aandacht zou trekken en zei ik: 'Zullen we weer naar binnen gaan en verder eten?' Hij knikte, pakte mijn hand en leidde me terug naar de tafel.
Wat me verraste was dat ik het helemaal niet erg vond om onze vrienden even in de steek te laten omdat ik me zo sterk verbonden voel met Ned. Hij heeft me geleerd op een meer fysiek niveau te communiceren, door naar hem te kijken en te leren wat hem prikkelt en wat zijn behoeften zijn.

Als een baby weinig invloed heeft op de ouders – weinig 'vraagt', 'gemakkelijk' of 'braaf' is – zien sommige opvoedingstheorieën dat als een goede zaak. Een baby zo ver krijgen dat je er de minste invloed van ondervindt is echter dehumaniserend. Je moet je baby ook iets laten inbrengen. Doe je dat niet, dan zullen kinderen zich enorm moeten aanpassen om nog enigszins het gevoel te hebben ergens bij te horen en verliezen ze zichzelf uit het oog en ook iets van hun menselijkheid (zoals dat ons misschien ook is overkomen in onze jeugd). Baby's beschikken misschien nog niet over woorden, maar we kunnen ze leren begrijpen door ze te observeren.

Als we ons daarin trainen, zal dat ons helpen om onze kinderen beter te begrijpen en te behandelen, hoe jong ze ook zijn.

Baby's en kinderen zijn ook mensen

Als volwassenen weten we dat het van respect getuigt om rekening te houden met anderen. Soms vergeten mensen echter dat baby's ook mensen zijn. Probeer je kind te zien als een partner in de onderneming van de zorgtaak.

Daarom is het belangrijk om eraan te wennen je kind te vertellen wat er staat te gebeuren en dan even te wachten tot je iets onderneemt. Stel, je kind zit in de kinderwagen en je wilt het eruit tillen om het in de auto te zetten. Zeg dan: 'Ik ga je losgespen. Dan til ik je op en zet ik je in de auto.' Het voelt misschien wat raar, omdat je kind nog niet kan praten, maar we leren alleen praten als er tegen ons gepraat wordt. Belangrijker nog is de uitwisseling tussen jullie, het om beurten op elkaar reageren.

Als ze daar op den duur aan gewend zijn geraakt, de dialoogvorm van geven en nemen is ingebed en je hun de tijd geeft te reageren, zullen ze hun armen naar je uitstrekken zodat je ze gemakkelijk kunt optillen. Doe hetzelfde als je je kind een schone luier geeft of andere kleren aantrekt. Betrek ze zo veel mogelijk bij alles wat je doet, zeker als het henzelf betreft.

Mensen groeien in hun relaties met anderen. Hoe meer we openstaan voor de ander en hoe gevoeliger we zijn voor de subtiele nuances van een blik of gebaar, de opwinding of kalmte, des te groter de kans is dat we onze baby's, en daarmee onszelf, niet ongelukkig en wanhopig maken. We kunnen leren ons te ontspannen, naar onze baby of kinderen te kijken, hun individuele bezigheden en wijze van communiceren te respecteren en daar iets van op te steken. Als je dat doet zal het ouderschap, dat zoals je weet een langdurige, saaie aangelegenheid kan lijken, meer betekenis krijgen.

Alle positieve aandacht die je je kind geeft loont. Volgens mij denken we soms abusievelijk dat het om de grote gebaren gaat – een bezoek aan het pretpark, het dure kerstcadeau, het verjaardagsfeest. Dat kan inderdaad leuk zijn, maar wat telt is hoe we dagelijks met elkaar omgaan. Met wat vallen en opstaan van beide partijen zal die dagelijkse omgang en alles wat erbij komt kijken jullie beiden voldoening schenken en je kleine mensje de kans geven gelukkig te worden.

OEFENING: HOE LEER JE BETER COMMUNICEREN?

Om nog beter een dialoog te kunnen voeren, is het goed om na te denken over hoe je luistert en observeert wanneer je goed luistert – naar je baby, een ander kind of een volwassene. Dan besef je dat je let op de bewegingen, toon, gebaren en gezichtsuitdrukkingen van de spreker, je concentreert op wat er gezegd wordt en soms registreert wat de ander in je losmaakt.

Wat kan deze gang van zaken verstoren? Vaak is dat het feit dat je alvast een antwoord in je hoofd formuleert of anderszins afdwaalt. Natuurlijk gebeurt dat altijd wel enigszins, maar je kunt wel als je merkt dat je aandacht niet langer bij de spreker, het kind of de baby is, je aandacht weer verleggen. Met enige oefening word je zo een betere luisteraar en een gelijkwaardige partner in deze dialoog.

Hoe trainen we onze kinderen in irritant gedrag – en hoe doorbreek je dat patroon?

Toen ik onderzoek deed voor een tv-programma over het surrealisme, las ik dat Salvador Dalí op school zijn hoofd eens tegen een pilaar knalde en zichzelf daarmee behoorlijk pijn deed. Toen hem gevraagd werd waarom hij dat deed, zei hij dat niemand hem aandacht schonk.

Als baby's en kinderen in het begin van hun leven niet krijgen wat ze nodig hebben, niet het gevoel hebben gezien te worden of niet zeker weten of ze een reactie losmaken, kunnen ze vast komen te zitten in de fase van aandacht trekken. En dan kunnen jij en anderen ze behoorlijk irritant gaan vinden.

Laat me dit anders formuleren: je kunt je baby niet 'verwennen' door te gevoelig te zijn voor zijn signalen. Als je in het begin de tijd neemt voor je baby, zal je baby eraan wennen dat er aan zijn hechtingsbehoefte wordt voldaan. Dat besef slaan ze op en ze weten dan dat ze erop kunnen vertrouwen en er niet steeds om hoeven te vragen. Als ze niet genoeg aandacht krijgen, kunnen kinderen gaan denken dat ze alleen echt bestaan als ze direct impact hebben op het gedrag of gevoel van de mensen om ze heen.

Als kinderen voldoende aandacht krijgen, voelen ze zich geborgen en hoeven ze zich geen zorgen te maken over relaties, of denken dat ze hun kunsten moeten vertonen – door een hoepel springen of tegen een pilaar knallen – om alsnog deze aandacht te krijgen. Als je in de meeste gevallen niet reageert op de roep om aandacht van je kind of kinderen, zullen ze harder gaan roepen of, als ze wat ouder zijn, dat op een vervelende manier gaan doen. Negatieve aandacht van een ouder is beter dan geen aandacht, omdat ze dan weten dat ze in ieder geval in je hoofd bestaan. Ze voelen zich gedreven om stout te doen, waardoor ze uiteraard nog meer worden buitengesloten.

Als een kind een klier is geworden, wordt het steeds moeilijker nog prettig met ze om te gaan en aandacht te geven, wat zonde is, omdat ze juist dan die aandacht nodig hebben om de breuk te herstellen.

Wat kun je doen als jullie relatie lijkt te zijn ontaard in één groot gevecht, alle aandacht voor elkaar negatief is en je je alleen nog maar ergert aan je kind? Misschien wil je in de eerste plaats een plek vinden, weg van je kind en huis, waar je veilig je opgekropte woede kunt uiten. Misschien kun je eens met iemand praten die je niet veroordeelt, of heb je een geluidsdichte kamer waar je in een kussen kunt stompen of eens lekker kunt uithuilen.

Om jullie relatie en je gedrag volledig om te gooien kun je overgaan tot wat de psycholoog Oliver James 'een liefdesbombardement' noemde. James zei dat als je de emotionele thermostaat van je kind – en die van jou, voeg ik daaraan toe – anders wilt afstellen, je tijd moet doorbrengen met je kind. Geen 'quality time' waarin je samen wat rondhangt, maar een liefdesbombardent-periode. Die periode begint en eindigt op een vast moment dat wordt aangegeven door je kind, binnen zekere grenzen. Het kind beslist wat jullie gaan doen en waar jullie dat gaan doen.

Een liefdesbombardement is een een-op-eenmoment, dus doe het thuis als de rest van het gezin de familie bezoekt of, als je dat kunt betalen, in een hotel. Het gaat om een langere periode – zeg 24 uur of een weekend – waarin je kind, zolang het veilig en legaal is, bepaalt wat jullie gaan doen en zullen eten. En ondertussen laat je je kind regelmatig weten hoe hoog je haar hebt zitten en hoeveel je van haar houdt.

Je denkt misschien dat als je je kind alles laat bepalen en overlaadt met liefde, je het slechte gedrag juist aanmoedigt, maar dat is niet het geval. Stel dat jij je niet gezien, gehoord en onheus bejegend voelt (of dat waar is doet er niet toe, waar het om gaat is wat je voelt) door de mensen wiens liefde, waardering en aandacht je enige bron van hechting is en alles voor je betekent, en dat je alleen hun aandacht krijgt als je strontvervelend doet. Als je die liefde en consideratie wel zou krijgen, hoefde je je niet zo te gedragen om hun aandacht te trekken. Een liefdesbombardement geeft het kind een geconcentreerde dosis aandacht. En het doorbreekt jullie vaste, ingeroeste gedragspatroon en levert een nieuw ritme en patroon van geven en nemen op.

In mijn praktijk als psychotherapeut heb ik volwassenen ontmoet die nog altijd vastzitten in de fase waarin ze voortdurend aandacht willen, anders generen ze zich of denken niet echt te bestaan. Als je in de meeste gevallen niet reageert op de signalen van je kind, leer je het misschien net zo manipulatief te worden. Het kan ook zijn dat ze op den duur geen enkel heil meer zien in welke relatie dan ook en nauwelijks meer te bereiken zijn. Je komt er niet onderuit kinderen gewoon de aandacht te geven die ze nodig hebben.

Dit betekent niet dat je ze voortdurend moet vertellen hoe goed ze iets hebben gedaan of dat ze fantastisch zijn, want dat is niet per se een goed idee. Het gaat hier niet om een oordeel. Wat ze nodig hebben is gewoon om beurten en over en weer op elkaar reageren, al dan niet in woorden. Hoe meer je dit type aandacht aan je baby, kind of kinderen geeft, hoe minder jij en zij later hoeven in te halen.

Zie het zo: in de trein zitten een ouder en een kind. Een kind dat lang stil moet zitten, gaat zich snel vervelen. De ouder kan samen met het kind wat spelen, een tekening maken, een verhaal voorlezen, een spelletje doen, of het kind de hele tijd vertellen dat het stil moet zijn en rustig moet blijven zitten. Het is voor beide partijen leuker om een spelletje te doen of een boek te lezen – een kwestie van geven en nemen – dan aldoor streng te moeten zijn en in de herrie te zitten waar jij en de andere passagiers zich aan storen. Vaak geldt dat als je even de tijd neemt aan het begin van een lange zit, zoals een treinreis, je kind verdiept raakt in wat jullie aanvankelijk samen deden, en dan heb je alle tijd, zolang je kind zich zonder jou vermaakt, om een boek te lezen of je anderszins te ontspannen.

Waarom een kind aan je gaat 'plakken'

Maak je geen zorgen als je kind een tijdlang alleen maar jou wil, of de andere ouder. Eigenlijk is dat een goed teken. Het betekent dat je kind een sterke band met je heeft en dus in staat is een sterke band te smeden, wat later goed van pas kan komen.

Het is heel natuurlijk dat een kind de voorkeur geeft aan een van de ouders of een gezinslid boven andere verzorgers. Hoe veiliger ze zich voelen in jullie relatie, des te gemakkelijker ze los daarvan een andere hechte band ontwikkelen – als ze eraan toe zijn. Geef ze de tijd. Het geplak, gesmacht en verlangen naar jou kunnen je soms wat te veel worden, maar probeer ervan te genieten: het betekent dat ze een sterke band met je hebben opgebouwd. Hoe zekerder ze zich gaan voelen binnen jullie relatie, hoe minder bevestiging ze van je nodig hebben.

Ik weet nog dat een moeder eens tegen me zei: 'Mijn kind aanbidt me en heeft me verschrikkelijk nodig. Dat heb ik met een man nooit meegemaakt!' Dit kind zal, net als andere kinderen, op den duur zo sterk leren vertrouwen op zijn moeder dat het graag bij andere kinderen gaat spelen of logeren. De sleutel tot een zelfstandig kind is, paradoxaal genoeg, dat je ze hun eigen weg laat volgen, los van jou, als ze daaraan toe zijn.

Al is er ook niks mis met een wat gevoeliger en aanhankelijker kind. Of met een kind dat af en toe alleen wil zijn. We zijn allemaal anders en hebben andere behoeften. We doorlopen allemaal de verschillende stadia van onze ontwikkeling in ons eigen tempo. Ik ga je geen standaardleeftijd geven waarop kinderen voor het eerst glimlachen, rechtop zitten of een liedje kunnen herhalen, want dat zegt niets, omdat we ons allemaal in een ander tempo ontwikkelen. Om een kind door een fase heen te helpen, zorg je dat jullie relatie je kind geeft wat het in deze fase nodig heeft om erdoorheen te groeien en er niet in vast te lopen. Dat proces kun je niet opjagen of negeren, want dan kan je kind erin blijven steken. Hoe meer positieve energie je in je kind steekt in het begin, des te minder energie je er later in hoeft te steken.

De zin van de zorg voor een kind

Sommige ouders vinden die eerste jaren met een kind moeilijk, want nogal saai, of afstompend. Het is waar dat er een hoop handwerk in zit en dat een kind in intellectuele en maatschappelijke zin een ander soort uitdaging vormt dan je werk of je leven vóór de baby. Om hierdoorheen te komen, helpt het als je het jezelf gunt belangstelling te krijgen voor je baby en nieuwsgierig wordt, gaat letten waar de baby op let en probeert te achterhalen wat de baby probeert te doen, in plaats van de tijd met je baby af te doen als saai – of je baby te zien als een wezen dat alles passief ondergaat. Als je in je baby eigenlijk alleen maar een plicht ziet om het kind te voeden, verschonen en vermaken, dan beperk je de betekenis die je ook aan de zorg voor een kind kunt geven. De betekenis die ik eraan gaf was dat mijn zorg, respect en aandacht een investering waren in mijn dochter en onze relatie. Nu ik na lange tijd terugkijk op die eerste paar maanden en jaren, vind ik dat de tijd omvloog. Het is zinniger om de zorg voor je kind in dit soort termen te zien dan naar de troep in je huis te kijken en te vinden dat al je werk die dag geen enkel resultaat heeft opgeleverd. Die resultaten komen nog, zij het niet aan het eind van iedere dag, zoals met werk soms het geval is. Als we ons aanleren om te luisteren en onze baby een eigen inbreng geven, loont het ouderschap. Als je investeert in je kind door het te helpen zich te hechten en verbonden met je te voelen en met alles wat ze doen of wat jullie samen doen, dan investeer je in hun latere basale gemoedsgesteldheid.

De basale gemoedsgesteldheid van je kind

De meesten van ons hebben het overgrote deel van de tijd een normale, rustige stemming, onze 'gebruikelijke' stemming. Het zal je misschien verbazen, maar de tijd die je in je relatie van geven en nemen met je kind steekt is een investering die zich uitbetaalt in termen van de ontwikkeling van hun gebruikelijke stemming. We worden misschien geboren met een zekere neiging tot een bepaald soort temperament, maar veel van hoe we ons doorgaans voelen ontwikkelt zich in onze relaties tot anderen, en dan met name onze ouders. Hoe ontspannener kinderen zijn, vermoedelijk omdat ze genoeg gerichte aandacht krijgen, des te meer hun basale gemoedsgesteldheid neigt naar een ontspannen soort stemming in plaats van een angstige of bozige stemming. Net als veel andere volwassenen heb je er in je latere leven misschien hard voor moeten knokken om je te kunnen ontspannen, omdat je je als baby meestal angstig, alleen of anderszins ongetroost of onbegrepen voelde en deze gevoelens bepaalden hoe je je later doorgaans voelde. Ik wil benadrukken dat het natuurlijk prima is dat je kind het hele spectrum aan emoties ervaart, en dat zal ook zeker gebeuren, maar ze hebben behoefte aan gezelschap bij al die stemmingen, van tranen en geschater tot angst en woede.

Als mensen voor het eerst in therapie gaan, geeft dat ze vaak een enorme kracht, omdat er voor het eerst echt naar ze wordt geluisterd en dat troostend werkt. Misschien hoeven sommigen van ons niet eens in therapie als er eerder eens naar ons was geluisterd. Het feit dat jij er bent om te observeren, te luisteren en je te onderhouden met je kind of kinderen, zodat ze zich veilig, geliefd en gewaardeerd voelen, maakt dat je bijdraagt aan hun basale gemoedsgesteldheid.

Slapen

Slaap is verschrikkelijk belangrijk en dan bedoel ik niet voor baby's en kinderen, want die pakken hun slaap wel, maar voor ouders. Het is een gevoelig onderwerp. Ouders worden soms boos of voelen zich aangevallen als je begint over hun slaapstrategie, zeker als ze denken de juiste aanpak te hebben gevonden en iemand als ik dan komt aanzetten met: 'Het is niet aardig of verstandig je baby of peuter 's nachts te laten huilen. Dan houd je geen rekening met ze. Dan behandel je ze als een "ding" in plaats van een persoon.' Ik zeg dit niet omdat ik je aan de schandpaal wil nagelen – dat wil ik echt niet –, maar ik wil ook niet dat baby's, peuters en kinderen 's nachts alleen zijn als ze voelen dat ze je nodig hebben. Het is voor een kind niet minder erg zich in slaap te moeten huilen en zich alleen te voelen dan voor een volwassene. Ik voel me ongemakkelijk bij het hele idee van manipuleren of 'trainen' binnen een relatie, en al helemaal als het om kinderen gaat die nog doende zijn hun persoonlijkheid en hechtingstype te ontwikkelen in relatie tot hun voornaamste verzorgers. Slaaptraining houdt in dat je je baby of peuter laat huilen tot ze in slaap vallen of een bepaalde tijd hebben gehuild, waarna je even bij ze binnenloopt, maar die tijd steeds verder oprekt. Er zijn studies die verklaren dat met deze vorm van training baby's steeds sneller in slaap leren vallen. Er bestaan zelfs onderzoeken waarin wordt beweerd dat deze vorm van conditionering van je kind om niet om jou te gaan huilen geen kwaad kan, al wordt dit weersproken door latere studies die wijzen op de zwakke plekken in deze onderzoeken en uitwijzen dat slaaptraining niet goed is voor de ontwikkeling van de hersenen.

Het belangrijkste punt dat uit het onderzoek naar slaaptraining naar voren komt is dat baby's en kinderen niet leren jou niet meer nodig te hebben, maar alleen om niet meer om jou te huilen, omdat het ze traint dat niet eens meer te proberen.

Dat slaap zo'n obsessie voor ouders wordt is nog te begrijpen, want gebroken nachten kunnen je volkomen uitputten. Volgens mij kan de hardnekkigheid waarmee we onze kinderen dwingen om zo snel en vroeg mogelijk te gaan slapen, en ook nog eens in hun eentje, echter schadelijk zijn voor onze relatie met onze kinderen, en dus mogelijk later ook voor hun geluk. Dat komt omdat baby's en kinderen zichzelf niet leren troosten of hun gevoelens leren verwerken als je ze alleen laat, maar wel als ze getroost worden door een verzorger, telkens weer. Als ze opgroeien, leren ze die troost te internaliseren. Met andere woorden, we leren onszelf alleen troosten als we eerst door anderen zijn getroost. En aanvankelijk is troosten een taak die dag en nacht doorgaat, wat vaak even schrikken is voor jonge ouders.

Als je kind slapen associeert met vertroosting, zekerheid en gezelschap, vinden ze het fijn om naar bed te gaan en te gaan slapen. Slapen wordt pas een probleem als we onze kinderen van ons weg duwen als we willen dat ze gaan slapen. Dan wordt bedtijd geassocieerd met alleen zijn en afgewezen worden.

In een groot deel van onze westerse cultuur lijkt het een soort wedstrijd te zijn om kinderen zo snel mogelijk zelfstandig te laten slapen. Dat komt misschien omdat we voorrang geven aan ons gehaaste leventje en de vermeende verwachtingen waaraan we moeten voldoen, boven de noodzaak ons instinct te volgen en te reageren op dwingend gehuil. Wat de maatschappij van ouders en kinderen verwacht staat soms haaks op de biologie. Onthoud vooral dat kinderen op een natuurlijke manier zelf hun ouders meer en meer gaan loslaten. We hoeven hun zelfstandigheid niet aan te wakkeren door onszelf terug te trekken, want dan verstoren en rekken we het scheidingsproces, plus het proces waarin onze kinderen zich veilig hechten. Alle zoogdieren slapen samen met hun jongen en een meerderheid van de mensen ook. In Zuid-Europa, Azië, Afrika en Midden- en Zuid-Amerika is het normaal dat baby's in dezelfde kamer slapen als hun ouders tot ze van de borst af zijn en vaak nog lang daarna, zoals in Japan. Wij in het Westen zijn in de minderheid door te denken dat het acceptabel is dat baby's apart van hun ouders slapen.

Het leven van een baby bestaat voor de helft uit nachten. Als ze eraan wennen 's nachts niet gehoord en gerustgesteld te worden en zich alleen voelen, lopen ze het gevaar dat dit hun basale gemoedsgesteldheid wordt. Als een baby huilt en wordt getroost door een moeder, vader of andere vertrouwde figuur, is hun stress draaglijk. Als een baby huilt en alleen blijft, is er sprake van chronische of toxische stress. Toxische stress gaat gepaard met een hoger dan normale dosis van het hormoon cortisol en dat heeft een negatieve invloed op de ontwikkeling van de hersenen van een baby. Als je zo moe bent dat je je baby een paar keer niet dwingend hebt horen huilen, dan heeft dat vermoedelijk geen blijvende, kwalijke gevolgen voor je baby. Als een huilende baby echter vrijwel iedere nacht wordt genegeerd, kan er een breuk optreden die hersteld moet worden. Dat doe je door te accepteren wat je kind voelt. Ga ze niet conditioneren of uitschelden, maar blijf bij ze en leef met ze mee zodat ze beseffen dat ze niet alleen zijn. Dat is iets wat we met kinderen van alle leeftijden zouden moeten doen.

Slaap is zo'n aspect, naast vele andere in de opvoeding,

waarvoor geldt dat hoe meer tijd je er in het begin in investeert, des te minder tijd het je kost het later weer recht te trekken. Die investering kan volgens mij het best de vorm aannemen van meeleven. Ga naast je kind liggen of blijf gewoon bij ze tot ze in slaap zijn gevallen, zodat ze slaap leren associëren met liefde, gezelschap en geborgenheid.

Misschien dat jouw slaappatroon eronder lijdt als je 's nachts tijd doorbrengt met je kinderen, dat is normaal. Vaak helpt het als een baby die 's nachts wakker wordt een van zijn ouders naast zich kan ruiken of voelen, dus is het een idee om bij je baby te gaan slapen. Dan hoef je ook niet telkens op te staan om je baby gerust te stellen.

Geen mens slaapt de hele nacht door. Een normale slaapcyclus van een volwassene duurt ongeveer 90 minuten, bij een kind is dat een uur. We denken misschien dat we doorslapen, maar in werkelijkheid worden we geregeld wakker, of bijna wakker, en vallen dan weer in slaap. Als baby's iemands aanwezigheid naast zich voelen, worden ze minder snel helemaal wakker.

Maak jezelf alsjeblieft geen verwijten als je geprobeerd hebt je baby zelfstandig te laten slapen. Je had er misschien geen idee van dat ook een kind dat stil is toch stress kan ervaren, voordat je hoorde dat de dosis stresshormonen niet afneemt, ook al is een kind opgehouden met huilen. Misschien ondervinden veel kinderen geen kwalijke gevolgen van slaaptraining – ieder kind is anders en heeft andere behoeften en gevoeligheden –, maar persoonlijk zou ik het risico niet willen nemen. Gooi dit boek nu alsjeblieft niet woedend in een hoek. Je hoeft je van mij echt niet te schamen omdat je je toevlucht hebt genomen tot een poging je kind te conditioneren door je reactie op zijn gehuil te onderdrukken of uit te stellen. De maatschappelijke druk om je kind te dwingen 's nachts alleen en stil te zijn is zo groot dat het geen wonder is dat we eraan toegeven. Ik kom later nog te spreken over alternatieven. Slaaptraining is een vorm van conditionering waarbij geen rekening wordt gehouden met het kind: je behandelt je baby eerder als een 'ding' dan als een individu en je dwingt je kind de nacht in stilte door te brengen, in plaats van zich geleidelijk aan en naar eigen behoefte van je los te maken.

Slechts weinig mensen hebben voortalige herinneringen en dus kunnen we ons zelden herinneren hoe het was om alleen in slaap te vallen als we ons eenzaam en wanhopig voelden – waardoor we misschien ook niet zien waarom het erg zou zijn om hiermee door te gaan. Ik denk dat slaaptraining, naast een permanent gevoel van wanhoop, er ook toe kan leiden dat iedere vorm van medeleven met anderen wordt afgekapt. Het zou kunnen dat slaaptraining, of een kind conditioneren om 's nachts niet te gaan huilen, ook bijdraagt aan de gêne die sommige mensen voelen als ze een ander nodig hebben.

Aanvankelijk zal een baby iedere dag huilen, en in jouw perceptie misschien ieder uur en dag en nacht. Ook een peuter huilt nog iedere dag, maar dat neemt geleidelijk aan en bijna onmerkbaar af. Wanneer je ze troost, leren ze met hun gevoelens omgaan. Als je hun gehuil negeert, leren ze hun gevoelens niet met jou te delen – en help je ze niet hun gevoelens te verwerken. Troost en de acceptatie van gevoelens vormen de basis voor een goede geestelijke gezondheid.

Goed, dat kan allemaal best waar zijn. Kijk mij hier nu zonder pardon feiten en meningen rondstrooien, zonder schijnbaar in de gaten te hebben hoe moe je bent. Sorry. Er zijn echter goede alternatieven voor slaaptraining. Bijvoorbeeld samen slapen in dezelfde kamer, zodat je baby zich niet verlaten en alleen voelt. Al zal niet iedereen dit willen. In dat geval kun je terugvallen op wat professor Darcia Narvaez omschreef als je kind 'in slaap laten dommelen'.

Hoe laat je een kind in slaap dommelen?

Een kind in slaap laten dommelen is iets anders dan geen gehoor geven aan wat je baby wil communiceren. Het is een kwestie van je kind op een voor haar prettige manier in slaap laten vallen. Het is belangrijk dat je kind zich al die tijd geborgen voelt. Volgens professor Narvaez is het belangrijk om hier niet mee te beginnen voordat je kind zes maanden oud is. In het eerste levensjaar ontwikkelen de hersenen van je baby zich in relatie tot de liefdevolle uitwisseling tussen jullie tweeën, en dan gaat het om de gebieden waarin emoties en interacties worden verwerkt en die de basis vormen voor hun geestelijke gezondheid. Dus begin er niet mee voordat je kind eraan toe is. Dat moment kan dus per kind verschillen.

Zoals ik al eerder schreef, zijn baby's van nature niet in staat te beseffen dat iets bestaat wat ze niet zien, iets wat door psychotherapeuten ook wel 'objectpermanentie' wordt genoemd. Als baby's alleen worden gelaten, kunnen ze zich dus door alles en iedereen verlaten voelen. In onszelf is het besef dat andere mensen ook buiten ons blikveld en ons gehoor bestaan zo diepgeworteld, dat we gemakkelijk over het hoofd zien dat ook wij dit hebben moeten leren.

Heeft een baby eenmaal dit besef van 'objectpermanentie' ontwikkeld – en nogmaals, ik ga niet zeggen wanneer dat zo is, aangezien we ons allemaal in ons eigen tempo ontwikkelen en een rationeel besef ervan misschien voorafgaat aan het lichamelijke besef –, dan wordt het gemakkelijker je 's nachts geleidelijk aan van je kind los te maken.

De eerste stap is te herkennen waar en wanneer je baby zich tijdens het inslapen veilig en geborgen voelt. Misschien is dat als hij aan de borst ligt te drinken en weer in slaap wordt gewiegd als hij wakker wordt. Dat is dan de 'veilige basis', zoals Narvaez het noemt, van waaruit je aan het proces kunt beginnen.

Wat is het kleinste, volgende stapje in dit proces? Je kunt proberen je baby van de borst te halen als hij nog slaperig is en hem tegen je aan houden zodat hij je lichaam en je hartslag blijft voelen. Als je baby die stap accepteert, blijf je dit doen tot het de nieuwe veilige basis is geworden en kun je weer een stapje verder gaan. Verwijder je bijvoorbeeld nog iets verder van je baby door haar als ze slaperig wordt naast je neer te leggen en zachtjes over haar hoofd te aaien, of iets anders dat haar geruststelt. De volgende stap is je baby in een apart bedje naast het grote bed te leggen. Vervolgens kun je het bedje steeds iets verder weg schuiven, en uiteindelijk in een andere kamer zetten. Als je baby op enig moment onrustig wordt, keer je terug naar de veilige basis daarvóór.

Mijn verhaal:

> Mijn eerste stap was mijn dochter van de borst te halen als ze nog slaperig was en haar dicht tegen me aan te houden. Toen dat haar veilige basis was geworden, was mijn volgende stap haar aan haar vader te geven die haar in slaap wiegde. Op deze manier kon in ieder geval een van ons bij haar slapen en de ander in een andere kamer.
>
> Toen ze ongeveer twee was, wilde ze per se een eigen kamer, maar schrok zich rot toen het bedtijd werd en wij voorstelden dat ze daar dan ook alleen kon slapen. 'Nee, nee,' zei ze, 'ik bedoelde alleen om in te spelen, niet om in te slapen.' We probeerden haar een stapje verder te krijgen door te zeggen dat we net zo lang bij haar bleven tot ze in slaap was gevallen en dat als ze wakker werd ze altijd bij ons in bed kon kruipen, als ze ons dan maar niet wakker maakte of wilde kletsen. Dat vond ze goed, en dus werden we soms wakker met onze dochter in bed en soms niet.
>
> Vanaf haar derde sliep ze altijd in haar eigen kamer, en op haar vierde voelde ze zich zo gerust en geborgen dat ze

ook weleens helemaal alleen naar bed ging, op eigen initiatief en zonder enige aansporing van ons. Daar zaten wel enige voorwaarden aan: zij koos ervoor alleen naar bed te gaan, of vroeg een van ons nog even bij haar te blijven vóór ze in bed stapte. Ze zag er niet tegenop naar bed te gaan, omdat ze zich daar altijd prettig en nooit alleen had gevoeld.

Wat belangrijk is, is dat je bij iedere volgende stap niet de veilige basis van je kind overschrijdt. We ontwikkelen ons allemaal in ons eigen tempo en met wisselende behoefte aan de nabijheid van anderen of ruimte voor onszelf, dus het hangt van je baby af wanneer het moment rijp is. Je eerste kind kan daarin verschillen van je tweede. Waar je op aanstuurt is dat je kind zijn bed associeert met toegeven aan zijn moeheid, met fijn en lekker gaan slapen in plaats van met afzondering, eenzaamheid en wanhoop. Als hun bed alleen voor prettige dingen staat, zullen ze niet tegensputteren om erin te kruipen. Op die manier zullen ze ook voldoende slaap krijgen, en dat is, zoals bekend, belangrijk voor hun verdere ontwikkeling.

Dit zoetjes aan in slaap laten dommelen (in plaats van slaaptraining), met meer aanmoediging dan vermaningen, vergt wel meer tijd, maar volgens mij is het dat waard. De uitkomst is blijvender, vergemakkelijkt het naar bed gaan voor opgroeiende kinderen en draagt bij aan een goede relatie tussen jou en je kind. Als je wordt aangemoedigd iets te doen, is dat goed voor je relatie, maar als je wordt gefopt, genegeerd of gemanipuleerd om iets te doen, draagt dat niets bij aan een relatie voor het leven. Ik snap hoe moeilijk het is om überhaupt nog iets op de lange termijn te kunnen zien als je doodop bent, maar echt, volgens mij loont het.

Veel van de dingen die we van onze kinderen verwachten, zullen ze waarmaken zonder al te veel begeleiding of door ons voorbeeld te volgen. Vaak is het goed om ze zachtjes naar de grens van hun veilige basis te duwen, en niet eroverheen, als ze wel een duwtje kunnen gebruiken. Bedenk ook dat als we iets voor ze doen dat ze zelf al kunnen, we ze misschien iets afpakken.

Helpen, niet redden

Als kinderen zelf bepalen hoe ze zich uiteindelijk van ons losmaken, zijn ze vaak minder aanhankelijk en 'plakkerig' dan als de ouders daartoe het initiatief nemen voordat het kind eraan toe is. Dat geldt zowel voor de afzondering 's nachts, als kinderen apart slapen, als wanneer ze alleen naar een feestje gaan of iets anders ondernemen zonder jou. Je kunt je kind een duwtje in de rug geven om dit soort situaties te accepteren – ze zachtjes naar de grens van hun veilige basis schuiven – maar als je je kind te gehaast zelfstandig wilt laten worden, kan dat uiteindelijk meer werk betekenen, omdat jullie relatie hieronder kan lijden en gerepareerd moet worden. Je denkt misschien dat als je ze zelfredzaam maakt, je ze aanmoedigt om zelfstandig te worden, maar de kans is groot dat zij dat zien als weggeduwd worden en als een straf ervaren. Mijn boodschap hier is dat je je kinderen moet vertrouwen zich in hun eigen tempo van je los te maken en ze niet jouw tempo opleggen.

Als ze eraan toe zijn, zullen kinderen de hele nacht in hun eentje doorslapen, rechtop gaan zitten, kruipen, lopen, zichzelf aankleden, vast voedsel eten, hun eigen ontbijt maken en hun eigen huur betalen. Als we ze daar te vroeg toe aanzetten, raken ze gefrustreerd, en wij ook. Veel van de dingen die we ze geduldig leren of laten doen, zouden ze op den duur ook zelf hebben geleerd. Als we te gehaast zijn, remmen we die ontwikkeling soms zelfs.

Dat is bijvoorbeeld het geval als we de baby rechtop laten zitten als hij zichzelf nog niet kan opdrukken. We ontnemen ze dan de kans het zelf te leren. Een baby hoeft niet ingeklemd te worden om stil te kunnen zitten, want het enige wat daarvoor nodig is, is de tijd en de ruimte om zelf te leren bewegen. Als je ze met rust laat, gaan ze rollen en schuiven en leren ze zelf kruipen, rechtop zitten, staan en lopen. Zo leren ze ook hoe ze iets kunnen leren. Daar hoeven we ons niet mee te bemoeien.

Sterker nog, een baby die je te vroeg rechtop laat zitten, nog voordat ze daar de spieren voor heeft ontwikkeld, leert soms later niet goed kruipen, maar schuift zichzelf al zittend zo'n beetje zijwaarts – iets wat haar houding niet altijd ten goede zal komen. Ik vrees dat dat mijn dochter is overkomen. Nou ja, je kunt niet altijd alles goed doen. Ik besef terdege dat als ik een soort 'best mogelijk' ouderschap bespreek, jij die fase misschien al achter de rug hebt en je nu rot voelt omdat jij het anders hebt aangepakt. Waar het echter om gaat is jullie relatie, niet hoe vroeg je bent begonnen je baby de fles te geven of rechtop te laten zitten. Mijn dochter doet pilates nu ze wat ouder is en werkt op die manier aan haar houding. Het was fijn geweest als ik die informatie had gehad op het moment dat ik erom verlegen zat, maar helaas. Ik blijf het zeggen: een vergissing maken is niet erg, zolang je die maar herstelt, ook als dit gebeurt in de vorm van pilates of een ander soort therapie die je kind later nodig heeft. Geneer je niet als je kind op latere leeftijd hulp nodig heeft omdat jij iets verkeerd hebt aangepakt toen je kind nog klein was. Als je je defensief opstelt wat betreft je vergissingen, maak je ze alleen maar erger, en verdwijnen doen ze niet.

Het voorbeeld van rechtop zitten klinkt misschien erg specifiek, maar ik wil er in algemene zin iets mee zeggen over de mate waarin je je kinderen moet helpen: ontneem ze vooral niet de kans zelf iets te leren, bijvoorbeeld door een stapje terug te doen. Het concept van een duwtje in de rug of enige aanmoediging kan je misschien helpen bepalen in welke mate je ze wilt helpen.

> Freya is vijf maanden, twee weken en drie dagen oud als ze op haar buik op een kleed in de woonkamer ligt. Haar vader zit naast haar op de bank te lezen. Freya geeft een brul: ze probeert een pingpongbal te pakken die net buiten haar bereik op de vloer ligt. Papa kijkt op en ziet het probleem. Zal hij haar helpen? Ze kijkt naar hem op en brult gefrustreerd nog een keer. 'Je wilt die bal hebben, hè?' zegt papa en hij gaat naast haar op de grond zitten. 'Kun je erbij?' Hij lacht haar bemoedigend toe, kijkt naar haar en dan naar de bal. Freya staakt haar gebrul, trekt haar knieën in en slaagt erin naar de bal te schuiven door zichzelf op te drukken. Haar vingers raken de bal, die daarop wegrolt. Papa legt de bal terug en Freya waagt nog een poging. Nu krijgt ze de bal te pakken. Ze slaakt een vreugdekreet en papa lacht met haar mee. 'Daar moest je erg je best voor doen. Goed, hoor,' zegt hij.

Het is uiteraard lastig om als ouder in zo'n geval te weten of je je kind uit de brand moet helpen, moet aanmoedigen of alleen maar moet toekijken. Als je goed kijkt naar wat je kind aangeeft, zal je het in de meeste gevallen goed doen. Als je ze helpt bij iets wat ze ook zelf kunnen, pak je ze feitelijk iets af en leren ze niet voor zichzelf te handelen. Als je ze niet helpt wanneer ze hulpeloos zijn, sta je niet voor ze open. In het voorbeeld hierboven doet Freya's vader het precies goed. Hij doet dat als vanzelf, zonder erbij na te denken, want uit eigen ervaring. Als je dat niet uit eigen ervaring weet, is het een goed idee deze aanpak over te nemen.

OEFENING: LAAT JE LEIDEN DOOR JE KIND

Maak er een gewoonte van bij je kind te zijn zonder iets te doen. Houd ze gewoon gezelschap en laat je door ze leiden. Denk aan observeren en ze helpen in plaats van ze te redden. Help ze zelf het probleem oplossen zonder dat jij dat voor ze doet.

Spelen

Alleen al het woord impliceert dat spelen geen serieuze zaak is, maar het is wel degelijk van het grootste belang. Al spelend leert een kind zich concentreren en maakt zich de gewoonte eigen om zelf dingen te ontdekken, zoals de vreugde van ergens helemaal in opgaan. Daarnaast leren kinderen zo verbanden tussen ideeën te leggen en hun fantasie de vrije loop te laten. Ook leren kinderen al spelend contact te maken met leeftijdgenoten. Spelen staat aan de basis van onze creativiteit en ons werk, ons onderzoek en onze ontdekkingen. Alle zoogdieren spelen, omdat spelen je voorbereidt op het leven. Spelen is het werk van jouw baby en jouw kind – en dient als zodanig te worden gerespecteerd.

Toen ik voor het eerst het werk las van Maria Montessori, verbaasde ik me over haar uitspraak dat een kind dat zich concentreert op een activiteit niet gestoord mag worden. Het idee dat een peuter die een vrachtauto door de kamer duwt en het geluid van een motor nadoet aan het werk is, was nieuw voor mij. Ze zijn geconcentreerd bezig, gaan er volkomen in op, gebruiken hun fantasie en verzinnen een verhaal, met een begin, midden en einde. En als ze deze processen maar vaak genoeg kunnen herhalen, leggen ze een stevig fundament voor hun concentratievermogen en capaciteit om een taak af te ronden.

Een kind begint echter al vóór deze fase met werken. Je

baby heeft een veilige plek nodig om alle objecten binnen handbereik te kunnen aanraken. Als ze voortdurend 'nee' te horen krijgen, leren ze zich niet te concentreren. Een kind dat niet wordt afgeleid kan minutenlang met iets spelen, bijvoorbeeld een papieren zakdoekje. Ze leren het vasthouden, verfrommelen, loslaten en weer oppakken. Een baby raakt hier niet verveeld bij, jij misschien wel. Het enige dat je ondertussen hoeft te doen, is toekijken en hun blik volgen, maar niet sturen.

Kinderen kunnen met weinig speelgoed toe. Zoals je waarschijnlijk wel weet, is het cliché vaak waar dat een kind blijer is met de verpakking dan met het speelgoed. Een kind van twee van een vriendin van mij kreeg een hele stapel cadeaus op haar verjaardag van haar ouders, vrienden en familie. Een van haar tantes gooide er een leeg plastic flesje in de vorm van een citroen tussen. Driemaal raden wat haar favoriete speeltje was... Dat citroenflesje natuurlijk! Al spelend ontdekte ze hoe je er water in kon laten lopen, water uit kon spuiten en de straal kon mikken. Ze speelde nauwelijks met het prachtige poppenhuis of de Disney-poppetjes, het keukentje of de andere spullen die voor haar waren gekocht. Kinderen hebben genoeg aan een paar simpele speeltjes: wat autootjes, een kartonnen doos, een lapje stof, een pop, een beer en een paar blokken volstaan. Een stel verkleedkleren helpt hun fantasie ook aan te wakkeren. En als ze maar weinig speelgoed hebben – één la of doos met speelgoed en wat knutselmateriaal zoals verf en papier – kan alles na het spelen ook weer netjes worden opgeborgen.

Kinderen raken net als volwassenen soms overweldigd en geblokkeerd als er te veel keus is. We denken misschien dat we het liefst uit een breed assortiment kiezen, maar uit experimenten van de psycholoog Barry Schwartz blijkt dat dat niet het geval is. Uit één experiment kwam naar voren dat mensen die konden kiezen uit een doos met zes soorten chocolaatjes gelukkiger waren dan mensen die konden kiezen uit dertig soorten – en blijer waren met het chocolaatje van hun keus. Bij te veel keus gaan we ons zorgen maken of we wel goed kiezen. Het gemiddelde kind in het Westen bezit meer dan honderdvijftig dingen om mee te spelen en krijgt er daar ieder jaar nog eens zeventig bij. Daarmee overlaad je het kind. Met zoveel speelgoed is de kans groot dat ze telkens even kort met iets spelen, maar nooit echt in hun spel opgaan. Ouders zijn vaak geneigd meer speelgoed te kopen omdat ze denken dat een kind dan zonder ze kan. En wat denk je? Nee, dus.

Kinderen moeten vrij kunnen spelen waar ze maar willen en dat zelf in de hand hebben om hun creativiteit te kunnen ontwikkelen. Soms willen ze echter met jou spelen. En dan hebben ze jou nodig, niet een nieuw speeltje.

Je vindt het misschien tijdrovend en niet echt jouw idee van lol maken om 'kiekeboe' of een ander speciaal voor jou bedacht spelletje met ze te spelen. Het kan behoorlijk frustrerend zijn als kinderen per se met jou willen spelen, zeker als je nog een stapel werk hebt liggen. Ik kwam er echter al snel achter dat het loonde als ik in het begin enthousiast meedeed. Als mijn dochter me in haar spel wilde betrekken, luidde haar verzoek altijd: 'Met beer praten'. Al snel nam ze dan die rol van me over en praatte ze zelf eindeloos met beer.

Als je samen met je kind speelt, is het zaak hun de leiding te geven, ze te laten kiezen wat jullie gaan doen en je door hen te laten instrueren. Je hebt meer kans die stapel werk nog af te krijgen als je je kind helpt het spel op te starten, en je dan geleidelijk terug te trekken wanneer ze zelf in het spel zijn opgegaan. Het is voor jou gemakkelijker en voor je kind leuker als je eerst even meespeelt.

Daar komt bij dat als je je kind vertelt dat je het druk hebt, ze je waarschijnlijk blijven storen en je je werk niet af krijgt.

Daarmee geef je ze ook te verstaan dat ze saai zijn of lastig, en dat kan ze eenzaam, boos of verdrietig maken, of zelfs onzeker over jullie relatie. Als een kind eenmaal speelt en tevreden is, blijft het spelen zonder jou steeds erbij te vragen of lastig te vallen.

Je zult toch al tijd moeten doorbrengen met je kinderen. Investeer je tijd dus op een positieve manier, dan hoef je er later minder tijd in te steken op een negatieve manier. Dat geldt trouwens voor meer dingen dan alleen spelen.

Een tijdje terug zat ik te kijken naar een vader en een dochter op het strand. Het meisje zal een jaar of zes zijn geweest. Toen ze aankwamen, was het 'Papa, doe dit', 'Papa, kom mee', 'Nu gaan we naar de zee', 'Haal de emmer' en 'Bouw dit'. Papa deed alles wat hem gevraagd werd. Na een tijdje ging het meisje steeds meer op in haar spel met nat zand bij de branding. Papa zat er vlakbij, maar keek alleen toe. Het was een prachtig voorbeeld van een kind dat geleidelijk haar eigen 'automatische piloot' vond, zodat papa wat tijd voor zichzelf kreeg.

Na een tijdje kwam er een ander meisje staan kijken wat ze deed, en begon het eerste meisje haar in haar spel te betrekken. Ik vond dat leuk om te zien. Als papa niet met haar meegedaan had in het begin en meteen in zijn krant was gedoken, had ze misschien alleen nog maar aandacht gehad voor haar vader, zich kwaad gemaakt en zich niet kunnen verdiepen in haar eigen spel of een nieuw vriendinnetje hebben gemaakt.

De meeste kinderen houden ook van een meer gestructureerd spel zoals een balspel of een spelletje kaarten met de hele familie. Misschien heb je zelf ook goede herinneringen aan dat soort spelletjes en geef je die graag door. Maar als er vroeger nooit met je werd gespeeld, zie je er misschien tegenop om zo'n spelletje te doen of zelfs te organiseren. Let erop of spelletjes iets in je losmaken dat met je verleden samenhangt. Je kunt je over die gevoelens heen zetten als je beseft dat ze thuishoren in je jeugd en niet in het nu, of regelen dat er andere kinderen en volwassenen zijn om mee te spelen, en af en toe proberen mee te doen.

Ik weet nog dat we een keer met drie gezinnen de tijd tussen Kerstmis en oud en nieuw doorbrachten. Het monopoliebord werd op tafel gelegd onder nogal wat gegrinnik van de meeste volwassenen en groot enthousiasme van de kinderen. Een van de vaders stond echter op en trok zijn jas aan met de mededeling dat hij het hele eind naar huis ging lopen en de auto achterliet voor zijn vrouw en zoon. Ik liep hem achterna de hal in. Hij vertelde dat hij enig kind was. Ieder jaar kreeg hij met Kerstmis een bordspel, maar niemand nam ooit de moeite het met hem te spelen. Van het hele idee van spelletjes werd hij zo treurig, zei hij, dat hij bang was dat als hij zou blijven, hij het voor de rest van ons zou verpesten. Ik kan aan dit verhaal geen vrolijke draai geven, vrees ik, maar wat me toen wel opviel was hoeveel er uit je verleden blijft hangen.

Kinderen vinden het geweldig om met kinderen van allerlei leeftijden te spelen. Zet een paar piepjonge peuters bij elkaar en de kans is groot dat ze allemaal los van elkaar gaan zitten spelen in plaats van met elkaar. Door kinderen met verschillende leeftijden samen te laten spelen, leren kinderen op een andere manier spelen. Jonge kinderen kunnen veel van oudere kinderen leren, wat niet gebeurt als ze alleen met leeftijdgenootjes omgaan. We leren het meest door naar anderen te kijken. Oudere kinderen leren jonge kinderen hoe ze zich ook kunnen gedragen en kunnen als rolmodel dienen, en geven ze bovendien meer emotionele steun. En de oudere kinderen leren hoe ze een ander iets kunnen leren, kunnen opvoeden en de leidersrol op zich kunnen nemen.

Veel volwassenen die terugkijken op hun jeugd bewaren de beste herinneringen aan de keren dat ze met een hele groep kinderen van verschillende leeftijd spelletjes verzonnen, tochten maakten en alle ruimte hadden. Vaak gebeurde dat in de vakanties, met familie en vrienden, op campings of festivals, op uitjes of vlak bij huis in een park of iemands tuin. Op de achtergrond bevonden zich altijd een paar vertrouwde volwassenen waar je eventueel bij terechtkon, die voor eten zorgden en voldoende grenzen stelden om je toch veilig te voelen. Ik maak me weleens zorgen dat met al die gestructureerde naschoolse activiteiten kinderen niet genoeg tijd meer hebben om zelf met kinderen van allerlei leeftijden te spelen. Waarschijnlijk hebben de meeste kinderen meer behoefte aan met andere kinderen buitenspelen dan aan georganiseerde activiteiten binnen of achter een scherm. Met schermen moet je altijd uitkijken. Kinderen kunnen eraan verslaafd raken, maar helemaal verbieden is weer een andere vorm van ze tekortdoen.

OEFENING: HOUD HET SPEL LEUK

* Stoor een kind niet in zijn concentratie.
* Als een jonger kind met je wil spelen, doe dan aanvankelijk mee. Als ze eenmaal opgaan in het spel en jou niet meer nodig hebben, trek je je terug.
* Voel je met oudere kinderen niet altijd verplicht het voortouw te nemen als ze niet weten wat ze willen doen. Als een kind zich verveelt, heb dan vertrouwen en zeg ook dat je er vertrouwen in hebt dat ze iets leuks weet te verzinnen. Verveling is soms een noodzakelijke component van creativiteit.
* Maak af en toe tijd om lol met je kinderen te maken door iets te doen wat jij ook leuk vindt, bijvoorbeeld een bordspel, een spelletje kaarten, een sport, samen zingen of wat dan ook.
* Kinderen vinden het geweldig om met kinderen van verschillende leeftijd te spelen.

DEEL ZES

Gedrag is communicatie

Ik heb dit deel over gedrag aan het einde van dit boek gezet, omdat het veel gemakkelijker is om je beter te gedragen als alles wat ik hiervoor heb besproken goed zit. Dat betekent voor kinderen dat hun gevoelens gezien worden als een onlosmakelijk onderdeel van hun ondersteunende en liefdevolle relaties. Wij gedragen ons allemaal beter wanneer we niet wanhopig smachten naar meer contact en verbondenheid, wanneer we ons op ons gemak voelen.

De hand die de wieg schommelt heerst over de wereld. De wereld vraagt van ons dat we meer liefhebben dan veroordelen, dat we de gevoelens van onze kinderen serieus nemen en niet direct afdoen als dom of fout. Als je je peuters en kinderen met egards behandelt en respecteert, wil dat niet zeggen dat je geen grenzen stelt.

In dit deel bekijken we het spel dat je moet winnen of anders verliest, welke eigenschappen we moeten ontwikkelen om ons op de juiste manier te gedragen, hoe streng ouders moeten zijn, hoe we omgaan met gejengel en plakkerig gedrag en wanneer en hoe we grenzen stellen.

Rolmodellen

Je kind zal je gedrag na-apen, nu of later. Ik had ooit een cliënt die me ervan wilde overtuigen dat hij heel anders was dan zijn vader, die een groot commercieel bedrijf had geleid op de dictatoriale manier van een autocraat. Mijn cliënt werkte in de charitatieve sector, maar toch leidde hij zijn afdeling – u raadt het al – als een autocraat. De grootste invloed op het gedrag van onze kinderen is vermoedelijk ons eigen gedrag. We beschouwen onszelf als zelfstandig individu, maar we beïnvloeden elkaar allemaal wederzijds. We maken allemaal deel uit van een groter systeem en de rol die wij daarin vervullen is ontstaan in reactie op de rollen die andere mensen om ons heen vertolken. Dus hoe jij of je kind zich ook gedraagt, dat gebeurt nooit in isolement en wordt mede bepaald door de mensen en de cultuur om je heen.

Hoe zou jij je gedrag omschrijven? Heb je altijd respect voor andere mensen? Houd je rekening met hun gevoelens? Gaat je 'goede gedrag' diep of zijn het alleen maar maniertjes? Ben je aardig aan de buitenkant, maar veroordeel je mensen achter hun rug? Blijf je steken in genadeloze aftroefspelletjes? Hoe je je ook gedraagt, je leert je kinderen om zich net zo te gedragen, en dat geldt ook voor gedrag dat je niet goedkeurt van jezelf.

Als je je consequent vriendelijk belangstellend gedraagt, zullen je kinderen dat vermoedelijk ook gaan doen... op den duur. Ondertussen gedragen je kinderen zich misschien niet de hele tijd 'goed', want voordat zij kunnen spreken is gedrag de enige manier waarmee ze kunnen communiceren wat er in ze omgaat. En dit blijft zelfs zo als ze al een paar jaar kunnen spreken. Dat komt doordat het enige oefening en vaardigheid vereist om te weten wat wij zelf voelen, dat in woorden uit te drukken en daaruit dan weer af te leiden wat we nodig hebben. Zelfs volwassenen – nee, zelfs schrijvers – vinden dit soms lastig.

Ik geloof niet dat er mensen bestaan die op en top goed of slecht zijn. Sterker nog: volgens mij zijn de begrippen 'goed' en 'slecht' niet bruikbaar. Het is waar, maar ook tamelijk zeldzaam dat er mensen worden geboren zonder een aanleg tot empathie, hoe zeer dit hun ook wordt getoond. Dat je hersenen anders gestructureerd zijn, wil echter nog niet zeggen dat je op een of andere manier 'slecht' bent. Ik wil in deze afweging van goed en kwaad alleen erkennen dat het gedrag van sommige mensen hinderlijk of schadelijk is voor anderen. Niemand wordt slecht geboren. Dus in plaats van gedrag te voorzien van het etiket 'goed' of 'slecht' omschrijf ik het liever als 'passend' of 'hinderlijk'.

Zoals ik al zei: gedrag is louter communicatie. Mensen – en vooral kinderen – gedragen zich ongepast of hinderlijk als ze geen alternatieve, effectievere, passender manier kunnen vinden om hun gevoelens en behoeften te uiten. Sommig gedrag is hinderlijk voor anderen, maar het is nooit 'slecht' of 'fout'.

Aan jou de taak om het gedrag van je kind te ontcijferen. In plaats van je kind op te delen in 'goede' en 'slechte' stukken, kun je beter jezelf een paar vragen stellen. Wat proberen ze met hun gedrag te zeggen? Kun je ze helpen dat op een gepastere manier te uiten? Wat zeggen ze tegen je met hun lichaam, hun herrie en de woorden die ze menen te moeten gebruiken? En, een heftige vraag om jezelf te stellen: wat heb jij bijgedragen aan hun gedrag?

Het spel dat je moet winnen of anders verliest

Op een keer wilde mijn dochter Flo, die toen drie jaar was, het eindje naar de winkels liever lopen dan er in het wagentje heen te worden geduwd, dus ik liet de wandelwagen thuis. Op de terugweg bleef ze opeens stilstaan en ging op iemands stoepje zitten. Ik dacht gelijk: O nee!, want ik zat met mijn gedachten al meer in de toekomst dan in het heden, ik was de boodschappen al aan het opbergen zodat ik daarna zou kunnen ontspannen en uitrusten. Ik was niet van plan al halverwege de thuisweg een rustpauze te houden. Dat deed Flo nu echter wel.

Toen drong opeens tot me door dat het niet uitmaakte hoe laat we thuiskwamen. Ik zette de tassen op de grond en hurkte naast haar neer. Flo bekeek hoe een mier door een spleet in het wegdek scharrelde. Hij verdween soms in de spleet en kwam er dan weer uit tevoorschijn. Ik keek met haar mee.

Een oudere man kwam naar ons toe en zei tegen mij: 'Heeft zij gewonnen?' Ik wist meteen wat hij bedoelde. Hij bedoelde: drijft zij haar zin door in de strijd tussen de wil van de ouder en die van het kind? Ik kende die strijd van lang geleden. Mijn ouders geloofden er zo heilig in dat ze dachten dat als een kind te vaak haar zin kreeg, wat dat ook was, dit heel slecht voor haar zou zijn.

Jij en je kind staan echter aan dezelfde kant: jullie willen je allebei liever tevreden dan gefrustreerd voelen. Jullie willen allebei met elkaar kunnen opschieten en aardig voor elkaar zijn. De oude man keek met een veelbetekenende glimlach op ons neer. Hij probeerde alleen maar aardig te zijn, dus ik maakte er verder geen punt van. Ik zei alleen: 'We zitten naar een mier te kijken', en glimlachte terug. Hij liep door en de mier ook. Flo en ik stonden op en liepen ook weer verder.

Zoals ik al zei, iedere vorm van gedrag is een vorm van communicatie, dus achter gedragingen vind je gevoelens. Als je het gevoel ontdekt dat achter een bepaald gedrag schuilgaat en ermee sympathiseert, dan kun je dat gevoel onder woorden brengen en help je een kind de woorden te vinden om zichzelf verstaanbaar te maken, zodat het minder de behoefte voelt dat gevoel te gaan uitspelen.

In bovenstaand voorbeeld besefte ik dat Flo, die niet gewend was aan zulke lange wandelingen, moe was en wilde uitrusten. Ik bedacht hoe overweldigd ze zich moest voelen door alle indrukken en geluiden om zich heen – misschien had ze nog niet geleerd de onbelangrijke uit te filteren, zoals volwassenen als vanzelf doen, en was dat de reden dat ze zich nu op één ding wilde concentreren. Het is nuttiger een situatie vanuit het kind te bekijken dan vanuit je eigen standpunt.

Het mijne zou hier zijn geweest: ik wil naar huis, zij houdt me tegen, het is mijn wil tegen haar wil.

Van oudsher klinkt het idee dat je kinderen nooit 'hun zin moet geven'. Dit was wat de oude man volgens mij probeerde te zeggen met zijn opmerking: 'Heeft zij gewonnen?' Hij benaderde het in de trant van: 'Je maakt een stok waarmee ze jou op je rug gaat slaan.' Ik hoor dit voortdurend wanneer mensen het over driftbuien hebben. Ouders lijken zo bang te zijn voor woede-uitbarstingen dat ze menen dat als je er aandacht aan besteedt, dat al genoeg is om een kind zulke woede-uitbarstingen te laten krijgen. Als ouders dit 'laat ze niet winnen'-spelletje gaan spelen, zijn er alleen maar verliezers. In plaats van een relatie is er dan alleen maar manipulatie. Dit spelletje bestaat niet echt, ouders denken dat alleen maar.

Deze aanpak is gebaseerd op een waanidee over wat er in de toekomst zal gebeuren, in plaats van wat er nu op dit moment aan de hand is. Wat er in werkelijkheid gebeurde was dat Flo ging zitten uitrusten om daarna gewoon weer door te wandelen.

Willen winnen of verliezen kan zijn eigen, starre dynamiek ontwikkelen en dat beschadigt relaties. Door een kind te domineren leer je het kind zelf dominant te zijn. Stel dat je kind gaat denken dat het normaal en wenselijk is om je wil aan anderen op te leggen? Hoe populair denk je dat je kind daarmee zal zijn bij klasgenoten?

Als je doet alsof de zorg voor kinderen er voornamelijk uit bestaat dat je je wil aan ze oplegt, leert je kind zich een gedragspatroon aan dat in potentie schadelijk is. Als een kind zo'n beperkte keuze aan rollen aanleert – de 'dader' en het 'slachtoffer', of om het anders te zeggen: de dominante en de onderdanige – worden zijn individuele vermogens aanzienlijk beperkt. Als de rollen waarmee ze de meeste ervaring hebben bijvoorbeeld die van slachtoffer en pestkop zijn, worden ze ofwel een pestkop ofwel schikken ze zich in de slachtofferrol.

Het spel dat je moet winnen of anders verliest heeft ook gevolgen voor het emotionele repertoire van je kind. Als je je zin niet krijgt, voel je je vaak vernederd. En het gevolg van die vernedering is niet, zoals het woord lijkt in te houden, dat je nederig wordt, maar integendeel dat je kwaad wordt. Die woede kan zich naar binnen richten, tegen jezelf, wat tot depressie leidt, of naar buiten, tegen de wereld, wat leidt tot asociaal gedrag.

Als het dus niet om winnen en verliezen gaat, wat is dan de beste manier om een kind te leren zich netjes en gepast te gedragen? In het algemeen is het een nuttige grondregel om je omgang met je kinderen in het heden te funderen en niet in wat je vreest dat de toekomst brengen zal.

Richt je op wat nu werkt in plaats van bang te zijn voor wat er later kan gebeuren

Een cliënt van me, Gina, liet haar dochter wennen aan vast voedsel. De enige manier waarop ze haar zover kreeg dat ze haar groente en spaghetti at, was een liedje voor haar te zingen terwijl ze op een speciaal matje midden in de kamer zat. Dan was het kind blij en omdat het voedsel binnen bleef, was mijn cliënt ook blij.

Soms maken we onszelf van alles wijs over de toekomst: stel dat ze alleen nog maar wil eten als er tegelijkertijd voor haar wordt gezongen? Stel dat ze nooit leert om in haar eigen bed te slapen? Stel dat ze nooit van haar knuffel af komt? Stel dat Meneertje Zompie mee naar kantoor moet op haar eerste werkdag? Alleen zijn dit soort verzinsels echt niet meer dan verzinsels. Stel dat in bovenstaand voorbeeld Gina had gedacht: ‘En als dit nu de enige manier wordt waarop mijn dochter nog wil eten? Stel dat ze altijd zal weigeren aan tafel te komen eten', dan had ze zich druk kunnen maken over, zeg, wat ze tussen de middag op school zou moeten, of in restaurants, of op haar eerste afspraakje zelfs. Neem nou maar van mij aan, bijna alles aan kinderen is een fase. Dus ga gerust mee in wat nu werkt, hoe maf dat misschien ook lijkt.

Volgens mij is de gewoonte om mee te gaan in wat nu het beste werkt voor iedereen ook heel handig als het om slapen gaat. Als de enige manier om iedereen een beetje slaap te bezorgen is dat je twee dubbele bedden tegen elkaar schuift en het hele gezin daar in opstapelt, maak je dan vooral niet druk om morgen: slaap liever vannacht eens een keer goed. Op den duur willen kinderen hun eigen bed. Ze worden jouw gesnurk beu.

Als iets opeens niet langer werkt, wordt het tijd een verandering door te voeren. Kies een verandering waar iedereen beter van wordt, of waarbij er in ieder geval geen winnaars en verliezers zijn. Als je zelf flexibel bent, pikken je kinderen dat ook gemakkelijker op.

De vaardigheden voor goed gedrag

Zoals ik al zei is jouw taak het goede voorbeeld te geven en je tegenover je kind en anderen vriendelijk en meelevend te gedragen in de hoop dat je kind dat van je zal overnemen. Daarnaast zijn er vier vaardigheden die we moeten ontwikkelen om sociale wezens te worden die zich passend gedragen.

Dat zijn:

1. In staat zijn frustraties te verwerken
2. Flexibiliteit
3. Probleemoplossende vaardigheden
4. Het vermogen dingen te zien en aan te voelen vanuit het perspectief van een ander

In het beschreven geval lukte het me om (1) mijn frustratie te verwerken dat Flo op een stoep wilde gaan zitten terwijl we naar huis terugliepen. Ik was (2) flexibel omdat ik mijn verwachtingen aanpaste over ons wandeltempo. Ik loste (3) het probleem op dat Flo even rust nodig had door haar die ook te gunnen en (4) ik gebruikte mijn vermogen om te zien hoe 'even uitrusten' eruitzag vanuit Flo's perspectief. Het lukte me zelfs de situatie vanuit het perspectief van de oude man te zien, waardoor ik me zowel tegen Flo als de oude man passend wist te gedragen.

Sommige kinderen pikken de vier vaardigheden voor sociaal gedrag vanzelfsprekend op, omdat ze automatisch de mensen om hen heen nadoen. Kinderen bereiken mijlpalen zoals deze echter allemaal op een andere leeftijd. Sommige kinderen kunnen lezen voor hun derde. Ik kon pas een beetje vlot lezen toen ik negen was. Sommigen hollen al rond als ze één zijn en anderen kruipen nog steeds liever als ze anderhalf jaar oud zijn. En net zoals fysieke vermogens op verschillende leeftijden worden aangeleerd, ontwikkelen kinderen al hun gedragsvermogens op een ander moment, vergeleken met leeftijdgenoten.

Ik hoor ouders nogal eens zeggen dat ze 'gek worden' van hun kinderen, wat zoveel betekent als: 'Ik kan mijn kind niet laten ophouden als het schreeuwt/huilt/jengelt/eist' of wat voor gedrag ook op hun zenuwen werkt. Als kinderen zich op een manier gedragen die jij niet passend vindt, kan dat volgens mij niet worden gezien als een keuze van hun kant, zoals een volwassene keuzes maakt. Kinderen willen dat je van ze houdt, ze zoeken contact, ze willen vriendjes worden. Soms willen ze zo graag je aandacht hebben dat negatieve aandacht van jou beter is dan helemaal geen aandacht.

Als je je eigen emoties in de hand wilt houden in het bijzijn van je kind helpt het als je de emotie en de omstandigheden doorziet die je kind ertoe brachten zich op een manier te gedragen waar jij niet echt mee kunt omgaan.

Sommige kinderen lijken van begin af aan moeilijk te doorgronden of te troosten. Het kan buikpijn zijn of een ander ongemak, zoals niet van felle lichten of herrie houden of een volle luier hebben of bang of moe zijn, of overgevoelig zijn en vele andere kwesties. Vaak hebben we geen idee waarom ze zo overstuur zijn, maar dat betekent niet dat we niet moeten proberen ze te troosten. Je kunt ook een kind hebben dat zich als baby te simpel laat troosten, maar later grote moeite heeft zichzelf enigszins in de hand te houden. Je kinderen troosten en aanvaarden in welke fase ze zich bevinden duwt ze vermoedelijk gemakkelijker vooruit naar de volgende fase dan wanneer je je geduld verliest.

Vaak raakt een kind gefrustreerd als de uitdaging om iets te doen te groot is en het kind dat niet aankan. Een kind raakt het meest gefrustreerd kort voordat het een nieuwe fase ingaat of een nieuw vermogen onder de knie krijgt. Ze zijn het kribbigst kort voordat ze kunnen lopen, praten, denken, schrijven, seksueel actief of onafhankelijk worden. Je kunt de ongepaste uitbarsting of woedeaanval of nukkigheid van je kind opvatten als een mijlpaal in diens ontwikkeling die nog net niet bereikt is, in plaats van als een geplande, bewuste interventie van je kind. Als je kinderen een woedeaanval ziet krijgen, vinden zij dat niet leuk. Niemand zou voor dat soort gevoelens kiezen als ze de keuze hadden.

Wat je ook vaak hoort is dat kinderen zich op een ongepaste manier gedragen omdat hun ouders laks zijn. Dat klopt niet: vele lakse ouders hebben kinderen waarvan het gedrag geen probleem is voor henzelf of anderen, en strengere ouders hebben soms kinderen die zich ongepast gedragen, hoe consequent en eerlijk hun moeders en vaders ook zijn. Of een kind zich gepast of ongepast gedraagt heeft soms niet zoveel te maken met de vraag of hun ouders streng of laks zijn, maar meer met de snelheid waarmee ze de vier vaardigheden oppikken: tolerantie voor frustratie, flexibiliteit, probleemoplossende vaardigheden en het vermogen rekening te houden met anderen.

Hoe je je op een gepaste in plaats van een asociale manier kunt leren gedragen, is niet bepaald een exacte wetenschap. Wat het ene kind ertoe brengt zich passend te gedragen kan bij een ander kind tot heel ander gedrag leiden. Kinderen zijn mensen, geen machines. We willen dat ze contact kunnen maken en relaties kunnen opbouwen in plaats van dat ze robots worden. Ik ben geen voorstander van stickers of beloningen voor goed gedrag omdat die meer gaan over het beoordelen van gedrag dan over contact leggen. Kinderen leren er geen tolerantie voor frustratie door, geen flexibiliteit, geen probleemoplossende vaardigheden of hoe ze zich kunnen inleven in andere mensen of met ze kunnen meeleven. Het gedrag van je kinderen bijhouden op een kaart is een vorm van manipulatie. Het zijn trucjes. Als we kinderen manipuleren, moeten we niet gaan klagen als ze daardoor leren om ons en anderen te manipuleren. Ik geef de voorkeur aan contact leggen met kinderen boven ze te conditioneren om stickers te willen.

Als we ons netjes gedragen, is dat zelden omdat we een beloning willen of omdat we bang zijn voor straf. We doen het omdat het vanzelfsprekend is dat we anderen met respect behandelen. We doen het omdat we hebben geleerd dat samenwerken tot meer harmonie leidt dan het tegenovergestelde. We doen andere mensen geen genoegen en we houden geen rekening met hun gevoelens omdat we bang zijn dat we anders op ons kop zullen krijgen: we helpen mensen omdat we het leven iets gemakkelijker voor ze willen maken. We willen dat onze kinderen zich respect- en gevoelvol gedragen en dat ze daar niet alleen maar toe komen vanuit kleingeestige opvattingen over straf en materiële beloning. Dat gezegd hebbende ken ik niet één ouder, inclusief mijzelf, die niet op enigerlei moment zijn kinderen probeert om te kopen, maar dat soort quasibeloningen moeten eerder uitzondering zijn dan regel.

De beste manier waarop je je kinderen in huis klusjes kunt laten doen, zoals het in- of uitruimen van de afwasmachine, is ze als peuter te laten spelen met alles waar ze maar zin in hebben (niet vergeten: spelen is werken). Als je meedoet met hun spelletjes, zullen ze je blijven nadoen en blijven meewerken, en na wat een heel lange tijd kan lijken heb je opeens iemand in huis die de afwasmachine leeghaalt omdat hij zelf ook iets wil doen, in plaats van dat hij is omgekocht om de vaatwasser te legen. Er zijn mensen die het een goed idee vinden om hun kinderen te betalen voor klusjes in huis, omdat ze zo de waarde van geld zouden leren kennen. Ik vind daarentegen dat als je een kind de waarde van geld wilt bijbrengen, je ze de waarde van mensen moet leren.

Kinderen leren hun gedrag aan de hand van hoe ze zelf worden behandeld. Ze leren echt 'alsjeblieft' en 'dankjewel' te zeggen als hun dankbaarheid en respect zijn betoond. Alleen dan kunnen ze het internaliseren. Als je je kinderen alleen drilt om dat soort dingen te zeggen, leren ze de bijbehorende gevoelens misschien wel nooit. We generen ons soms misschien als ouders wanneer ons kind een cadeau krijgt en geen dankjewel zegt, want we willen dat iedereen evenveel van ons kind houdt als wijzelf en dat gedrag ons niet wordt aangerekend. We moeten echter ons narcisme opzijschuiven, en in plaats van ons kind te vernederen door ze iets te laten zeggen wat ze misschien niet voelen, kunnen we beter zelf dankjewel zeggen voor het cadeau, zodat de gulle gever zich niet miskend voelt. Kinderen leren alleen wat oprechte dankbaarheid is als ze getoond wordt wat dat inhoudt. Het begint ermee dat je blij reageert op de namaak kopjes thee die ze je uren achter elkaar willen aanreiken. Dat zijn geen verspilde uren. Die uren vormen een investering.

Als ieder gedrag communicatie is, wat betekent ongepast gedrag dan precies?

Hoe kom je er nu achter wat de betekenis is van het ongewenste gedrag dat je kind vertoont? Denk eens aan de mindere momenten van jezelf. Ik weet dat ik niet op mijn best ben als de mensen om me heen me niet begrijpen en daar zelfs geen poging toe lijken te doen. Ik vind het een hele opgave me netjes te gedragen als ik iemands aandacht probeer te trekken en ze negeren me. Ik voel stress wanneer een verwachting of plan van mij misloopt als gevolg van zaken waarop ik geen invloed heb, als ik iets verwacht te kunnen dat onmogelijk blijkt te zijn of als ik in een situatie zit die ik niet langer aankan. Als je kind zich uit frustratie laat gaan, komt dat vermoedelijk door vergelijkbare omstandigheden. Zij gaan dan misschien huilen of mokken of gillen, trappen, slaan, met dingen smijten of zelfs met zichzelf smijten waardoor ze zichzelf kunnen verwonden.

Onthoud wanneer ze zich zo gedragen. Wat zwengelt de reactie aan? Wat voor frustratie vinden ze het moeilijkst om mee om te gaan? Draagt jouw eigen stemming daaraan bij? Jij moet degene zijn die observeert, want als je het aan hen vraagt, weten ze misschien niet waarom ze zo hebben gereageerd. Ze zeggen vermoedelijk iets als ‘Het is niet eerlijk’ of zelfs ‘kweenie’.

Het probleem is dat als we van slag zijn, dat gevoel zo overheersend is dat het moeilijk te verwoorden valt. En als een kind nog heel jong is, is het nog lastiger te verwoorden waarom ze bepaalde situaties moeilijk vinden of onmogelijk te verdragen. Dat geldt trouwens niet alleen voor kinderen, maar soms ook voor ouders. Laten we het volgende voorbeeld nemen. Het gaat om een e-mail die ik kreeg van Gina, die een dochter in de crècheleeftijd had, met de naam Aoife.

> Ik had vandaag een uur vertraging op de trein uit Londen, zodat ik Aoife pas kon ophalen om 17.40 uur, meer dan een halfuur te laat. Het ging heel goed met haar toen ik arriveerde, ze was leuk met een jongetje aan het spelen.
> Maar zodra we vertrokken, begon ze me toch... ik zeg dit hardop omdat ik er zo over denk... stout te doen. Ze holde de gang op en neer en gilde 'nee, nee, nee!' toen ik haar vroeg haar jas aan te doen. Ik leek al mijn gezag kwijt te zijn, alsof ze in rondjes om me heen holde. Ik schaamde me dood voor de andere ouders. Om toch maar te doen of ik de boel in de hand had, zei ik tegen haar dat ze vanavond geen toetje zou krijgen als ze zo doorging... maar dat hielp natuurlijk voor geen meter.
> Geen enkel ander kind gedraagt zich zo op de crèche. Aoife lijkt altijd de enige stouterik te zijn. Eenmaal buiten bleef ze niet te harden. Ze wilde niet in de buggy gaan zitten, ze wilde geen muts of handschoenen aan. Ik moest nog langs de drogist, maar ze wilde mijn hand niet vasthouden en begon toen dingen van de planken te trekken. Bij de balie begon ze te schreeuwen en te gillen. Toen ik haar toch in de buggy probeerde te zetten, werd het bijna een worsteling, terwijl zij het op een schreeuwen zette. Opnieuw leek ze over me heen te lopen en voelde ik me nutteloos omdat mijn kind stout was en ik daar niets tegen kon doen.
> Toen ik onze straat inliep, realiseerde ik me dat door al die vruchteloze pogingen Aoife in haar jas te hijsen ik mijn

boodschappentas met het avondeten in het halletje van de crèche had laten staan. Ik holde terug, maar de boel zat al potdicht. Ik voelde me wanhopig worden. Ik was zo boos op Aoife, bozer dan ik ooit eerder op haar ben geweest, want nu zou men mij op de crèche nog onnozeler gaan vinden en een bar slechte ouder.
Toen we thuiskwamen en ik mijn partner zag, barstte ik in tranen uit. Ik stond met mijn rug naar Aoife hardop te snikken. Dat vond ik ook vreselijk, want wie huilt er nu in het bijzijn van zijn kind? Waarom ben ik zo'n slechte ouder?

Dit schreef ik haar terug:

Wat vervelend dat je een heel uur te laat was door een treinvertraging. Als het mij was overkomen, zou ik me zo gestrest en gefrustreerd en ellendig hebben gevoeld bij het afschuwelijke idee dat ik mijn kind nu veel te laat van de crèche zou oppikken. Ik zou doodsbenauwd zijn dat de crèche zou denken dat ik onverschillig was, omdat ik pas zo laat kwam opdagen. Ik zou me zorgen maken dat mijn dochter zich ook zorgen zou maken. Ik weet maar al te goed hoe overstuur ikzelf kan raken bij zoiets, ik ben dan op van de zenuwen en alles moet verder gladjes verlopen vóór ik mijn routine hervind. Ik wil de boel dan zo snel weer op orde hebben dat ik niet meer in staat ben me af te vragen wat er door Aoife heengaat. Ik zou haar ook hebben gedwongen zich netjes te gedragen, omdat ik geen greintje emotionele energie meer over had om mezelf af te remmen en te ontdekken wat Aoife ervan vond of te bedenken hoe ik haar zou kunnen troosten. Ik zou het vreselijk vinden dat andere mensen niet zagen hoeveel we van elkaar hielden en hoe goed we samenwerkten, maar in plaats daarvan mijn kind een woedeaanval zagen krijgen en ik blijkbaar niet in staat was daar iets tegen te doen. (Ik kan hieraan toevoegen, nu ik van een afstandje terugkijk op die peuterjaren, dat ons dit allemaal weleens is overkomen.) Ik zou me heel rot voelen, omdat ik was gaan dreigen. En daarna de boodschappen vergeten – het zou me echt allemaal teveel zijn geworden. Ik zou ook in tranen zijn uitgebarsten in de veilige armen van iemand die me kent en van me houdt.

Nu ga ik proberen te bedenken hoe het voor Aoife was:

Hoi mams. Ik kan nog niet schrijven, en zelfs praten gaat nog niet zo goed, maar als ik mezelf kon verduidelijken zou ik het volgende zeggen:
Het zou echt schelen als je me niet 'stout' zou vinden en me op die manier zou wegzetten, maar in plaats daarvan zou proberen te bedenken wat er tussen ons speelde.
Op de crèche werd ik onrustig omdat je er volgens mij al had moeten zijn, en ik dus bij jou had moeten zijn. Toen je eindelijk kwam, zat ik net een ingewikkeld spelletje te doen. Je zei dat we meteen weg moesten en dat ik mijn jas moest aantrekken. Toen zei ik: 'Nee.' Toen drong je aan en begon ik te schreeuwen en toen was jij niet blij. Dat ging niet goed.
Laten we eens bekijken waarom ik 'nee' zei. Ik heb me aangeleerd dat te zeggen als dingen me te snel gaan en ik dat een beetje wil afremmen. Ik doe niet opzettelijk moeilijk of manipulatief, maar dat is gewoon een automatisme omdat ik een hekel heb aan plotselinge veranderingen waar ik niet op bedacht ben. Jij was er zo met je hoofd niet bij en had ook zo'n haast dat ik geen contact met je kreeg en dat maakt me dan bang, en als ik bang word, word ik

ook boos. Jij loopt voortdurend te denken aan wat er straks nog moet gebeuren, maar ik leef in het nu en ik wil dat jij met mij in het nu leeft, anders voel ik me alleen en raak ik overstuur.

Toen je te laat was, wilde ik dat je even rust nam om me uit te leggen hoe dat kwam. En dat je me daarna zou uitleggen wat we nu gingen doen, zodat ik dat alvast wist. Ik heb nog niet geleerd om flexibel te zijn, dus heb ik meer tijd nodig dan jij om van het een op het ander over te schakelen. Mijn jas aandoen én ophouden met waar ik net middenin zat was te veel tegelijk voor mij. Ik durf te wedden dat als jij aan iets heel ingewikkelds zat te werken – want dat is spelen voor mij – jij ook gefrustreerd zou raken als iemand daar doorheen walste.

Als je wilt dat ik ergens mee ophoud, of het nu spelen of rondhollen of wat dan ook is, moet je me eerst even waarschuwen. Ik heb voor elke activiteit zo'n waarschuwing nodig: om met spelen te stoppen, om mijn jas aan te trekken, om in de buggy te gaan zitten. Ik heb telkens wat tijd nodig om dat te kunnen verwerken. Zeg me wat je van plan bent zodra je dat weet en geef mij dan de kans dat te verwerken en te begrijpen. Misschien moet je vijf minuten van tevoren waarschuwen dat ik met spelen moet stoppen en moet je dan zeggen dat ik dat misschien moeilijk vind. Daarna wil ik een waarschuwing dat ik over drie minuten moet stoppen. En daarna een voor over één minuut. En als ik daarna dan niet gelijk mijn jas wil aantrekken, neem je de jas mee naar buiten en vraag je me daar om hem aan te trekken. Wat ik echt een nare overschakeling vind is als ik aan het rondrennen ben en dan opeens in het wagentje moet zitten. Dan kan ik nergens heen met al die energie en barst het uit frustratie zomaar naar buiten.

Het helpt niet als je tegen me zegt dat ik geen 'nee' mag

zeggen of niet meer mag rondhollen of schreeuwen en dan vertelt wat de consequenties zullen zijn. Dat komt omdat ik nog niet heb leren vooruitkijken en de mogelijke gevolgen kan overzien van mijn gedrag. Die zenuwbanen komen heus wel in actie als het zover is. Maar als je me nu afkapt, denk ik dat je me niet begrijpt en word ik nog banger en bozer en moet ik nog een keer 'nee' zeggen. Als het me allemaal te veel wordt, kan ik niet stil en rustig blijven. Wat zou helpen is als jij me mijn probleem helpt duidelijk maken op een manier die ik kan snappen. Je kunt bijvoorbeeld zeggen: 'Je voelt je gefrustreerd omdat je niet wilt stoppen met dit leuke spelletje.' Door mijn frustraties en angsten voor mij in woorden om te zetten, leer ik zelf ook woorden te gebruiken. Dan kan ik beter communiceren en raak ik minder snel overstuur.

Als je kregelig wordt of tegen me zegt dat ik me aanstel, gaan bij mij de luiken dicht en ga ik gillen. Ik snap dat als je gestrest en gehaast bent, het lastiger voor je is je in mij in te leven dan om me te dwingen te doen wat er van me wordt gevraagd. Maar als we een persoonlijk gesprek hebben waarin ik me serieus genomen, geliefd en begrepen voel, voel ik me rustig en barsten mijn gevoelens niet meer naar buiten in de vorm van ongewenst gedrag.

Als je me bij de drogist had verteld wat je dacht en deed, had ik je kunnen helpen. Maar omdat je alleen zei dat ik me moest gedragen, deed ik jou na en pakte ik dingen uit de rekken. Betrek me alsjeblieft in wat je doet, ook als je denkt dat daar geen tijd voor is. Het gaat je sowieso tijd kosten, al besteed je die nu aan een strafpreek.

Ook toen je zo moest huilen hield papa van je en knuffelde hij je. Wat aardig van hem dat hij er begrip voor had dat je de boodschappen was vergeten. Dat heb ik ook nodig. Als we op de crèche even geknuffeld hadden toen ik van streek

was omdat ik moest stoppen met spelen, was het volgens mij allemaal een stuk gemakkelijker gegaan. Mams, omdat je weet dat jij en ik voor altijd bij elkaar zullen horen, lijkt het soms of je je meer zorgen maakt over hoe anderen tegen je aankijken. Ik snap dat wel, maar het helpt niet als je jezelf door hun ogen gaat zien en beoordelen.
Binnenkort, mams, kan ik frustraties wel aan, kan ik flexibel zijn in wat er te gebeuren staat, ben ik in staat mijn gevoelens te verwoorden in plaats van me tegendraads te gedragen en zal ik ook leren rekening te houden met jouw gevoelens, omdat ik dat zal leren als jij aan die van mij denkt.
En maak je niet druk over of je wel een goede ouder bent.
Je bent de beste mama van de wereld en de enige die ik mijn leven lang wil hebben.

Investeer je tijd eerder op een positieve manier, niet later op een negatieve manier

Het ouderschap gaat een boel tijd kosten. Het is beter die tijd positief te gebruiken door moeilijkheden te voorkomen dan negatief als er al moeilijkheden zijn ontstaan. Als jouw tempo hoger ligt dan dat van je kind, als je hun gevoelens niet voor hen uitspreekt, als je ze niet waarschuwt wat je van plan bent, als je ze niet laat meehelpen met wat je doet, zal je merken dat je de tijd die je daarmee dacht te besparen kwijt bent aan het standjes geven. Je moet hoe dan ook tijd in je kind investeren, dus waarom zou je dat niet op een leuke manier doen? Ik kan gelukkig melden dat toen Gina leerde het iets langzamer aan te doen, contact te houden met Aoife door in het hier en nu te blijven en situaties vanuit haar standpunt te zien en ze in eenvoudige woorden voor haar uit te spreken, Aoife veel gemakkelijker werd in de omgang.

OEFENING: HOE VOORSPEL JE MOEILIJKHEDEN

Als je een situatie wilt aanpakken waar je kind het vaak lastig mee heeft, of je weet dat er een potentieel riskante situatie aan zit te komen, kan het helpen om even halt te houden, je voor te stellen hoe het voor je kind moet zijn en te bedenken wat zij zouden zeggen als ze hun gevoelens konden herkennen, verwoorden – en wisten wat zou helpen. Probeer eens een brief aan jezelf te schrijven vanuit het standpunt van je kind of baby, zoals ik hierboven heb gedaan. Door het op te schrijven kun je je beter in je kind verplaatsen – en wordt misschien duidelijk hoe jullie allebei een rustiger tijd kunnen hebben.

Gevoelens onder woorden helpen brengen

Wanneer we een kind (of wie dan ook!) bepaald gedrag willen afleren, helpt het als we hun een alternatief aan de hand doen, zoals in het volgende voorbeeld.

Johns zoon Junior van vier begon iedere ochtend na het ontwaken te blèren, holde naar de slaapkamer van zijn ouders en bleef tegen ze krijsen tot ze hem een knuffel gaven.

Op een ochtend stelde John zijn zoon voor het eens anders te doen en bijvoorbeeld hun slaapkamer binnen te hollen zonder gekrijs. Hij zei tegen Junior: 'Je kunt gewoon zeggen: "Goeiemorgen mama en papa, ik voel me zo alleen, mag ik een knuffel, alsjeblieft?"' Dit veranderde de boel op slag. Junior stuiterde iedere ochtend de slaapkamer in, sprak zijn nieuwe zin en kreeg een dikke knuffel.

Na een paar dagen zeiden zijn ouders: 'Je lijkt je niet meer zo alleen te voelen. Je mag ook gewoon gelukkig zijn en dan krijg je nog steeds een dikke knuffel!' Zo kreeg Junior ten slotte een nieuwe ochtendzin: 'Het gaat goed met me en ik wil een knuffel.'

Het verhaal van John en Junior laat zien hoe het verwoorden van gevoelens daar daadwerkelijk een nieuwe draai aan kan geven. Dat geldt trouwens ook voor volwassenen.

Het kan moeilijk zijn om als ouder de gevoelens van je kind achter al zijn tranen en gekrijs onder ogen te zien, want je wilt niet denken dat je kind ongelukkig is. Als je dat leed benoemt, denk je misschien dat het daar erger door wordt, maar dat is niet zo, vaker helpt het juist. Het kost tijd om iets onder woorden te brengen, maar als kinderen over hun toeren zijn, vinden zij het nog veel moeilijker om die woorden te vinden, dus dat is dan aan jou.

Toen Flo nog een peuter was, ging ik vaak met haar naar een zwembad hier in de buurt. Op een dag kon ik niet, dus nam mijn man haar mee zwemmen. De zwempartij verliep voorspoedig, tot het tijd was om naar huis te gaan en mijn man de trap naar de uitgang wilde oplopen. We gingen meestal via die trap naar het zwembad, maar weggaan deden we met de lift. Dus Flo, toen 22 maanden oud, zei 'nee' en ging op de grond zitten.

Dat was ongewenst gedrag. Het past in de gebruikelijke definitie van 'slecht' gedrag, maar Flo gedroeg zich niet slecht, ze wilde alleen dat het zo ging als altijd. Ze had nog niet geleerd flexibel te zijn of hoe ze duidelijk kon zeggen wat ze op het hart had. In plaats van de tijd te nemen om erachter te komen waar dat 'nee' opeens vandaan kwam, pakte mijn gehaaste, getergde echtgenoot haar in zijn armen en droeg haar de trap op, maar dat wilde ze echt helemaal niet, dus begon ze te krijsen. Tegen de tijd dat ze thuiskwamen, waren ze geen van beiden meer te harden. Na het verhaal te hebben aangehoord, keek ik Flo in haar grote blauwe ogen, waar de tranen nog uit biggelden, en zei: 'Je wilde graag op de liftknop drukken, niet?' Ze knikte. 'En papa wist niet waarom jij met de lift wilde in plaats van met de trap, toch?' Ze schudde haar hoofd.

Wat wij hiervan leerden is dat als je van de vertrouwde, geliefde routine afwijkt, je vermoedelijk vooraf veelvuldig daarvoor moet waarschuwen, je fantasie moet gebruiken en misschien zelfs een paar keer moet oefenen.

Als uitleg niet meer helpt

Ik was zo gelukkig te kunnen raden wat er mis was gegaan. Vaak beland je echter in een situatie en heb je echt geen idee. Misschien heb je je kind meegenomen naar iets waarvan je dacht dat ze het heel leuk zou vinden, zoals zwemmen, maar eindigde het in tranen en lijkt het onmogelijk om erachter te komen waarom dat zo is.

Het spreekt vanzelf dat je het liefst zekerheid hebt over de reden dat een kind huilt of schreeuwt of weigert nog een stap te verzetten – want anders, denk je, heb je de boel niet in de hand – maar er is niets mis mee om het niet te weten en nieuwsgierig te blijven. De verklaring waar ouders meestal op terugvallen is: ‘Och, dat komt omdat ze zo moe zijn.’ Soms is dat inderdaad een factor, maar soms ook niet. Ik herinner me uit mijn eigen jeugd dat ook vaak gehoord te hebben en dat ik daar alleen maar bozer van werd, omdat het niet weerspiegelde wat ik voelde en het idee had dat men mij niet begreep. De ‘beetje moe’-verklaring is populair bij ouders, maar ik denk dat wij wel weten wie er echt een beetje moe is, en dat is niet het kind!

Er bestaat een aantal andere interpretaties van ongepast gedrag van kinderen die een schadelijk effect hebben als zij ze horen. Zodra je die bij jezelf herkent, ben je al begonnen de schade te herstellen.

‘Dat doen ze alleen om aandacht te trekken’

Iedereen wil aandacht, hoe oud je ook bent. Als een kind vanzelf al genoeg aandacht krijgt en op aandacht kan rekenen als dat nodig is, zal het geen ongewenst gedrag vertonen om het te krijgen. Als het zo is dat je kind iets vervelends doet om aandacht te krijgen, vraag ze dan om daar liever gewoon om te vragen.

Mijn dochter vroeg me vroeger weleens om een appel terwijl ze daar eigenlijk geen trek in had. Wat ze wilde, was dat ik daar blij mee zou zijn en haar stralend zou aankijken. Toen me opviel dat de meeste appels die ik haar gaf onaangeroerd bleven, snapte ik het opeens en vroeg haar in het vervolg gewoon om aandacht te vragen. Dit werd een leuk spelletje van ons tweetjes, en kostte ook veel minder appels. En zij hoefde zich niet te schamen dat ze iets wilde wat wij allemaal weleens nodig hebben: aandacht.

'Ze proberen me te manipuleren'

Peuters zijn nog niet in staat om iets met voorbedachten rade te doen: ze zijn gewoon zichzelf en zitten echt niet te bedenken hoe ze jou kunnen dwarszitten. Baby's en kinderen zijn hun gevoelens, maar hebben nog niet geleerd die gevoelens te observeren en te bedenken wat ze willen en daar dan om te vragen. Daar moet je ze een handje bij helpen.

Als je kind een krijsaanval heeft en misschien zelfs schopt of met zijn hoofd tegen de muur slaat, voeren ze geen van tevoren bedachte strategie uit, maar vallen ze samen met hun gevoelens en hebben ze hulp nodig die op een passender manier te uiten. Dat lukt op den duur vanzelf.

Als je de indruk hebt dat een ouder kind een spelletje met je speelt en hun driftbui meer op amateurtoneel lijkt dan op een echte woedeaanval, kun je zeggen hoe hun gedrag op jou overkomt en hardop uitspreken wat zij je duidelijk proberen te maken. Bijvoorbeeld: 'Je maakt de indruk dat je mij zo ver wilt krijgen dat je van mij je huiswerk niet hoeft te maken. Ik snap dat je je misschien wat eenzaam voelt als je dat in je eentje moet doen. Ik kom er gezellig naast zitten.'

'Het lukt ze steeds weer om me op de kast te krijgen'

Dat jij het niet leuk vindt hoe je kind reageert uit frustratie, wil nog niet zeggen dat ze enig benul hebben van het effect daarvan of dat effect incalculeren. Mijn dochter probeerde me niet op de kast te jagen toen ze op de stoep ging zitten nadat we boodschappen hadden gedaan, al ergerde ik me daar aanvankelijk wel aan. Ze probeerde ook haar vader niet op de kast te krijgen toen ze in het zwembad op de grond plofte: ze kon simpelweg nog niet verwoorden wat ze wel wilde. Kinderen leren de woorden voor hoe ze zich voelen of wat ze willen alleen maar als wij hun die aanreiken. En nu we het er toch over hebben: het is een stuk lastiger om die woorden te leren dan bijvoorbeeld om een koekje te vragen, helemaal als de emoties hoog oplopen.

'Er is iets mis met ze'

Sommige kinderen hebben meer moeite zich sociale vaardigheden aan te leren dan andere. Sommigen kost het wat langer om tegenslagen te leren verwerken. Sommigen hebben meer tijd nodig om flexibel te worden en zelfstandig problemen op te lossen. Dit kan problemen geven, zowel voor hen als voor jou. De meeste mensen zullen denken dat pardoes gaan zitten en een keel opzetten als je alleen maar de trap op moet in plaats van de lift te nemen nog wel kan als je een peuter bent, maar als je al zes of zeven bent? De meeste mensen vinden dat je daar dan zo langzamerhand overheen moet zijn gegroeid. Sommige kinderen hebben echter net iets meer hulp nodig om te leren inzien wat ze voelen en hoe ze die gevoelens op een passende manier kunnen uiten of ombuigen. Wat echt helpt is als er iemand is die hun gevoelens goed voor ze weet te verwoorden, jij namelijk.

Je zult er niet altijd achter komen wat er precies aan de hand is, maar als je aardig blijft en niet streng gaat doen als ze het even niet meer weten, is dat bevorderlijk voor jullie samenwerking en onderlinge verstandhouding in de toekomst, in plaats van die te verstoren.

Als je hulp nodig hebt of gerustgesteld moet worden over het gedrag van je kind omdat ze schijnbaar langer in een bepaalde fase blijft steken dan haar leeftijdgenoten, kun je te rade gaan bij een gezinstherapeut of sociaal werker. Je huisarts of de school kan je helpen de hulp te vinden waar jij behoefte aan hebt. Daar kan een diagnose uit komen, wat voor jou misschien een hele opluchting is en het zal je helpen meer hulp en ondersteuning te vinden.

Het nadeel van een diagnose is dat dat ogenschijnlijk een eindoordeel is, een eindpunt. Dat wil zeggen dat het een eind kan maken aan het observeren en proberen te doorgronden van de gevoelens achter een bepaald soort gedrag. Een diagnose kan een excuus worden voor dat gedrag. En het gevaar van zo'n etiket is ook dat je kunt gaan denken dat dat nooit meer overgaat of beter kan worden, waardoor je alle hoop daaromtrent verliest.

Nog erger is dat hierdoor soms een situatie gemedicaliseerd wordt, terwijl dat nergens voor nodig is. Neem ADHD. Wat blijkt: bij kinderen die in augustus zijn geboren, constateert men vaker ADHD dan bij kinderen uit september. Volgens mij laat dit zien dat specialisten vaak eerder geneigd zijn om kinderen die in augustus zijn geboren een ziektebeeld toe te schrijven dan te bedenken dat ze iets minder ver ontwikkeld zijn dan hun klasgenoten die bijna een jaar ouder zijn. Dit wil niet zeggen dat alle medicatie die bedoeld is om ongewenst gedrag te onderdrukken slecht is, maar wel dat je daar pas in allerlaatste instantie toe moet besluiten.

Als je denkt dat je totaal niet kunt omgaan met het gedrag

van je kind, zoek dan liefst zo snel mogelijk hulp, want hoe langer we vastgeroest zitten in gewoonten die de relatie met ons kind in de weg zitten, hoe meer tijd het zal kosten om die te ontrafelen.

Hoe streng moet je zijn als ouder?

Er zijn drie manieren waarop doorgaans wordt geprobeerd het gedrag van kinderen aan te sturen: 1. streng zijn, 2. laks zijn en 3. samenwerken.

1 Streng zijn is voor de meesten van ons vermoedelijk de meest geijkte manier om een kind enige discipline bij te brengen. Het doel ervan is de wil van de volwassene op te leggen aan het kind. Je eist bijvoorbeeld van je kind dat het zijn kamer opruimt en straft het als het dat niet doet. Niemand vindt het echt prettig om iemand anders' wil opgelegd te krijgen en kinderen zijn daarin geen uitzondering. Sommige kinderen lijken zich daarnaar te voegen, maar lang niet alle kinderen doen dat. Deze aanpak leidt tot impasses, machtsspelletjes en vernedering en woede. Het gevaar is dat je eigenlijk iets aan het kweken bent als zelf 'altijd gelijk willen hebben', 'inflexibel zijn' en een lage tolerantiedrempel houden voor frustraties. Door je wil aan kinderen op te leggen, leer je ze misschien ongewild altijd hun hakken in het zand te zetten en niet-meegaand en snel gekwetst te zijn.
Dan kun je in een spiraal belanden van wederzijdse inflexibiliteit, anders gezegd, van impasses en schreeuwpartijen of zelfs het afkappen van iedere vorm van communicatie onderling. Dat is geen fijne langetermijnstrategie voor een ontspannen relatie met je kind. Dit wil niet zeggen dat je nooit mag zeggen: 'Speelgoed in de doos, nu!' zolang

dat maar een uitzondering is in hoe jullie met elkaar communiceren en niet de regel.
Als je je het liefst autoritair opstelt tegenover je kinderen, bestaat ook het risico dat ze een verwrongen relatie met elke vorm van autoriteit krijgen. Mogelijk leren ze dan nooit het gezag van een ander te aanvaarden of de leidersrol op zich te nemen, of misschien kweek je juist een dictator in spe. Kortom, voortdurend je wil aan je kind opleggen is geen goede manier om je kind enig moreel besef bij te brengen of te leren samenwerken, en het helpt je ook niet een fijne relatie met ze te hebben.

2 Laks zijn houdt in dat je nooit aan je kind duidelijk maakt wat je van ze verwacht of normaal vindt. Als ouders geen grenzen stellen komt dat vaak omdat ze zich verzetten tegen een manier van opvoeden waarbij uit angst ieder gevaar wordt gemeden, of het is een reactie op hun eigen autoritaire opvoeding. Sommige kinderen zijn misschien in staat zelf te bedenken wat ze normaal vinden of van zichzelf verwachten, maar dat lukt niet iedereen. Kinderen die niet weten wat er van ze wordt verwacht, kunnen zich verloren en onveilig voelen. Als wij als ouders te krampachtig proberen om vooral niet te doen wat onze eigen autoritaire ouders deden, slaan we soms te ver door naar de andere kant en stellen helemaal geen grenzen meer. Welbeschouwd reageren we dan nog altijd meer op onze ouders dan op de situatie in het hier en nu.
Toch is laksheid niet alleen maar slecht: soms is het wel degelijk de beste oplossing. Soms is het domweg een goed idee om de verwachtingen die je omtrent je kind had los te laten, omdat ze er nog niet klaar voor zijn. Je oudste kind vond het bijvoorbeeld een fluitje van een cent om de boel te leren opruimen, maar je jongste kind heeft geen idee waar ze moet beginnen. Dan kun je beter niet de strijd

aanbinden met je kind, want daarbij zal niemand winnen en het verpest bovendien de sfeer. Je kunt beter je verwachtingen bijstellen, omdat je kind er simpelweg nog niet aan toe is. Dan vraag je dus gewoon niet of ze het speelgoed willen opruimen. Dat betekent niet dat je de moed opgeeft, maar dat je er bewust voor kiest pas grenzen te stellen als je kind dat aankan. Laksheid kan een positieve kortetermijnoplossing zijn, tot je kind klaar is voor de gezamenlijke aanpak.

3 De 'gezamenlijke aanpak' houdt in dat jij en je kind de koppen bij elkaar steken en samen het probleem oplossen, waarbij jij eerder fungeert als raadgever dan als huistiran. Dit is mijn favoriete benadering, want hierbij zoek je in gezamenlijk overleg een oplossing voor het probleem. Wat houdt de gezamenlijke aanpak nu precies in en hoe gaat die in zijn werk?

1 Maak het probleem begrijpelijk door jezelf begrijpelijk te maken. 'Ik wil dat je kamer netjes is en ik wil dat jij hem opruimt.'
2 Zoek uit welk gevoel er achter het gedrag schuilgaat. Je kind kan hier soms wel wat hulp bij gebruiken. Bijvoorbeeld: 'Vind je het niet eerlijk dat jij je kamer moet opruimen terwijl je vriendin die troep heeft gemaakt?' 'Vind je dit een te zware opgave en ben je bang dat het eindeloos duurt om alles te sorteren?'
3 Affirmeer die gevoelens. 'Ik snap dat het niet eerlijk lijkt.' Of: 'Een grote klus kan in het begin kolossaal lijken.'
4 Denk samen na over een oplossing. 'Toch moet je kamer worden opgeruimd. Wat is volgens jou de gemakkelijkste manier om dat te doen?'
5 Volg al deze stappen en herhaal elke stap die niet duidelijk is overgekomen.

En vel geen oordeel over je kind.

Stap 2 kan lastig zijn, omdat het moeilijk kan zijn iets te zeggen dat je niet wilt bekrachtigen, maar als je een gevoel dat je misschien niet aanstaat níét erkent, wordt de kans alleen maar groter dat je kind op zijn strepen gaat staan. Omdat je kind misschien niet alles kan verwoorden wat het voelt, moet je wellicht een multiplechoicebenadering volgen om te ontdekken welke gevoelens hier meespelen, zoals in het voorbeeld hierboven.

Als je eenmaal weet wat er in ze omgaat, kun je het probleem opnieuw inzichtelijk maken, maar niet zo: 'Je kamer is een puinhoop en je kunt het maar beter opruimen of ik gooi al je speelgoed weg.' Dat is kleineren en dreigen en leidt tot wrok. Leef liever mee met je kind. Dat moet je oefenen en druist soms tegen je gevoel in, maar kinderen leren alleen rekening met anderen te houden wanneer ook hun eigen gevoelens serieus worden genomen.

Als je samen brainstormt over mogelijke oplossingen, is het belangrijk je kind daarin het voortouw te laten nemen en niet meteen alles wat ze suggereren af te wijzen. Stel, ze komen met deze oplossing: 'We kunnen mijn kamer gewoon zo laten.' Probeer dan dit eens: 'Ja, dat zouden we kunnen doen. Maar al lijkt jou dat misschien een fijne oplossing, ik heb daar toch een probleem mee. Ik vind een rommelige kamer niet alleen vervelend, maar ook lastig om schoon te maken en je gewassen kleren in neer te leggen. Kun je nog iets anders bedenken?' 'Niet echt.' 'Dat is ook goed. We hebben geen haast, neem alle tijd.' Het is belangrijk niet altijd de slimste te willen zijn die alle antwoorden paraat heeft, want dan maak je je kind machteloos. 'Ik kan nu het speelgoed opruimen, dan even uitrusten en dan kun jij me helpen met de kleren, want ik vind opvouwen zo moeilijk.' 'Oké, klinkt goed. Kom me maar halen als het tijd is om je kleren op te vouwen, dan bekijken we dan wel hoe we dat gaan aanpakken.'

Als je zelf autoritair bent opgevoed, vind je dat misschien de ideale aanpak. Dan komt de gezamenlijke methode vermoedelijk nogal omslachtig over. Waar het hier echter om gaat is dat niet alleen de kamer wordt opgeruimd, maar dat jullie beiden oog hebben voor de gevoelens van de ander en dus zorg dragen voor jullie onderlinge relatie, compromissen leren sluiten en gezamenlijk een probleem leren aanpakken. Het eigenlijke werk van het opvoeden zit 'm niet in het schoonmaken, maar in het er voor je kinderen zijn en ze te helpen in hun ontwikkeling. De gezamenlijke methode helpt om ze de essentiële vaardigheden bij te brengen voor sociaal gedrag, namelijk: met frustraties kunnen omgaan, flexibiliteit, probleemoplossend vermogen en empathie.

Nog iets over woedeaanvallen

Als een kind een woedeaanval heeft, vinden ze dat zelf ook niet leuk. Het overkomt ze, maar niet omdat ze dat willen. Het is in de meeste gevallen geen vooraf bedachte tactiek: kinderen vallen samen met hun gevoelens, hun frustratie, hun woede en hun verdriet.

Wat voor woedeaanvallen geldt, geldt voor elk ander gedrag dat je niet aanstaat: vraag jezelf steeds af welke gevoelens hier naar buiten komen. Welke gevoelens gaan er schuil achter het gedrag? Heb je dat eenmaal bedacht, erken en affirmeer die gevoelens dan. Zeg bijvoorbeeld: 'Je bent boos, omdat je geen ijsje mocht vlak voor het middageten.' Is de rust eenmaal hersteld, praat er dan met kinderen over zodat ze een acceptabele manier kunnen vinden om hun gevoelens te uiten. 'Je kunt ook gewoon zeggen dat je boos bent als ik je niet geef wat je wilt. Dan versta ik je ook beter dan wanneer je schreeuwt.'

De driftbui van een peuter kan bijvoorbeeld voortkomen uit frustratie. De peuter zal niet hebben gekozen voor die woedeaanval, maar erdoor zijn overvallen. Als ze er eenmaal middenin zitten, vergeten ze soms zelfs wat ze dwarszat. Het verboden ijsje is achter de horizon verdwenen en ze zijn alleen nog maar wat ze voelen. Het beste is volgens mij ze niet in hun eentje te laten schreeuwen, maar in gesprek met ze te blijven. Al zeg je maar als ze even ademhalen: ‘Ach, ach, het valt allemaal niet mee.’ Dat is al genoeg om ze te laten weten dat ze niet alleen zijn met hun woede. Niemand vindt het leuk om in zijn eentje te dansen, zelfs al is het een oorlogsdans. Dat is misschien anders wanneer jij, vanuit het standpunt van je kind gezien, ze expres niet lijkt te willen begrijpen en dát de reden van hun woede is, of als jij je eigen gevoelens niet in de hand kunt houden. Toch vind ik het niet prettig als een kind noodgedwongen in zijn eentje diep ongelukkig zit te zijn.

Het helpt om het gevoel te benoemen dat schuilgaat achter de woedeaanval: ‘Je bent echt boos, hè?’ Als ze overstuur zijn, moeten ze worden getroost: ‘Ik vind het naar dat je zo verdrietig bent.’ Dat staat niet per se gelijk aan ze hun zin geven, want dat is misschien niet mogelijk of wenselijk. Misschien huilen ze wel omdat ze niet naar de maan kunnen vliegen of tussen de haaien mogen zwemmen.

Wat je kunt doen is de situatie vanuit hun standpunt bekijken en ze troosten omdat ze hun zin niet krijgen, in plaats van ze te straffen of af te wijzen omdat ze iets willen wat jij ze niet wilt of kunt geven. Kinderen leren hun emoties in de hand houden wanneer ze met die gevoelens terechtkunnen bij iemand die ze begrijpt, die rustig blijft, die ze niet beschaamt omdat ze zich zo voelen en gedragen, en die hun gevoelens nooit overdreven vindt. En die iemand ben jij natuurlijk.

Ouders zijn volgens mij soms zo bang voor driftbuien dat ze geen grenzen stellen uit angst er eentje te veroorzaken. Ik denk dan aan ouders die ik op één arm een kind zie dragen, terwijl ze in de andere hand zware boodschappentassen en een autoped meezeulen. Ik zou zelf liever een woedend kind troosten dan de hele dag met een autoped rond te moeten sjouwen, maar we hebben allemaal onze eigen grenzen, dus waar bemoei ik me mee.

Geen mens is er beter van geworden als een ander ze liet voelen dat ze zich moesten schamen of dom waren. Je kunt je kind enigszins kalmeren als ze door het lint gaan door ze stevig vast te houden en soms door dicht bij ze te blijven, op je knieën te zakken en duidelijk te laten merken dat je bezorgd bent, zonder daarbij over je heen te laten lopen. Je kunt hun gevoelens met woorden affirmeren, of misschien alleen met lieve gebaren en blikken.

Soms is het nodig je kind uit een bepaalde situatie te halen, bijvoorbeeld als ze zichzelf of anderen iets kunnen aandoen, of andere mensen hinderen. Je zegt: 'Ik til je nu op en neem je mee naar buiten omdat ik niet wil dat je de hond pijn doet/andere mensen tot last bent.' En dan doe je dat.

Een woedeaanval wordt erger als je terug gaat schreeuwen of het kind ruw bejegent. Feitelijk straf je het kind dan omdat hij bepaalde gevoelens heeft. Een andere vorm van wraak is je kind geen aandacht geven als hij een woedeaanval heeft. Zet het wagentje met je snikkende kind erin stil, maak lieve geluidjes terwijl je hem aankijkt of til hem op om even te knuffelen.

Dit wil niet zeggen dat je kind je zijn wil oplegt met een driftbui, maar dat jij laat zien dat je meeleeft met zijn frustraties. Ik verwoordde zelf altijd wat er aan de hand was: 'Och, je bent boos omdat ik geen zin heb je step voor jou te dragen' (of wat er ook aan de hand mocht zijn). Op een gegeven moment leert je kind heus wel om frustraties te verwerken. Ik herinner me hoe blij ik was, nadat ik heel lang mijn best had gedaan te verwoorden wat mijn dochter volgens mij voelde als ze driftig was of werd, toen ze haar gevoelens zelf onder woorden bracht. ‘Ik word heel boos,’ zei ze bijvoorbeeld en dan vond ik het ongelooflijk hoe ver we al waren gekomen.

Als je merkt zelf tegen je grenzen aan te lopen tijdens een woedeaanval van je kind, blijf dan rustig en denk na, in plaats van zelf boos te worden. En vat een woedeaanval nooit persoonlijk op. Blijf rustig ademen en blijf in contact met jezelf en je kind.

Als je kinderen blijft observeren, hun stemmingen leert kennen en experimenteert en gevoelens verwoordt om te ontdekken wat ze nu precies proberen te communiceren, leer je langzaam maar zeker ook waardoor ze hun zelfbeheersing over hun gevoelens en gedrag verliezen, en dan kun je die woedeaanvallen voorkomen. Veel ouders weten bijvoorbeeld wanneer het tijd is hun kind uit een groep te halen en even wat rust te gunnen in gezelschap van hun moeder of vader. Of wanneer ze er niet meer tegen kunnen om in een karretje vastgesnoerd te zitten en even willen rondhollen. Of wanneer het tijd is ze iets te eten te geven, voordat de honger toeslaat.

Als je kind vaak woedeaanvallen heeft, maar het peuterstadium al voorbij is, of als je merkt dat je vaak ruziemaakt of jullie relatie bekoeld of oververhit raakt, wordt het tijd eens na te denken over wat er nu misgaat en wat je zou kunnen veranderen.

Geen enkel kind is permanent driftig, dus je eerste taak is om voor jezelf te noteren waar, wanneer, met wie, hoe en waarom de bom barst en zo te ontdekken wat nu precies de aanleiding is.

Als dat iets is als te veel prikkels of te veel herrie, kun je ervoor zorgen dat je dat soort situaties mijdt of kort houdt. Soms zijn het de overgangen – bijvoorbeeld als je het kind vraagt te stoppen met spelen en aan tafel te komen. Of misschien merk je dat het soms gebeurt omdat jij zelf ongeduldig wordt. Vaak ook is het probleem dat we te hoge verwachtingen hebben van ons kind. Ik zeg niet dat we geen hoge verwachtingen mogen hebben van onze kinderen, maar als we ze die opleggen vóór ze daaraan toe zijn, leidt dat alleen maar tot frustratie, bij hen en bij onszelf. We ontwikkelen ons allemaal in ons eigen tempo.

Als je de aanleidingen eenmaal op een rijtje hebt, kun je uitzoeken welke rol jij speelt in die driftbuien, of andere volwassenen als het buitenshuis gebeurt, bijvoorbeeld op school. Ben jij inflexibel? Als kinderen met ons communiceren via hun gedrag – omdat ze nog niet hebben geleerd hun gevoelens onder woorden te brengen – denken we vaak dat we strenger moeten zijn, terwijl we ons eigenlijk zouden moeten afvragen waar dat gedrag voor staat. Streng zijn helpt bij sommige kinderen. En het is goed om duidelijke grenzen te stellen voordat jij je limiet hebt bereikt, en daarna tamelijk consequent aan die grenzen vast te houden, maar soms kun je daarin te ver gaan en zelf niet meer flexibel blijven. Daarmee laat je kinderen een voorbeeld zien van koppigheid, of ze worden er nog gefrustreerder van, waardoor de situatie uit de hand kan lopen. Als kinderen het bijvoorbeeld minder goed op school doen dan verwacht, vinden sommige onderwijzers en volwassenen het normaal dat ze meer tijd moeten besteden aan hun schoolwerk en de pauze moeten overslaan. Als je echter goed naar zo'n kind kijkt, zie je misschien dat ze zitten te wiebelen of niet stil kunnen zitten en zich niet kunnen concentreren. Ze dan dwingen nog langer stil te zitten maakt de toestand alleen maar erger. Er zijn maar weinig zesjarigen die zichzelf zo goed kennen dat ze tegen je kunnen zeggen: 'Ik heb nu te veel energie. Ik moet gewoon even buiten rondhollen voordat ik weer rustig kan blijven zitten.' Je zult ze moeten observeren om daarachter te komen.

Op Eagle Mountain, een lagere school in Fort Worth, Texas, rekten de onderwijzers bij wijze van experiment de pauze van de kinderen op tot een uur – twee keer zo lang als daarvoor. Volgens de onderwijzers leren de kinderen nu veel meer. Het is ze opgevallen dat de leerlingen zich beter aan hun opdrachten houden, zelfstandiger proberen te leren en meer initiatief tonen om zelf problemen op te lossen. Er wordt zelfs veel minder straf uitgedeeld. Volgens de ouders zijn hun kinderen thuis creatiever en ook socialer. Dit is maar een voorbeeld waaruit blijkt dat kinderen beperkingen opleggen slechts zelden werkt en het beter is om je voor hen open te stellen en hun behoeften en verlangens vanuit hun standpunt te bekijken.

Argumenten en feiten helpen zelden om je kind zover te krijgen dat het meewerkt of ophoudt met huilen. Heel jonge kinderen snappen niets van argumenten. Wat ze wel snappen is als jij met ze meeleeft. Ouders kijken haast nooit naar zichzelf als ze zich aan hun kinderen ergeren. Volgens hen is hun kind alleen maar irritant en 'gedraagt het zich niet netjes'. Elke situatie tussen jou en je kind ontstaat echter in onderlinge wisselwerking. Het komt altijd van twee kanten. Als we dat inzien, kunnen we wel degelijk hun gedrag beïnvloeden. Het wordt gemakkelijker om ons aandeel erin te erkennen als we het idee loslaten dat wij gelijk moeten hebben of kunnen winnen of verliezen, en in plaats daarvan meer nadenken over vormen van samenwerken en meewerken

Drenzen

Het gedrag dat ouders het meest op de zenuwen lijkt te werken is drenzen, dreinen, vastklampen en snikken. Daarmee doel ik niet op huilen als kinderen vallen, maar het klagerige gejammer dat ze ten beste geven als ouders geen idee hebben waarom hun kroost zo verdrietig was of is, zelfs nadat er heroïsche pogingen zijn ondernomen om ze af te leiden of op te vrolijken.

Misschien wil je, als dit gebeurt, alleen maar dat ze gewoon ophouden of zie je het als 'ongepast gedrag'. Toch vraag ik me af of jouw irritatie op dat moment niet voortkomt uit het feit dat je je afsluit voor hoe het voelde toen jijzelf als peuter of kind je verdrietig en kwetsbaar voelde. Misschien erger je je aan je kind omdat jij niet opnieuw die pijn wilt ervaren toen je jezelf zo broos en kwetsbaar voelde, lang geleden. En probeer je daarom nu je kind de mond te snoeren.

Bovendien, of in plaats hiervan, ervaar je het gedrens van je kind misschien als kritiek op jezelf als ouder. Misschien denk je bij jezelf eigenlijk dat kinderen altijd blij moeten zijn. Wat voor het kind gewoon verdriet of eenzaamheid is, drukt jou wellicht met je neus op je eigen onvermogen iets te doen aan wat je kind op dat moment doormaakt.

Bella is 45 en werkt als topmanager in een groot bedrijf. Ze is getrouwd met Steve, een kok en restauranthouder, en samen hebben ze drie zoons, van acht, twaalf en veertien. Het is een levendig gezin dat veel onderneemt in de weekeinden en ook verder een druk sociaal leven heeft. In huis heerst een vrolijke drukte. Bella en Steve hebben allebei een zware baan en daarom woont Juanita doordeweeks bij hen in als kindermeisje/huishoudster. Ze is al bij het gezin sinds hun oudste zoon vijf was.

Bella heeft de indruk dat er iets aan de hand is met haar jongste zoon, Felix. 'Felix is erg aanhankelijk,' vertelde ze me. 'Hij is al acht, maar heeft dag en nacht meer aandacht nodig dan mijn twee andere jongens bij elkaar toen ze zo oud waren. Ik vraag me af of ik wel een goede band met heb opgebouwd toen hij een baby was, maar volgens mij is dat wel zo. Ik weet echt niet waarom Felix zich zo onzeker voelt.'

Ik vroeg me af waarom Bella zo slecht tegen Felix' aanhankelijke gedrag kon en wat er mis kon zijn gegaan in hun relatie. Ik zei tegen Bella dat ze Felix eens naar zijn dromen moest vragen. Ik verwachtte niet dat die dromen veel antwoorden zouden opleveren, maar zag het wel als een manier om Felix te laten praten terwijl Bella luisterde.

Bella vertelde me: 'Felix zei dat hij een heel nare droom had dat hij alleen was en niemand kon vinden. Ik vroeg hem of hij dat ooit in het echt had meegemaakt, in de volle overtuiging dat dat niet zo was. Tot mijn verbazing zei hij dat hij dat inderdaad had meegemaakt. 'Ik weet nog dat toen we naar je broer in Wales gingen, jij me alleen in de auto achterliet.'

Toen hij dat zei, herinnerde ik het me ook weer. Mijn broer woont behoorlijk afgelegen en op een keer, Felix was toen bijna twee, lag hij te slapen toen we daar aankwamen en liet ik de andere jongens alvast naar binnen gaan, laadde de auto uit en borg de boodschappen op, en toen ik terug kwam om te kijken hoe het met Felix was, was hij wakker geworden en huilde hij.

Ik vond het verschrikkelijk dat hij zich dat nog herinnerde. Ik zei dat het me speet en: 'Je kunt nooit langer dan vijf minuten alleen zijn geweest in die auto, liefje', en toen knuffelden we elkaar. Het zette me wel aan het denken, hoe kon het dat één zo'n pietluttig voorval van zes jaar geleden hem nog altijd achtervolgde?

Het zal voor Bella een pietluttig voorval zijn geweest, maar voor Felix was het dat waarschijnlijk niet. Ik vroeg Bella of Felix ooit daarvoor of daarna alleen was achterge-

laten op een voor hem onbekende plek. Ze zei: 'Dat niet, maar toen hij nog heel klein was, net twintig maanden, had hij zo'n ernstige keelontsteking dat hij naar het ziekenhuis moest. De antibiotica werkten niet en ze hielden hem een week in coma en aan een beademingsmachine. In coma was hij soms alleen, maar toen hij daaruit wakker was geworden, waren Steve of ik altijd in de buurt.'
'Bella,' zei ik, 'wat vreselijk dat je zoon zo ziek was dat ze hem in coma moesten brengen.' Ze antwoordde: 'Ach, dat viel wel mee – ik bedoel, leuk was het niet, maar je slaat je er wel doorheen.'
Toen Bella dat zei voelde ik me afgewezen, alsof ze mijn medeleven niet op prijs stelde. Ik kon me niet aan de indruk onttrekken dat ze toen – en nog steeds – haar eigenlijke gevoelens over Felix' ziekte had weggestopt. Ikzelf was aangedaan en emotioneel toen ik me voorstelde hoe het moest zijn geweest voor dat jochie om zo ziek te zijn, en voor zijn ouders ook. Bella zei: 'Steve zei dat we hem hadden kunnen verliezen, maar daar wilde ik niet aan.' Ik werd opnieuw overmand door verdriet en zei dat ook tegen haar. Toen ik haar aankeek, zag ik dat haar ogen vol tranen stonden.
Ik zei: 'Misschien dat Felix daarom zo aanhankelijk is – hij heeft zich toen aan het leven moeten vastklampen. Zelfs al zal hij niet bewust hebben geweten dat jullie niet bij hem waren toen hij in coma lag, kan hij dat op een ander niveau toch hebben gevoeld, wat misschien zijn droom over eenzaamheid verklaart.'
Of dit nu waar was of niet, het maakte wel iets los bij Bella en hielp haar Felix' gedrag enigszins te plaatsen. En dat maakte het voor haar ook gemakkelijker om met Felix mee te voelen.
Een ander mogelijk gevolg was dat Bella zich nu eindelijk

openstelde voor de angst en het verdriet over het mogelijke verlies van Felix, emoties die ze lang had onderdrukt. Het is heel normaal om dat soort emoties te willen wegstoppen, alleen lopen we dan wel het gevaar dat we ongevoelig worden voor dergelijke emoties van anderen, onder wie onze kinderen. Zolang Bella haar eigen gevoelens bij Felix' ziekte onderdrukte, werkten de gevoelens van Felix haar op de zenuwen.

Toen Bella het zichzelf eindelijk toestond te ervaren hoe het voelde om Felix bijna kwijt te zijn, raakte ze daar compleet door overweldigd, zoals ze gevreesd had. 'Ik dacht altijd dat het Felix' schuld was dat hij zo overdreven aanhankelijk bleef. Ik dacht: met je broers gaat alles prima, dus waarom met jou dan niet? Ik besef nu dat je niemand de schuld kunt geven van zijn gevoelens.'

Na onze gesprekken had Bella een droom, sterker nog, een nachtmerrie. Ze droomde dat twee van haar nichtjes en Felix in zee gingen zwemmen en in de problemen kwamen. De meisjes werden gered, maar Felix verdronk. Bella werd met een schok wakker, huilend en ontdaan, en ging meteen bij Felix kijken, die rustig en veilig lag te slapen. Ze zag zelf de ironie van de situatie: meestal was het Felix die de slaapkamer van zijn ouders binnenliep.

Als Bella zich nu ergert aan Felix, beseft ze dat ze daar zelf verantwoordelijk voor is. Ze weet niet zeker of dit komt doordat Felix minder aanhankelijk is, of dat ze beter tegen zijn aanhankelijke gedrag kan, of dat ze zich opener opstelt naar hem toe, of alle drie tegelijk.

Er zijn evenveel redenen voor overdreven aanhankelijkheid en gedrens als er kinderen zijn en relaties met hun verzorgers. De reden waarom ik bovenstaande casestudy heb opgenomen is niet dat een kind die de dood in de ogen heeft gezien een veelvoorkomende oorzaak is voor overdreven aanhankelijkheid. Ik wilde laten zien dat als wij weigeren mee te gaan in de gevoelens die onze kinderen in ons losmaken, dit ertoe kan leiden dat we vastlopen in onze relatie met ze en een minder hechte band met ze hebben dan we zouden willen, waardoor we onze kinderen geen optimale kans geven gelukkig te worden.

Het is echt belangrijk dat we gevoelens onder ogen zien en affirmeren – onze eigen en die van onze kinderen –, niet alleen voor onze en hun geestelijke gezondheid, maar ook om onze eigen drijfveren en die van onze kinderen te leren doorgronden en meer inzicht te krijgen in waarom we ons zo gedragen zoals we doen.

Alle gevoelens – overdreven aanhankelijkheid, spoken in de kast, monsters onder het bed, een beetje verdrietig zijn of extreem gefrustreerd – krijgen betekenis zodra we ze in de context zien. Als die context obscuur blijft, wil dat nog niet zeggen dat die er niet is. Stap één is de gevoelens van je kind te accepteren, wat al helpt om hun gedrag te begrijpen. Pas dan ben je in staat hun gedrag te verdragen en in de positie om samen met je kind naar oplossingen te zoeken en noodzakelijke veranderingen door te voeren.

Liegende ouders

Sommige familiegeheimen zijn in feite leugens. Dat hoef je zelf niet zo te ervaren, je denkt misschien dat je alleen maar informatie achterhoudt die je kind toch niet nodig heeft of misschien zelfs schadelijk voor hem kan zijn.

Als er in een gezin informatie wordt achtergehouden of leugens de ronde doen, zelfs als de gezinsleden zelf niet weten hoe het werkelijk zit, heeft dat consequenties. Dat komt omdat we in ons lichaam voelen of iets niet oprecht en eerlijk is.

Als je leugens vertelt – of informatie weglaat – om je kinderen te beschermen voor de feitelijke situatie, raakt hun instinct afgestompt. Je vertelt ze iets anders dan zij bespeuren of aanvoelen. Dat voelt niet prettig, en als ze dat ongemakkelijke gevoel moeilijk kunnen verwoorden, uit zich dat uiteindelijk waarschijnlijk in ongepast gedrag.

Tijdens mijn opleiding als psychotherapeut kregen we het volgende geval voorgelegd om ons iets te leren over dit verschijnsel.

> De heer en mevrouw X gingen langs bij een psychotherapeut, dr. F., vanwege hun zoon, de tiener A. A's gedrag was volgens zijn ouders niet meer in de hand te houden. Hij spijbelde, gebruikte drugs en alcohol, was sloom en niet-communicatief en had geld gestolen uit de tas van zijn moeder. Ze vroegen de therapeut om advies hoe ze hem weer op het rechte pad konden krijgen.
>
> Dr. F. legde uit dat als kinderen de adolescente leeftijd bereiken, ze de behoefte voelen op eigen benen te staan, los van hun ouders, en een eigen, nieuwe vriendenclub te vormen of zich daarbij aan te sluiten. Als ze menen een eigen identiteit te hebben ontwikkeld, los van hun ouders, hoeven ze niet meer zoveel weg te duwen en keert de rust vanzelf terug. De X'en benadrukten dat het gedrag van hun zoon veel verder ging dan dat.
>
> Dr. F. vroeg of ze hem iets wilden vertellen over A's vroege jeugd. De manier waarop de X'en beschreven wat een gelukkig en normaal jongetje A was geweest, klonk krampachtig, nietszeggend en details werden niet geleverd. De X'en keken elkaar aan, alsof ze een geheim deelden. Dat viel dr. F. op. Hij vroeg: 'Wat vertellen jullie mij nu niet?'
>
> De X'en vielen stil en keken elkaar weer aan.
>
> 'Is jullie relatie altijd goed geweest?' souffleerde dr. F. 'We

waren in die tijd niet bij elkaar,' zei dhr. X ten slotte. Zijn vrouw wierp hem een afkeurende blik toe. 'Waren jullie uit elkaar toen hij klein was?' En toen kwam het verhaal eruit. Meneer X was niet A's vader, maar voor zover A wist, was hij dat wel. A's echte vader, zei mevr. X, 'had niet gedeugd'. Hij was een rokkenjager, een alcoholist en toen A achttien maanden oud was, had hij zichzelf onder invloed doodgereden tijdens een auto-ongeval.

'A herinnert zich hem niet meer. Hij was toch al haast nooit thuis,' zei mevr. X.

'Hij herinnert hem zich misschien niet bewust, maar hij heeft zijn aanwezigheid vermoedelijk wel fysiek gevoeld, en daarna dat hij er niet meer was,' opperde dr. F.

'Wij zijn bang dat dit gedrag erfelijk is,' zei dhr. X. 'Gedrag,' zei dr. F. tegen hen, 'is een vorm van communicatie, het heeft een betekenis. Dus wat vertelt A's gedrag jullie?'

'Het is alsof hij zegt dat we kunnen oprotten,' zei dhr. X.

'Jullie hebben A een leugen verteld, een enorme leugen. Hij weet niet wat het is, maar hij voelt vermoedelijk dat er iets niet klopt en dat zit hem dwars,' zei dr. F.

'We hebben niet gelogen, maar hem alleen niet alles verteld,' zeiden de X'en.

'Dat heet liegen door te verzwijgen,' zei dr. F.

'Maar wat moeten we nu dan doen?' vroegen de X'en.

'Ik ga jullie niet vertellen wat jullie moeten doen. Ik denk alleen dat dit wel deel van het probleem zou kunnen zijn.'

De X'en besloten open kaart te spelen en hun zoon alles te vertellen. Hij was woedend. Hij ontdekte dat zijn echte vader een broer had. Hij trok bij deze oom van hem in, ging hard werken, deed zijn best op school en ging naar de universiteit.

Zijn ouders hadden hun zin gekregen: hun zoon ging zich gedragen zoals het hoorde. Nu moesten ze alleen nog de breuk zien te herstellen. Daarvoor moesten ze de woede van hun zoon begrijpen, erkennen dat ze liever de schone schijn hadden opgehouden en hem daarom niet de waarheid hadden verteld, onder ogen zien wat dat met hun zoon had gedaan, hun verontschuldigingen aanbieden en alle gevoelens die hun zoon daarover had accepteren. Ik ben er nooit achter gekomen of dit ook is gebeurd, want hier stopt ons verhaal.

Het komt nogal eens voor dat we willen dat iets niet gebeurt of niet gebeurd is en we dan tegen onze kinderen liegen door dingen te verzwijgen. Het is volkomen vanzelfsprekend dat we onze kinderen willen beschermen tegen pijnlijke gevoelens, maar het probleem schuilt hem niet in die gevoelens, maar in onze angst daarvoor. Ik denk daarom dat het beter is om eerlijk tegen ze te zijn als jij of je partner bijvoorbeeld moeilijkheden hebben en dat jullie hard werken om daar iets aan te doen en hopen dat dat zal helpen, in plaats van stiekem te doen over dingen die rechtstreeks invloed kunnen hebben op de wereld van je kind. Als dat kinderen ongerust maakt, kun je ze troosten. Als we dit slechte nieuws niet vertellen in een vorm die het kind aankan, zullen ze de veranderde sfeer sowieso opmerken en er misschien een verklaring voor bedenken die nog veel erger is.

Het is in mijn ogen niet goed om tegen kinderen te liegen, of te liegen door iets niet te melden, en ik ben er dus ook geen voorstander van om slecht nieuws te verzwijgen, bijvoorbeeld dat een dierbaar iemand is overleden. Het nieuws moet echter worden gevolgd door de verzekering dat hoe verdrietig we ook zijn, we op den duur over dit gemis heen zullen komen en dat het leven doorgaat en dat we er later weer van zullen genieten. Wanneer een van de ouders weggaat bij het gezin, moet ook dat worden besproken voordat het zover is en moeten de kinderen worden ingelicht over de plannen en de nieuwe regeling om hun wereldje toch zo veel mogelijk bij het oude te laten – anders gezegd, dat ze beide ouders geregeld en op vaste tijden zullen blijven zien.

Er is vermoedelijk niets dat je kinderen niet kunt vertellen, zolang je maar rekening houdt met hun leeftijd. Je kunt bijvoorbeeld zeggen: 'Ik voel me niet lekker, ik ga naar de dokter en met een beetje geluk word ik dan weer beter. Sorry dat ik een wat afwezige indruk maak. Ik ben nogal ongerust over mijn ziekte.' Dit is beter dan je kanker geheim te houden. Als je kind geadopteerd is, kun je ze dat het best direct vertellen op een manier die ze snappen, zodat ze de schok bespaard blijft als ze daar op een dag zelf achter komen.

We kunnen kinderen niet beschermen tegen de onvermijdelijke sterfgevallen en calamiteiten die het leven voor ons en hen in petto heeft, maar we kunnen er voor ze zijn en met ze meeleven en hun emoties in de hand helpen houden als er, onvermijdelijk, eens iets ergs gebeurt.

Wat kinderen vooral nodig hebben is de verzekering dat zij ertoe doen, dat zij gewild en geliefd zijn, niet doordat we dat af en toe tegen ze zeggen, maar doordat we hun onze liefde tonen omdat we gaan stralen als we ze zien, in hoe we met ze omgaan, door ze deel te maken van ons leven, en door als ouder van ze te genieten en het fijn te vinden om bij ze te zijn. Dat doen we niet voor de volle honderd procent als we informatie achterhouden die ook hen mogelijk raakt. Ze hebben recht op die informatie.

Liegende kinderen

Ik was op een kennismakingsavond voor nieuwe ouders op de middelbare school van mijn dochter en de directrice, Margaret Connell, keek ons allemaal aan en draaide niet om de hete brij heen. Ze zei: 'Jullie kinderen zullen tegen jullie liegen.' Ik dacht: 'Nee hoor, niet mijn dochter, wij kunnen het prima vinden met elkaar.' Ze vervolgde: 'Zelfs als je denkt dat je dochter jullie alles vertelt, zal ze tegen je gaan liegen zodra ze in de puberteit komt, en het is jullie taak,' zei ze tegen ons, 'daar geen halszaak van te maken.'

Toen ik Margaret hier jaren later naar vroeg, zei ze tegen me: 'Iedereen liegt. Van alle verkeerde dingen die we doen, komt liegen het meeste voor, terwijl we er het minst bij nadenken. Om de een of andere reden lijken ouders deze zonde het ergst van allemaal te vinden. Als het kind iets heeft gedaan wat niet mag, iets heel onbeduidends misschien, en ze ontkent dat, zeggen de ouders steevast: "Ik ken mijn dochter, ze is niet volmaakt, maar liegen doet ze nooit." En het probleem is dat het kind hierdoor met de rug tegen de muur komt te staan en, waar het ook om gaat, er nooit een punt achter zal kunnen zetten.'

Alle kinderen liegen, net als alle volwassenen. Het zou prachtig zijn als we dat niet deden, want dat zou de kans op een echt gesprek en echte intimiteit vergroten. Toch doen we het allemaal en we moeten onze kinderen niet behandelen als de grootste zondaars als zij het ook doen.

We geven onze kinderen zulke tegenstrijdige instructies over liegen en wanneer dat in onze cultuur acceptabel is. We zeggen dat ze nooit mogen liegen, maar ook dat ze moeten doen of ze dankbaar zijn voor een lelijke sjaal die oma voor de derde keer op rij met Kerstmis voor ze heeft gebreid. Denk je even in wat een ingewikkelde les kinderen zich eigen moeten maken over wanneer ze nu wel of niet mogen liegen.

Kinderen zien hun ouders continu liegen. Ze horen bijvoorbeeld toevallig dat je aan je partner vraagt of zij aan je collega's wil melden dat je helaas niet naar de receptie op je werk kunt komen, terwijl je in werkelijkheid daar gewoon geen zin in hebt. Er is geen reden voor je kinderen om te veronderstellen dat jij nooit tegen hen zult liegen als ze je heel overtuigend andere mensen iets hebben zien wijsmaken wat helemaal niet waar is.

Als je even stilstaat bij wat liegen nu feitelijk is, is het eigenlijk een hele prestatie dat kinderen ertoe in staat zijn. Ten eerste moeten ze een alternatieve werkelijkheid bedenken en zeggen: 'Zo is het gegaan.' Daarna moeten ze dat onthouden, naast wat er echt is gebeurd. En ze moeten die twee uit elkaar kunnen houden om goed te kunnen liegen en vervolgens – en hier moet je echt intelligent voor zijn – moeten ze ook nog rekening houden met wat jij denkt en eventueel al weet.

Een peuter kan iets stiekem doen, zoals achter je rug de hond iets geven dat het beest niet mag hebben, maar liegen doen ze pas als ze een jaar of vier zijn. Dan denken ze een nieuwe supermacht te hebben verworven. 'Wow, ik kan dingen verzinnen en mensen geloven me dan! Hoe is het mogelijk!'

Heel vaak liegen kinderen omdat de volwassenen in hun leven niet rustig en onbevooroordeeld met de waarheid omgaan. Sommige kinderen vertellen leugens om geen narigheid te krijgen, andere fantaseren er maar wat op los of liegen om volwassenen een pleziertje te doen of anderen een dienst te bewijzen.

Soms vertellen kinderen een leugentje om een oprecht gevoelde emotie te kunnen uiten. Als ze wordt gevraagd wat er mis is en ze weten niet hoe ze dat moeten uitleggen, verzinnen ze een verhaaltje dat aansluit bij hun gevoelens.

Toen Flo drie was, leek ze op een dag op de crèche niet echt het springerige meisje dat ze anders altijd was. De juf vroeg haar of er iets aan de hand was. Ze antwoordde: 'Mijn goudvis is dood.' Toen ik haar ophaalde, vertelde de juf me over hun gesprek en flapte ik eruit: 'Eh, we hebben nooit een goudvis gehad.'

Toen ik hierover nadacht, besefte ik dat Flo op haar manier een waarheid had verteld. Mijn lievelingstante was overleden en daar was ik natuurlijk behoorlijk kapot van. Flo had me vermoedelijk zien huilen en misschien was ik minder geïnteresseerd in waar zij op dat moment mee bezig was; misschien hoorde ik haar niet toen ze tegen me praatte en was ik wel fysiek aanwezig, maar niet zo open en er helemaal voor haar alleen als anders. Misschien miste ze dat net zo erg als ze een goudvis zou missen. Of, wat waarschijnlijker was, ze kon de dood van een goudvis nog wel bevatten en verwerken, maar die kolossale, gruwelijke ramp die mij in rouw had gedompeld kon ze alleen maar terugbrengen tot de waarde van een dode goudvis om er zelf mee om te kunnen gaan. Ik vertelde de juf wat er volgens mij eigenlijk aan de hand was.

Het is soms gemakkelijker voor een kind om in een fantasie te geloven dan de waarheid te verdragen, en dat dienen we te respecteren. Hoe meer we onze gevoelens en die van onze kinderen onder woorden brengen, des te minder zij hoeven te liegen om ons duidelijk te maken wat ze voelen. Het kan jaren kosten om dat te leren.

Soms is hun fantasie-leugen een manier om zichzelf te troosten en dienen we, zoals bij ieder afwijkend gedrag, te achterhalen welke gevoelens daarachter schuilgaan en kinderen niet meteen veroordelen omdat ze zich zo gedragen. Als iets te erg voor ze is om te kunnen verwerken, zoals de dood van mijn tante in het geval van mijn dochter, reduceren ze het tot een goudvis of iets dergelijks.

Er zijn nog meer redenen waarom je oudere kind soms zal liegen. Natuurlijk kwamen de wijze woorden van Margaret Connell uit en loog Flo toen ze vijftien was inderdaad tegen mij. Toen ik erachter kwam, herinnerde ik me de woorden van de directrice en maakte er geen halszaak van.

Ik luisterde naar de verklaring die mijn dochter gaf. Zij en een vriendin hadden allebei hun ouders verteld dat ze in het huis van de ander huiswerk gingen maken, terwijl ze in werkelijkheid in het café van de plaatselijke studentenvakbond zaten.

Ik luisterde ook toen ze zei dat ze wel had moeten liegen omdat ik haar daar nooit toestemming voor zou hebben gegeven. Dat was inderdaad waar, zei ik tegen haar, want wat ze had gedaan was wettelijk verboden; op haar leeftijd mocht ze nog geen alcohol drinken en het was een privéclub waar ze feitelijk niet in mocht.

Maar, zei ik, de echte reden dat ik zou hebben geweigerd was dat ik bang was. Ik was bang omdat ik zelf op mijn vijftiende ook dat soort streken had uitgehaald en mijn ouders daar niets over had verteld. Terugkijkend op mijn eigen escapades zag ik in dat ik toen zelf het gevaar had opgezocht en blij mocht zijn dat me niets was overkomen.

Ik zei haar dat ik er nog niet aan toe was om haar toe te staan zich aan het soort van gevaar bloot te stellen dat ik kende van toen ik zo was als zij: veel drank en indruk willen maken op mensen die me ouder en slimmer voorkwamen dan ik mezelf vond – en waarin ik me dan liet meeslepen. Ik zei haar dat ze moest wachten tot ik zeker genoeg was om haar dat soort dingen te laten doen, en ik zei dat ik snapte dat ze dat misschien vervelend vond. Het jaar erna was ik echt zeker genoeg om haar meer vrijheid te gunnen. Ik liet Flo op haar zestiende kamperen op een popfestival met een groep leeftijdgenoten, en iedereen kwam gezond en wel weer thuis. We hadden vooraf wel gesprekken waarin ik mijn angsten met haar deelde: wat gebeurt er als de batterij van je telefoon op is en je je vrienden uit het oog bent verloren? Hoe weet je of een verdovend middel dat ze je aanbieden al dan niet gevaarlijk is? (Een heel geraffineerde vraag van mijn kant.) Haar antwoorden waren alleszins redelijk.

Nu Flo volwassen is, vindt ze het leuk me de stuipen op het lijf te jagen door dingen te vertellen die ze indertijd verzweeg. Blijkbaar was om 3 uur 's nachts hun tent de enige die niet in de fik stond en verlieten zij en haar vriendin het terrein, liepen het hele eind naar het treinstation en sliepen daar. Een prachtig avontuur voor twee meiden van zestien. Flo wilde me dat toen niet vertellen omdat ze er eigenlijk wel van genoot zelf ook een geheim te hebben.

Het is beter om niet al te heftig te reageren op wat je kind doet en je daarover vertelt, want dan houd je de communicatielijnen met je kind open. Ik heb misschien ten onrechte mijn angsten zo nadrukkelijk uitgespeeld destijds en schoot daarin te ver door, waardoor zij me pas jaren later in staat achtte dit verhaal van haar te horen.

Als je een tiener opvoedt, moet je je herinneren hoe jij zelf als tiener was en restricties van je ouders kreeg opgelegd omdat ze het ergste vreesden. Soms moeten pubers dingen voor zichzelf houden, zoals dat relatief onschuldige verhaal van mijn dochter. Ze hebben die privacy nodig om te worden wie ze willen zijn. Tieners liegen soms ook, of verzwijgen zaken, om ruimte voor zichzelf te creëren. Ze hebben dan niet per se iets slechts gedaan, maar iets wat ze liever voor zichzelf of binnen hun vriendenkring houden omdat ze zich geleidelijk aan losmaken van de stam van hun familie en ouders, en hun eigen clubje vormen.

Jouw streven is om vanaf de wieg tot volwassenheid de communicatielijnen open te houden. Het is belangrijk dat kinderen weten dat ze je de waarheid kunnen vertellen en dat al hun gevoelens worden geaccepteerd, zelfs – of juist speciaal – die gevoelens en gedragingen waar je je aan stoort. Als ze niet veilig met jou kunnen praten, bij wie kunnen ze dan terecht als ze bijvoorbeeld worden gepest op school, of een raar gevoel krijgen bij seksueel getinte opmerkingen van hun judoleraar? Kinderen moeten met al hun gevoelens bij je terechtkunnen en dus moet je niet overdreven reageren op wat ze je laten zien of vertellen en je oordeel al klaar hebben, maar samen overleggen hoe hun problemen verholpen kunnen worden en ze dus niet direct vertellen wat ze moeten doen. Wij zijn een stuk ouder dan zij en het is soms verleidelijk ze te zeggen wat ze moeten doen, nadat ze iets hebben verteld, maar houd als het even kan je mond, zodat je je kind meer zelfvertrouwen geeft en niet machteloos maakt. Als je een klankbord bent in plaats van een eeuwig orakel, zullen kinderen eerder geneigd zijn je te vertellen hoe het echt zit.

Als een kind liegt – of gedrag vertoont dat je liever niet ziet – moet je niet meteen reageren, maar eerst kijken naar de redenen en gevoelens die daaraan ten grondslag liggen. Als je begrip hebt voor die gevoelens en ze affirmeert, leren ze een acceptabelere manier vinden om zich te uiten en hun behoeften duidelijk te maken.

Margaret Connell vertelde me over een leerling van haar. 'Ik had eens een leerling die bij iedere ramp waar ook ter wereld altijd een familielid had die daarbij betrokken was. Of het nu een aardbeving of een treinongeluk betrof, er was altijd een achternicht, zwager of familievriend bij betrokken. Het duurde even voor ik begreep dat dat wel erg onwaarschijnlijk was en dat ze in feite dwangmatig loog om aandacht te krijgen en sympathie te wekken, vermoedelijk omdat ze die aandacht en sympathie niet op een eerlijke manier kon of mocht vragen. Daarom verzon ze al die onwaarschijnlijke verhalen bij rampen die in het nieuws waren.'

Om tot de kern van een probleem door te dringen, is het belangrijk om voorbij de leugens te kijken en te ontdekken wat er ontbreekt in het leven van een kind, wat er aan de hand is of wat ze is overkomen, dat ze nu dit soort sympathie en aandacht nodig hebben. En ook wat er aan de hand is dat ze via zo'n omweg om aandacht en medeleven moeten vragen.

Nu denk je misschien: alles goed en wel, maar liegen is altijd verkeerd. Van zo'n strenge, moralistische opvatting worden kinderen echter niet per se oprechter. Uit onderzoek is gebleken dat kinderen dan vaak alleen maar beter leren liegen.

De onderzoekster Victoria Talwar bezocht twee scholen in West-Afrika met eenzelfde soort leerlingen, maar een compleet verschillende benadering van tucht en discipline. De ene leek sterk op een typisch westerse school: als je iets fout deed, bijvoorbeeld loog of je huiswerk niet maakte, praatte de leraar met je over hoe je dat ook anders aan kon pakken, en misschien moest je een keer nablijven. De andere school deelde straf uit: de kinderen werden uit de klas gehaald en geslagen voor wat ze hadden misdaan.

Talwar hoopte te ontdekken welke aanpak beter werkte om kinderen eerlijk te laten zijn en dus deed ze bij wijze van experiment een spelletje met de kinderen dat ze 'stiekem kijken' noemde. Ze nodigde de kinderen een voor een uit om bij haar te komen en zei dan: 'Je gaat met je gezicht naar de muur zitten. Dan haal ik achter je rug drie voorwerpen tevoorschijn en jij moet door goed te luisteren raden welke voorwerpen dat zijn.' Bij het derde voorwerp haalde ze een truc uit en liet ze iets horen wat niets te maken had met het voorwerp, zoals het deuntje dat opklinkt als je een verjaardagskaart openvouwt, terwijl het in werkelijkheid om een voetbal ging.

Voor ze het kind liet raden, zei ze: 'Ik moet heel even de kamer uit. Niet stiekem kijken, hoor!' En als ze terugkwam, vroeg ze: 'Je hebt niet stiekem gekeken, toch?' Alle kinderen antwoordden ontkennend. En dan vroeg ze: 'Wat was het derde voorwerp? Kon je dat raden aan het geluid dat het maakte?' Vrijwel alle kinderen zeiden: 'Dat was een voetbal.' Want ze hadden bijna allemaal toch stiekem gekeken.

Daarna vroeg Talwar: 'Hoe wist je dat? Heb je stiekem gekeken?' Haar hele experiment draaide om dit moment, want op grond hiervan kon ze meten hoe vaak en hoe goed de kinderen logen. Op de minder strenge school logen sommige kinderen en andere niet, ongeveer even vaak als in andere landen was gemeten. De kinderen op de school waar streng werd gestraft, aarzelden echter geen moment en logen heel overtuigend. Geheel onbedoeld leidde de school die keihard iedere vorm van liegen aanpakte dus zeer geroutineerde leugenaars op. De directrice van de school van mijn dochter, Margaret Connell, wist dat allang.

Wanneer je kind liegt – en ik zeg 'wanneer' en niet 'als' – sta dan even stil bij de vraag waarom je kind dat doet. Het is een ontwikkelingsfase, ze doen jou na, ze creëren wat ruimte voor zichzelf, ze willen duidelijk maken hoe ze zich voelen, straf ontlopen of toestanden vermijden. Als liegen een probleem wordt, kun je dat beter oplossen door te achterhalen wat eraan ten grondslag ligt dan door straf uit te delen. Met dat laatste leer je je kind hoogstens nog beter te liegen.

Hoe sneller je oordeelt en hoe vaker je straf geeft, hoe minder je kind geneigd zal zijn je in vertrouwen te nemen. Ze zullen je nog altijd een plezier willen doen, je goedkeuring willen verdienen, maar dat doen ze dan zonder open en eerlijk te zijn, zonder hun hart erin te leggen, en dat kan ten koste gaan van hun geestelijke gezondheid. Een draconisch regime maakt geen goede, ethische burgers. Het zal ze evenmin helpen een hechte relatie met jou op te bouwen, wat nadelige gevolgen kan hebben voor hun vermogen om later in hun leven duurzame, bevredigende relaties te ontwikkelen.

Denk aan Margaret Connells woorden: 'Je kind zal tegen je liegen en het is jouw taak daar geen halszaak van te maken.'

Grenzen stellen: begrens jezelf en niet je kind

Wat kinderen – en wij allemaal – nodig hebben is liefde plus grenzen, niet het een of het ander.

Grenzen zijn belangrijk in elke relatie. Een grens is een denkbeeldige lijn die je in het zand trekt en die de ander niet mag overschrijden. Vlak achter die lijn ligt voor jou de limiet en als die wordt overschreven, verlies je je zelfbeheersing en raak je te gefrustreerd om nog kalm te kunnen reageren.

Daarom is het een goed idee om een grens te stellen voordat voor jou de limiet is bereikt. Een voorbeeld van zo'n grens is wanneer je iets zegt als: 'Ik kan je mijn sleutels niet geven' en de sleutels dan wegneemt. Een grens wordt kalm, maar gedecideerd gesteld. Als voor jou de limiet al is bereikt, heb je die rust niet meer en doe je misschien iets wat je kind angst aanjaagt, zoals de sleutelbos hardhandig afpakken en schreeuwen.

Soms vinden ouders het moeilijk om grenzen te stellen. Bijvoorbeeld wanneer een kind waar lang naar verlangd is toch nog komt na vele miskramen, ivf of in sommige tragische gevallen zelfs na de dood van een eerder kind. Ouders kunnen bij zo'n gelukkig wonder zo verblind zijn door hun liefde dat ze niet weten waar hun eigen grenzen liggen en hun kroost als een god vereren. Zonder duidelijke grenzen zal je kind echter nooit leren wat voor jou en anderen de limiet is, en als je opgroeit met het idee dat je oppermachtig bent, kan een gezond zelfvertrouwen uitgroeien tot je reinste zelfbedrog. We hebben allemaal grenzen nodig die ons leven structuur en onszelf enig houvast geven, pas dan kunnen we leren om samen te leven – en kinderen dus ook. Wen jezelf eraan om grenzen te stellen vanuit jouw standpunt en niet door je kind te beschrijven. Zeg dus bijvoorbeeld: 'Ik kan je mijn sleutels niet geven' in plaats van: 'Ik heb je al honderdmaal gezegd dat je niet met mijn sleutels mag spelen.' Zelfs als je baby nog geen woord verstaat van wat je zegt, is het een goede gewoonte om altijd jezelf te beschrijven en vast te leggen in plaats van je kind. Als kinderen in de pubertijd zijn en je grenzen moet stellen, horen ze liever: 'Ik wil dat je om tien uur thuis bent, voor mijn gemoedsrust' dan: 'Jij bent nog te jong om na tienen buiten te mogen rondhangen.'

Het volgende komt uit een e-mail van een vriendin aan wie ik kort daarvoor mijn begrens-jezelf-en-niet-je-kindtheorie had uitgelegd:

> Gisteravond zei ik niet als gebruikelijk: 'Ga je tanden poetsen. Vooruit, poetsen! Ik heb het je al vier keer gezegd, ik ga het niet nog een keer vragen, je mag niet meer gamen als je het nu niet doet' enzovoort. In plaats daarvan zei ik: 'Ik ben echt heel moe vanavond en en dat wordt alleen maar erger als ik naar mijn stem moet luisteren die over jouw tanden zeurt. Dus wil je ze gewoon even poetsen?' En dat deed hij. De schat.

Je wilt dat de door jou gestelde grenzen worden gerespecteerd, dus kom niet aanzetten met loze dreigementen. Voordat kinderen door hebben dat die dreigementen niets voorstellen, zijn die zo afschrikwekkend dat ze kinderen doodsbenauwd kunnen maken in plaats van enige consideratie bij te brengen. En als ze eenmaal snappen dat je dreigementen loos zijn, kunnen ze je onmogelijk nog serieus nemen. Meen dus echt wat je zegt en geef niet toe door ze de sleutelbos terug te geven (of waar het ook om gaat). Er komt misschien heisa van, maar je kunt heel goed met ze meeleven als ze gefrustreerd raken omdat ze de sleutels niet mogen hebben – en je ook zelf aan de door jou gestelde grenzen houden.

Bij baby's en peuters stel je grenzen door het kind op te pakken en weg te halen van wat je niet wilt dat ze doen of stukmaken. Doe dit wel respectvol. Je kind met respect behandelen is iets anders dan ze 'verwennen'.

Je kunt bijvoorbeeld zeggen: 'Ik kan niet toestaan dat je de hond plaagt, dus ik pak je nu op en haal je weg bij de hond.' Zelfs als je kind nog niet kan praten, zal je vriendelijke, maar gedecideerde toon en het feit dat je ze letterlijk weghaalt bij wat ze doen hun langzaam maar zeker leren dat je afkeurt wat ze op dat moment doen.

Het kan ook zo: 'Ik droeg je de kamer uit, omdat je geen lawaai mag maken als iemand een praatje houdt.' Ze begrijpen misschien niet precies wat je zegt, maar ze zullen op een lichamelijk niveau leren aanvoelen wat wel en niet gewenst is. Als een kind een speelgoedpiano als wapen gebruikt, kun je ze laten zien en vertellen dat piano's bedoeld zijn om op te spelen en niet om ermee te slaan of te gooien. Zeg bijvoorbeeld: 'Als je niet op de piano speelt, maar er mee gaat slaan, moet ik hem van je afpakken.' En als het kind er dan mee blijft slaan, pak de piano dan ook echt af.

Spreek rustig, vriendelijk en vastberaden, doe wat je zegt dat je zult doen en wees consequent. Als je geen loze dreigementen uit en je kind vervolgens daadwerkelijk optilt en weghaalt, leert je kind jou serieus te nemen. Je bent iemand die meent wat ze zegt. Wat mij verbaasde toen ik deze aanpak volgde, was dat tegen de tijd dat kinderen te groot zijn geworden om ze nog op te kunnen tillen en uit een situatie te halen, ze hebben geleerd dat jij meent wat je zegt en dus doen wat hun wordt opgedragen, alsof je ze nog steeds kan optillen. Als je het kunnen-optillen-stadium gepasseerd bent is het belangrijk grenzen te stellen die over jou gaan, en niet over hen, en om daar niet over in discussie te gaan (zie hieronder). Onthoud dat jullie beiden aan dezelfde kant staan. Jullie willen allebei de ander te vriend houden. De manier om dit te bereiken is te luisteren en mee te leven met hun gevoelens, hun frustraties te beperken en meegaand te leren zijn als dat kan of streng als het nodig is (als wat jou betreft de limiet is bereikt, hun veiligheid in het geding komt of, wat vaak gebeurt, als je zo bang bent dat ze iets overkomt dat je er wel iets aan moet doen). Wees bijvoorbeeld meegaand als een kleine bijstelling van de plannen of verwachtingen niets op de lange termijn ontregelt, wanneer je streng bent om de schijn te redden of wanneer je je kind feitelijk manipuleert en niet met je kind meeleeft. Terwijl ik deze zin typte luisterde ik met één oor naar de kinderen die in de tuin van de buren aan het spelen zijn. Ze werden steeds luidruchtiger en wel erg uitgelaten. Toen hoorde ik een volwassene ze toespreken: 'Ik kan dat kabaal van jullie niet meer aan. Jullie mogen hierbuiten rustig spelen en anders kunnen jullie beter naar binnen komen.' Ik hield van haar vastberaden, maar rustige stem en ik voelde me veiliger, alsof ik zelf een van de kinderen was bij wie de stoppen bijna doorsloegen en die duidelijk behoefte hadden aan grenzen. Toen ze na een tijdje weer rumoeriger werden, kwam ze naar buiten en zei op een iets strengere toon: 'Basta, en nu naar binnen' – en dat deden ze. Ze wisten dat het haar menens was.

Wat ook helpt is niet al te negatief te zijn als je grenzen stelt. Dus in plaats van: 'Niet op de muren verven!' zeg je: 'Muren zijn niet om op te verven, daar hebben we papier voor. Hier heb je wat papier.' In het volgende voorbeeld, waarin een breuk wordt hersteld, leerde Gina, de moeder van Aoife, ook deze aanpak te volgen:

> We hadden net even een heel fijn moment samen. Aoife was haar handen aan het wassen na het verven en ze vulde een kom met water en zette die toen voorzichtig opzij. 'Dat deed je heel voorzichtig, Aoife,' zei ik, en zij zei: 'Ja,

hè?' en toen knuffelde ze me. Ik besefte dat ik in plaats van positief te zijn meestal zeg: 'Niet knoeien met water' of 'Pas op dat je de vloer niet natmaakt'. Met haar knuffel beloonde ze mijn goede oudergedrag.

Aanvankelijk dienen grenzen voor de veiligheid van je kind. We zeggen bijvoorbeeld: 'Speel in de tuin en niet op de weg, want op de weg is het niet veilig.' Daarna dienen grenzen om rekening te leren houden met de omgeving en met andere mensen. Als wij ouders een grens stellen, doen we vaak alsof die grens niets over onszelf zegt. We zeggen iets als: 'De tv gaat uit als dit programma is afgelopen, want je hebt al veel te lang gekeken.' Door het zo te formuleren, zeg je iets over het kind. Niemand vindt het leuk om zulk commentaar te krijgen of te worden verteld wat ze moeten doen terwijl ze dat zelf niet willen. Wat je in dit geval werkelijk meent is: 'Ik wil die televisie niet langer aan hebben, dus ik zet hem hierna uit.' Het is niet alleen goed om iets over jezelf te zeggen in plaats van tegen hen (en jezelf) te doen alsof je objectief bent, maar je geeft zo ook het goede voorbeeld. Je laat duidelijk merken dat je naar je eigen gevoelens luistert en op grond daarvan bedenkt wat je wilt en dat dan ook doet. En dat kan alleen maar goed voor je zijn.

Je hebt vast weleens gelezen dat het niet goed is voor kinderen om langer dan één uur per dag achter een beeldscherm te zitten, dus denk je vermoedelijk gewoon een objectief feit te verwoorden als je tegen kinderen zegt dat ze te lang achter hun scherm zitten en er dus achter vandaan moeten komen. Zij voelen dat vermoedelijk anders, dus voor je het weet, raak je verstrikt in een spelletje feitentennis. Spreek dus over jezelf, stel je grens met een uitspraak in de eerste persoon enkelvoud, zeg wat jij ervan vindt: 'Ik vind het niet prettig als je nog langer tv kijkt, dus ik zet hem uit na dit programma. Wat zou je willen spelen, of help je mee met eten koken?'

Een woedeaanval van jou kan hun een trauma bezorgen en ze laten dichtklappen. Leer dus je eigen grenzen kennen en respecteren, zodat je niet over de schreef gaat. De grens is het moment waarop jij een eind maakt aan bepaald gedrag, de limiet is als de stoppen bij jou doorslaan wanneer je de grens niet duidelijk genoeg hebt gelegd.

Dus als je het na twee uur zat bent om nog langer te moeten meeluisteren naar YouTube-memes en tekenfilms, dan is twee uur je limiet en dien je de grens even daarvóór te stellen. Grenzen zijn goed voor degenen voor wie ze gesteld worden, maar ook voor de persoon die de grenzen stelt, en we moeten niet doen of dat anders zou zijn.

Als je doet alsof je verheven redenen hebt om een grens te stellen, leer je je kinderen hun echte gevoelens te verbergen achter verheven redenen. Dat zal de communicatie niet ten goede komen, want dan zullen ze heel goed worden in goede redenen verzinnen, maar je niet meer vertellen wat er echt in ze omgaat. De minder gemakkelijke gesprekken tussen ouders en kinderen – over seks en porno, over sociale media, over stress en sociale druk en gevoelens – worden nog lastiger als je niet van meet af aan je hebt aangeleerd klare taal te spreken, over je gevoelens te praten en naar hun gevoelens te luisteren en deze serieus te nemen.

Als je redenen gaat verzinnen voor de grenzen die je stelt, hoe redelijk die ook klinken, kom je gegarandeerd in de problemen. 'Maar van papa mag ik wel tot acht uur opblijven en nou moet ik van jou opeens om halfacht naar bed?' Wie heeft er nu gelijk? zal je kind zich afvragen. De waarheid in dit geval is zoiets als: 'Papa zit er niet mee als je tot acht uur opblijft, maar ik wel. En vanavond wil ik dat jij om halfacht naar bed gaat omdat ik om acht uur in alle rust naar een tv-programma wil kijken.'

We zijn onze kinderen eerlijkheid verschuldigd, wat inhoudt dat we onze gevoelens met hen moeten delen in plaats van te doen alsof we die niet hebben. In de beslissing over hoe laat je kind naar bed moet, spelen altijd je gevoelens en persoonlijke voorkeuren mee, dus ga niet doen alsof dat niet zo is.

Zo kunnen kinderen ook erg verontwaardigd zijn als de hun opgelegde regels in hun ogen overdreven streng zijn. In een bepaald gezin was het oudste kind autistisch. Hij moest altijd vooraf weten wat er ging gebeuren en wanneer, en dan moest het ook echt zo gebeuren, en elke dag moest precies hetzelfde verlopen. De ouders voedden hun twee jongere kinderen op met diezelfde routine en regels omdat ze vonden dat het 'niet eerlijk' zou zijn als ze hun jongere kinderen meer vrijheid zouden geven dan hun oudste kind. 'John moest om acht uur naar bed toen hij twaalf was, dus zij ook,' zeiden ze. Als je zo inflexibel bent en weigert te beseffen dat ieder kind anders is, kunnen kinderen op den duur behoorlijk rancuneus worden, zowel naar de ouders toe als naar hun broers en zussen. En dat soort opgekropte wrok komt een keer tot ontlading...

De vuistregel bij het stellen van grenzen is dat je ze aan jezelf oplegt en niet aan je kind. Stel dat je kind keihard muziek heeft aanstaan en jij daar last van hebt. Zij gaan helemaal op in de muziek en vermaken zichzelf. Jij daarentegen begint je al kwaad te maken. Anders gezegd: je nadert je limiet. Spreek je dan uit en maak duidelijk wat je voelt in plaats van je kind de les te lezen. Zeg liever: 'Ik vind die muziek veel te hard. Wil je hem alsjeblieft zachter zetten?' dan: 'Je muziek staat te hard, zachter zetten en nu meteen.'

Mijn ouders hadden het nooit over zichzelf als ze mij iets opdroegen of grenzen stelden, en ik weet nog hoe frustrerend ik dat vond. Ik had er toen misschien niet de vinger op kunnen leggen, maar voelde wel een zekere onoprechtheid en dat maakte me boos en eenzaam.

Ik besloot dat als ik later een kind zou hebben, ik het heel anders zou doen. Ik zou eerlijk zijn. Ik zou de waarheid vertellen. Dat wil niet zeggen dat ik het niet eng vond om nogal egoïstisch tegen mijn dochter in de speeltuin te zeggen dat ik het koud had en me verveelde en dat ik daarom naar huis wilde, maar het pakte wonderwel uit. Door het voorbeeld te geven en te zeggen hoe ik me voelde en daarna te zeggen wat ik wilde, leerde mijn dochter datzelfde te doen. En kwamen we niet terecht in een argumentenstrijd.

Wat is een argumentenstrijd? Een argumentenstrijd is als je een potje feitentennis speelt en doet alsof je gevoelens geen rol spelen bij je beslissingen, waarna de strijd losbarst of het gelijkspel wordt. Een voorbeeld:

VOLWASSENE	We moeten nu gaan, want we moeten het middageten nog maken.
KIND	Nee, dat hoeft niet. We kunnen ook gewoon de kliekjes van gisteren eten.
VOLWASSENE	Het is sowieso tijd voor het middageten. Dus.
KIND	Ik heb nog geen trek en in de tas zitten appels, mocht jij wel trek hebben.
VOLWASSENE	Je moet goed eten tussen de middag en we gaan naar huis en daarmee basta.
KIND	Blèèèèh.

Als je regelmatig dit soort discussies hebt, komt dat omdat je je kind de regels van feitentennis hebt bijgebracht. Je denkt misschien dat het beter is, of minder egoïstisch klinkt, om een reden te geven die met hen te maken heeft ('het wordt tijd voor je middageten!') maar dat is niet de werkelijke reden waarom je wilt vertrekken. Stel dat de echte reden is dat jij even wat moet eten, dan geef je ze in bovenstaand voorbeeld te veel ruimte om te gaan debatteren. Er valt niet te debatteren over dat jij trek hebt en nodig iets moet eten.

Je kunt zo'n argumentenstrijd vermijden door te beschrijven wat jij voelt en te zeggen wat jij wilt. Het onderhandelt een stuk prettiger als iedereen zegt wat hij voelt in plaats van te doen alsof er voor alles een reden is.

Probeer voor de verandering eens zoiets:

VOLWASSENE	We gaan nu naar huis, want ik rammel.
KIND	Ik heb nog geen zin.
VOLWASSENE	Sorry, ik snap dat je nog niet weg wilt, maar ik word chagrijnig als ik mijn lunch mis. Je krijgt twee minuten om je spelletje af te maken en dan gaan we.

En dan gaan jullie ook echt.

Ik herinner me hoe blij verrast ik was, toen ik mijn dochter in de speeltuin vertelde dat ik het koud had en me verveelde en dat we over vijf minuten naar huis zouden gaan, en zij zelfs spontaan aanbood: 'We kunnen ook over twee minuten, als je wilt!'

Als een kind zich gerespecteerd weet doordat er naar haar wordt geluisterd en haar gevoelens serieus worden genomen, heeft ze minder de neiging haar frustraties bot te vieren en wil ze liever vriendjes met je zijn en rekening leren houden met jouw gevoelens. Als er onvoldoende naar een kind wordt geluisterd, wordt zo'n kind steeds veeleisender. Als je kind nog heel jong is, duurt het vaak jaren voor het zich helder kan uitdrukken en dus moet je luisteren door aandachtig te kijken. Hier volgt een casestudy die laat zien wat ik bedoel.

Mijn zoon Paul van zes jaar oud heeft spraak- en taalproblemen die vermoedelijk samenhangen met autisme, maar een officiële diagnose hebben we niet. Toen hij nog een baby en een peuter was, leek ons huis soms wel een oorlogsgebied.
Toen mijn partner en ik besloten ons ook in hem te verplaatsen, werd het leven voor ons alle drie een stuk prettiger. We staken er een hoop tijd en energie in om naar hem te kijken en te luisteren en dingen van hem te leren. Hij leerde ons veel, en met eindeloos geduld. Bijvoorbeeld wanneer we hem een beetje kunnen pushen en wanneer we een stap terug moeten doen. We hebben ook een dochter, twee jaar ouder dan hij. Omdat ze meer op ons lijkt in haar doen en laten, kostte het ons minder moeite om haar te leren doorgronden. Omdat we van alles ontdekten over onze zoon, gingen we ook beter naar onze dochter kijken en luisteren. Hoewel het altijd al fijn was om bij haar te zijn, viel ons op dat nu wij meer rekening met haar houden, zij ook meer rekening houdt met ons.

Grenzen stellen bij oudere kinderen en tieners

'Toen ik een jongen van veertien was, was mijn vader zo onnozel dat ik hem nauwelijks in mijn buurt kon hebben. Maar toen ik eenentwintig werd stond ik paf hoeveel de oude man in zeven jaar tijd had opgestoken.'

– Mark Twain

Het kan soms een stuk lastiger lijken om grenzen aan tieners te stellen dan aan jongere kinderen. Dat kan echter meevallen als je je al hebt aangewend om daarbij jezelf in plaats van hen centraal te stellen. Mocht dit nog niet het geval zijn: het is nooit te laat om ermee te beginnen.

Toen mijn zoon Ethan een tiener werd, begonnen de problemen. Hij was een paar keer op school in de problemen gekomen – niets bijzonders nog. Toen hij bijna zestien was, liep het echter uit de hand. Op een dag werd ik gebeld dat ik hem moest komen ophalen op het politiebureau, omdat hij betrokken was geweest bij een 'supermarktoverval'. Een groep waar hij vaag bevriend mee is had een karretje in een supermarkt volgeplempt met bier en snoepgoed en daarna een sprintje getrokken om de hele zooi te jatten. Hij zei dat hij geen idee had waarom hij had meegedaan, hij werd gewoon meegesleurd in het hele gedoe. Zo kende ik hem helemaal niet. Ik maakte me wel zorgen of hij niet zo zou worden.

Bier en snoepgoed. Dat vat in één beeld samen wat een tiener wil, die geen klein kind meer is, maar ook nog niet volwassen. Het is en blijft een moeilijke fase. Herinner je je nog hoe verwarrend die tijd voor jou was? En hoe moet je daar als ouders mee omgaan? Nou, je kunt ze vertellen wat jij voelt bij wat zij doen. 'Teleurgesteld' is een woord dat ouders vaak gebruiken als hun kinderen dit stadium bereiken. Het raakt een kind meer als ouders iets over zichzelf zeggen dan wanneer ze iets over hun tiener pogen te zeggen in de trant van: 'Je gedraagt je als een complete idioot.' Een andere aanpak is het onderstaande lijstje door te werken, dat het probleem in stappen opdeelt zodat ook de tiener er wijs uit kan worden. Al doende zal de tiener uiteindelijk ook zelf de lijst kunnen gebruiken:

1 Omschrijf het probleem
In bovenstaand voorbeeld: 'Ik vind winkeldiefstal onacceptabel. We zullen moeten begrijpen hoe dit heeft kunnen gebeuren en er dan voor zorgen dat dit eenmalig was. Ik vond het vreselijk om je te moeten ophalen bij het politiebureau.'

2 *Vind de gevoelens achter het probleem*

Het gesprek gaat misschien ongeveer zo: 'Wat gebeurt er als jullie met z'n vijven bij elkaar zijn, want op zich lijken jullie me geen van allen een geboren dief, toch?'

'Weet ik niet.'

'Haast je niet. Hoe was de stemming voor het gebeurde?'

'We maakten grappen en lachten ons slap.'

'En toen?'

'Toen begonnen we elkaar uit te dagen.'

'En daarna?'

'Daarna deden we het gewoon.'

'Moet ik me de zaak zo voorstellen dat als jullie met zijn vijven zijn jullie elkaar opjutten en elkaar daarin meeslepen en dat de druk om mee te doen dan zo groot wordt dat je geen nee meer kunt zeggen? Is het zoiets?'

'Ja.'

3 *Samen naar een oplossing zoeken*

'Dus als dit nog eens gebeurt – als je op het punt staat iets te gaan doen waarvan je weet dat het niet zo'n slim idee is – hoe ga je dan op de rem staan zodat de boel niet weer uit de hand loopt?'

'Misschien is het wel genoeg om er alleen maar over te fantaseren zonder het echt te doen. Dus zeggen hoe grappig het zou zijn áls we het zouden doen.'

'Dan valt er nog steeds te lachen, maar zonder de nare gevolgen.'

'Ja.'

Stap 2 en 3 moeten misschien een paar keer worden herhaald, want misschien is er nog iets anders aan de hand waarover de tiener wil praten, bijvoorbeeld de angst dat hij het op school minder goed doet dan van hem verwacht wordt, of een andere kwestie. Zeg bijvoorbeeld iets als: 'Ik vraag me af of je niet al boos was en in een opstandige bui omdat je moest nablijven op school?' Vergeet niet: zij moeten hierin het voortouw nemen.

Vermoedelijk wil je wel een duidelijke grens stellen voor voorkomende gevallen. Stel die grens dan door het over jezelf te hebben en niet over hen.

Dus zeg niet: 'Jij bent niet te vertrouwen, dus dat betekent huisarrest', maar liever: 'Ik wil dat je een paar weken na school meteen naar huis komt en hier blijft, want na je te hebben moeten ophalen op het politiebureau, moet ik even kunnen bijkomen van alle zorgen. Ik wil je een tijdje bij me in de buurt hebben.' Blijf je eigen gevoelens benoemen en verwoorden.

Oordeel niet over je kind. Ze het etiket opplakken dat ze niets kunnen, impulsief zijn of niet te vertrouwen of onvolwassen, helpt ze niet vooruit. Grenzen zijn goed, zoals 'Ik laat je pas weer loslopen tot ik wat meer vertrouwen in je heb gekregen', maar een al te strenge houding maakt je kind alleen maar koppiger en leidt ook niet tot meer begrip voor elkaar. En houd het gesprek gaande. Spreek nog eens met ze en controleer of de bedachte oplossingen ook echt goed uitpakken.

Bedenk altijd dat als je een grens stelt deze over jou gaat en niet over je kind. Geef je eigen gevoelens als reden – want zo zit het en niet anders. Stel, je kind van dertien wil met de nachtbus alleen naar huis komen. Dan kun je bijvoorbeeld zeggen: 'Ja, op zich denk ik dat je nu groot genoeg bent om die bus zelf te kunnen nemen en verantwoordelijk genoeg om je te gedragen en niet in de problemen te komen. Het punt is alleen dat ik nog niet zo ver ben. Ik moet nog wennen aan het idee dat je al zo volwassen bent en voor jezelf kunt zorgen. Je zult nog even geduld met me moeten hebben voordat ik je zoiets laat doen.' Als je het zo formuleert, stel je een grens én ben je eerlijk. Je tiener snapt dan dat het niet aan hem ligt dat hij niet midden in de nacht alleen met de bus mag, maar aan jou. Eigenlijk weten ze dat allang, maar als jij daar open en eerlijk over bent, kunnen ze zich vast beter in je besluit vinden, en dat zal jullie relatie alleen maar ten goede komen.

Het is misschien een cliché, maar je tiener maakt gewoon een fase door. Mensen worden pas halverwege de twintig echt volwassen. Tot die tijd is er een grotere kans dat we te veel risico of een verkeerde beslissing nemen. Het is een lastige fase, omdat onze voorhoofdskwabben, waar ons denken zich voor een groot deel afspeelt, nog geen snelle verbindingen hebben gelegd naar andere delen van onze hersenen. Bovendien is dit ook de periode waarin we ons opgewondener kunnen voelen dan ooit tevoren en ooit daarna. Tieners lijken alles veel intenser en gelaagder te voelen dan kinderen en volwassenen. Door hun impulsieve gedrag trainen ze hun emoties, maar hun vermogen om te zeggen 'dat is misschien niet zo'n goed idee' of 'niet doen' is daarbij achtergebleven. De een leert later minder impulsief te zijn dan de ander, maar dat betekent niet dat die eersten nooit vooruit leren kijken. Uiteindelijk leert vrijwel iedereen dat.

Net als in de fase die peuters doormaken als ze hun autonomie ontdekken, hebben ook tieners liefde en grenzen nodig en heel veel vertrouwen van hun ouders dat ze uiteindelijk hun emoties en impulsiviteit de baas zullen worden. Bedenk dat gedrag echt alle kanten opvliegt vlak voordat er een mijlpaal wordt bereikt en de volgende fase aanbreekt waarin ons gedrag zich verder evolueert. Zie het alsof zij emoties in kleur ervaren, terwijl wij het moeten doen met zwart-wit. Het is geweldig als ze al die emotionele energie kunnen omzetten in creativiteit, bijvoorbeeld muziek, of in een sport, maar het is niet ongewoon dat het soms in een wat ongepastere vorm naar buiten komt. Jouw taak als ouder is om grenzen te stellen, de ruimte te creëren waarin je samen naar oplossingen kunt zoeken en, misschien nog wel het belangrijkst, er geen halszaak van maakt.

Het driestappenplan om te ontdekken wat er ten grondslag ligt aan ongepast gedrag en het probleem gezamenlijk op te lossen is niet de enig mogelijke aanpak. Ieder gezin vindt zo zijn eigen manier om langs alle mijlpalen te navigeren en breuken te herstellen. Dit is het verhaal van Sophia.

> Toen ik thuiskwam van mijn werk, rook ik een smerige walm. Ik liep de woonkamer binnen en daar zat Camila, mijn dochter van zestien, met een vriendin. Ik heb het nooit zo op die vriendin gehad, omdat zich altijd wel een of ander drama rond haar afspeelde.
>
> Ik wendde me tot mijn dochters vriendin en vroeg: 'Heb jij hier zitten roken?' Mijn dochter zei doodkalm: 'Nee mam, we hebben allebei gerookt.' Omdat ik dat niet wilde horen, stak ik mijn tirade af tegen haar vriendin en zei dat ik niet wilde hebben dat ze in mijn huis rookte. Mijn doorgaans welgemanierde dochter ging door het lint. Ze begon tegen me te schreeuwen. 'Nee, mam, ik deed het! Houd op met haar altijd overal de schuld van te geven! Waarom luister je nooit?'
>
> Toen haar vriendin was vertrokken, viel ze stil. Ik was geschokt, want zo'n uitbarsting was niets voor haar. Ik zei: 'Ik ben teleurgesteld dat je zo'n toon tegen me aansloeg. Ik wil je even niet meer zien. Ga naar boven.' Toen Adam, mijn man, thuiskwam, vertelde ik hem wat er was gebeurd. Hij herinnerde mij er fijntjes aan dat wij vroeger allebei zelf hadden gerookt en ik ermee was begonnen toen ik even oud was als mijn dochter nu. En dat onze dochter er

alleen maar op had gewezen dat ze het spuugzat was altijd gezien te worden als de braverik en haar vriendin als slecht. Hij zei ook dat ik te snel had geoordeeld over haar vriendin.

Adam gaf me inzicht in Camila's standpunt. En toen ik me daarnaast realiseerde hoe de hersenen van een tiener werken, zakte mijn woede.

Terwijl Adam en ik praatten, rolde ik voorverpakt deeg uit voor over de pastei. Ik sneed de woorden ROKEN IS SLECHT uit de lap deeg en vouwde die over de pastei. Voor mijn dochter, bij wijze van sorry. Toen ze naar beneden kwam om te eten, keek ze wat schaapachtig. Toen ze mijn pastei zag, moest ze lachen, en daarop lachten we allemaal en verdween de spanning.

Camila nam een foto van de pastei en zette die op Facebook met het verhaal over hoe ze was betrapt en knallende ruzie met me had gekregen – en over de sorry-pastei, zoals we die nu noemden. Een van haar vriendinnen schreef dat ik een pastei van sigarettenpeuken had moeten maken en haar die had moeten voeren – maar dat vond zelfs ik te ver gaan!

Onthoud het volgende als er zware tijden aanbreken met je tiener: als je er geregeld in slaagt te luisteren en de situatie zowel kunt zien vanuit het standpunt van je kind als dat van jou, kun je hier over niet al te lange tijd op terugkijken en er samen om lachen. Met andere woorden, ook deze breuken zijn te herstellen, zeker als jij daartoe het initiatief neemt. Dit kan de vorm aannemen van een pastei, maar vermoedelijk zullen er vaker woorden aan te pas komen.

Bedenk ook dat het belangrijk is om niet te gaan ontkennen hoe zij jou zien. Volwassenen groeien en ontwikkelen zich vaak minder snel dan kinderen, en het beeld dat we van onze tieners hebben klopte misschien een halfjaar geleden nog wel, maar nu niet meer. Zes maanden geleden waren ze misschien nog blij als je ze hielp met hun huiswerk, nu vinden ze je te bemoeizuchtig. Schiet niet in de verdediging als ze je vertellen dat je irritant doet of stom bent. Alleen als voor jou de limiet is bereikt, kun je ze misschien helpen zich zo te uiten dat je bereid bent naar ze te luisteren. Dit wordt allemaal een stuk gemakkelijker als jij en je gezin altijd in de ik-vorm over je ervaringen, gevoelens en grenzen spreken en niet over de ander in de jij-vorm.

Een tiener kan tijdelijk zijn charme verliezen als hij buiten het gezin voor zichzelf een identiteit opbouwt en daar nieuwe vormen voor vindt binnen een nieuwe groep. Je bent je schat van een kind echt niet kwijt. Zodra ze zich veilig voelen in hun nieuwe vriendengroep op de middelbare school of later op de universiteit, zullen ze zich minder nadrukkelijk laten voorstaan op hun onafhankelijkheid van jou en komen hun goede kanten weer naar boven. De hersenen van een tiener kunnen zich af en toe laten gelden als een ongetemd wild dier. En hoewel het je als ouder soms grote moeite zal kosten om op die momenten met je kind mee te leven, moet je dat wel blijven proberen. En heb vertrouwen: hun voorhoofdskwabben zullen zich echt ontwikkelen.

Tieners – en ook mensen van begin twintig – kunnen rare dingen doen uit pure onzekerheid omdat ze hun plek nog niet hebben gevonden. Onzekerheid is een vorm van angst en soms, als we bang zijn, is onze eerste reactie: aanvallen. Op sommige terreinen liggen de kansen niet voor het oprapen voor jonge mensen, en je eigen plek en identiteit vinden is op zich al een hele uitdaging. Onthoud dat we het het moeilijkst hebben vlak voor we de volgende horde nemen in ons leven. Jongvolwassenen hebben behoefte aan begrip en steun om hun weg te kunnen vinden, maar weten dat vaak alleen duidelijk te maken door hun frustratie uit te leven. Dat valt zelden goed bij de mensen om hen heen of binnen de samenleving als geheel. Zet nooit iemand weg als 'slecht'. Een beter alternatief is ze te helpen de hulp te vinden die ze nodig hebben. En bedenk dat als je iemand helpt, je ze in staat stelt zichzelf te helpen. Als we iemand redden door iets voor ze te doen dat ze ook zelf kunnen, ontnemen we ze hun kracht en voelen ze zich misschien nog beroerder. We kunnen bijvoorbeeld wel naast ze staan en als klankbord dienen als ze hun keuze voor een bepaalde universiteit maken, maar het is aan hen om te bepalen wat en wanneer ze gaan studeren. We kunnen ze vertellen wat wij weten, maar niet wat zij moeten doen.

Als tieners zich asociaal gedragen op een manier die we nooit van die schatten hadden vermoed, zijn we als ouders geneigd om te zeggen: 'Dat komt door die lui met wie ze omgaan.' Vermoedelijk zal elke ouder van ieder kind uit die groep dat zeggen. Volgens andere ouders heeft jouw kind een slechte invloed. Het is iets diep menselijks en we doen het allemaal: in plaats van te erkennen dat ons kind even schuldig is aan wat er ook is gebeurd als de anderen, geven we die anderen de schuld en zien we onszelf als onschuldige slachtoffers. Het is niet zozeer dat één iemand een slechte invloed heeft, maar dat de sociale druk binnen een groep zo immens is. Denk aan wat jij ooit als tiener hebt uitgespookt onder druk van je leeftijdgenoten.

Kinderen en tieners gaan experimenteren, en dat is normaal, al volgt daar niet uit dat jij dat allemaal maar moet accepteren. Je kunt ze vertellen hoe je erover denkt: 'Ik was woedend toen je...' 'Ik vind het griezelig als jij...' 'Ik raak overstuur als je...' Grijp echter ook iedere kans om iets positiefs te zeggen. 'Ik was zo trots toen je...' 'Ik was diep onder de indruk dat je...' enzovoort.

Als je de gevoelens van je kinderen niet afdoet als 'belachelijk', naar ze kunt luisteren zonder ze te veroordelen en het beeld dat ze van zichzelf hebben affirmeert, heb je meer kans de communicatielijnen open te houden en zijn zij meer geneigd je in vertrouwen te nemen als jullie beiden wat ouder zijn. Ook grenzen stellen en je daaraan houden voelt dan natuurlijker – voor beide partijen.

Als er sprake is van een breuk tussen jullie, is het volgens mij raadzaam om eerlijk tegen jezelf te zijn en ook jouw aandeel daarin te erkennen. Als je daar geen idee van hebt, stel ik voor dat je je kind vraagt (zonder in de verdediging te schieten) hoe jullie je relatie kunnen herstellen. Of vraag wat je kunt doen om een gesprek daarover gemakkelijker te maken. Het helpt als je bedenkt dat ook volwassenen de wijsheid niet in pacht hebben.

Wat ook helpt is de simpele stelling: praat over jezelf en jouw gevoelens en niet over die van je kind. Dus zeg liever: 'Ik ben er nog niet aan toe dat je naar een kroeg gaat' dan: 'Je bent nog veel te jong voor de kroeg.'

Liv, een cliënt van me, vertelde me over haar relatie met haar puberende zoon Matt van zestien.

> Hoe meer tijd we met elkaar doorbrengen – samen dingen doen of gewoon wat rondhangen – hoe gemakkelijker het is hem te vragen een klusje te doen, zoals zijn bed afhalen of de vaatwasser uitruimen. Als ik vraag: 'Kun je dit of dat doen?' zegt hij: 'Tuurlijk.' Als ik het druk heb met mijn eigen dingen of mijn werk en hem datzelfde vraag, zegt hij echter vaker: 'Nee' of zelfs: 'Nee, waarom zou ik?' Dat mondde vaak uit in een argumentenstrijd. Vervolgens kreeg ik het weer wat rustiger en had ik meer tijd om bijvoorbeeld samen met hem voor de tv te hangen of ergens een pizza te gaan eten, en dan brak er weer een harmonieuzere tijd aan.

> Ik leerde dit pas inzien toen ik al zo'n tien jaar moeder was. Ik zei tegen mijn man: 'Je kunt niet je eigen leven leiden en dan ineens Matts leven binnenstormen en zeggen: "Ik wil dat je dit of dat doet."' Dat is zoiets als dat een vreemde komt binnenlopen en zegt wat je moet doen. Hoe meer onze levens met elkaar verbonden zijn, hoe gemakkelijker het wordt een probleem te tackelen en te zorgen dat iedereen tevreden is.

Livs ervaring wijst me erop hoe belangrijk het is om tijd met je kinderen door te brengen en naar ze te luisteren, hoe oud ze ook zijn, en niet alleen bij ze te zijn als iedereen naar een scherm zit te staren, of onze eigen gang gaan en alleen het huis met elkaar delen. Let erop dat je niet alleen maar samenwoont, maar ook echt contact met ze hebt.

Als de communicatielijnen openstaan, wordt het ook gemakkelijker om lastige en genuanceerde gesprekken te voeren over seks, drugs, pesten, vriendschap, porno, internet en sociale media. Ontdek hoe je kind en de jongere generatie die dingen zien, deel jullie gevoelens en kennis daarover en beïnvloed elkaar zo over en weer. Als je niet bereid bent je iets aan te trekken van de meningen en gevoelens van je kinderen, zullen zij op hun beurt minder openstaan voor jouw invloed en wijze raad.

Als je je probeert te herinneren hoe jij als tiener in het leven stond, kan het helpen op zoek te gaan naar parallellen met je eigen kind, al kun je dan ook ruw wakker geschud worden, zoals het volgende citaat duidelijk maakt:

> *'In de hoop Bron beter te begrijpen, las ik mijn dagboeken over uit de tijd dat ik zo oud was als hij. Verschrikkelijk, zo ordinair en over het paard getild als ik toen was.'*
>
> -Evelyn Waugh, *Dagboek*, 1956

OEFENING: GEDRAGSREGELS

* Praat over jezelf, niet over je kind.
* Doe niet net alsof je je beslissingen baseert op feiten als ze je in werkelijkheid worden ingegeven door je gevoelens en voorkeuren.
* Vergeet nooit dat jullie aan dezelfde kant staan.
* Samenwerken en overleggen is beter dan dicteren.
* Een gebrek aan oprechtheid leidt tot een breuk, die je kunt herstellen door oprecht te zijn.
* Bedenk dat kinderen zich gedragen zoals ouders zich tegen hen gedragen.

OEFENING: OUDERE, INWONENDE TIENERS

Als je het moeilijk vindt om te weten welke grenzen je nog kunt stellen aan oudere tieners, probeer ze dan eens te zien als huurders die bij je in huis wonen. Er geldt in jouw huis nog altijd een aantal regels, maar die formuleer je met jezelf in je achterhoofd. Bijvoorbeeld:

– 'Ik zou graag willen dat je je tassen in je eigen kamer zet en niet op de gang.'
– 'Ik wil dat je om twaalf uur thuis bent, want ik slaap onrustig als ik met een half oor lig te luisteren of ik de voordeur hoor.'
– 'Ik vind het niet prettig dat er halfvolle borden in de kamer blijven staan en sta dat dus niet toe.'
– 'Je kunt altijd de wasmachine gebruiken.'

Als je je al bijna volwassen kinderen ziet als huurders, houd je een respectvolle afstand en dat is misschien precies wat ze willen.

Vergeet als ouder ook niet dat als we onze kinderen willen helpen de vier hoekstenen van passend gedrag bij te brengen, we ze het goede voorbeeld moeten geven. Dus leer omgaan met je frustraties, wees flexibel, leer zelf problemen op te lossen en let erop dat je je ook inleeft in een ander.

En ten slotte: als we allemaal volwassen zijn

Een kind hebben voelt voor mij een beetje als: het ene moment vorder je maar heel langzaam omdat de korte beentjes van je peuter maar kleine stapjes kunnen zetten. Dan heb je een korte periode hetzelfde tempo, maar vervolgens haalt je kind je in en moet je hollen om het bij te kunnen benen. Die laatste periode duurt het langst. En dat is ook de periode waarvoor jij al die tijd, zorg, aandacht, respect en liefde hebt geïnvesteerd. Want dan plukken kinderen de vruchten van hun veilige hechting, belangstelling voor de wereld om hen heen en zelfkennis, en kunnen zij erachter komen wat ze willen en nodig hebben in het leven en kun jij ze tevreden en met een gerust hart zien uitvliegen.

Je hebt ze een stevige basis gegeven, zowel in praktische als emotionele zin, dus mochten ze ergens het spoor bijster raken – en wie overkomt dat niet zo af en toe? – dan hebben ze een veilige haven om naar terug te keren, eentje waar ze steun en troost kunnen vinden. Zelfs als jij er niet meer bent, want aan ieder leven komt een eind, zullen ze in zichzelf de stevige basis vinden die daar is gelegd in hun relatie met jou, die hun de weg wijst.

Het betekent veel voor volwassen kinderen als hun ouders geïnteresseerd blijven in hun leven, zonder zich al te veel op te dringen. Je hebt altijd als spiegel voor je kind gefungeerd. Hoe zij zichzelf zien en ervaren zal tot op zekere hoogte altijd mede bepaald worden door hoe jij op ze reageert, je hart aan ze ophaalt, ze begroet en met ze omgaat. Dat houdt niet ineens op als ze de stemgerechtigde leeftijd hebben bereikt of zelf kinderen krijgen of met pensioen gaan – dat blijft zo. Als een stralende moeder van honderd haar trots uitspreekt over haar kind, zelfs als die al 75 is, dan zegt dat wat, dat heeft een impact, dat doet ertoe. Onze trots op onze volwassen kinderen betekent veel voor ze, vaak meer dan de bewondering en lof van anderen. Eis zelf geen deel op van de lof die ze krijgen toegezwaaid (tenzij zij je die zelf geven), want daar help je ze niet mee, maar ga de verantwoordelijkheid niet uit de weg voor jouw aandeel in hun tegenslagen.

Het is nooit te laat om een breuk te herstellen, al helpt het als jullie dan beiden nog in leven zijn. Dat kun je doen, als altijd, door te ontdekken welke emoties er achter jouw en hun gedrag schuilgaan en die proberen te begrijpen. Stel dat je je beledigd voelt omdat je volwassen kroost jouw nieuwe liefde afkraakt en niet goed genoeg voor je vindt. Ga dan niet denken dat ze jou voor zichzelf willen houden of onbeleefd zijn, maar ga ervan uit dat ze bezorgd zijn en van je houden. Spreek ze dus aan als bezorgde kinderen en niet omdat je ze wilt straffen, omdat ze misschien zeggen waar het op staat. Soms worden de rollen van ouder en kind omgedraaid en word jij bemoederd door je kind.

Het kan volwassen kinderen helpen om te weten dat wij misschien iets verkeerd hebben aangepakt waardoor zij nu foute beslissingen nemen. En het spijt me heel erg dat dit niet eerlijk klinkt. 'Dat is niet eerlijk' was mijn eerste gedachte bij een titel voor dit boek, aangezien volwassenen veel tijd moeten investeren in hun kinderen, en hoe verantwoordelijk ze zich ook gedragen, het ouderschap geen enkele garantie biedt.

Ouders kunnen het bijvoorbeeld verbruien wanneer ze denken dat hun taak erop zit en dan menen te moeten concurreren met hun kind of een van hun kinderen, en dat als het kind ze een succesverhaal vertelt, ze denken daar overheen te moeten gaan of zelf een behaald succes moeten melden. Bij Julie ging het zo:

> Ik vertelde mam hoe goed haar kleinzoon het deed op school en in plaats van blij voor ons te zijn, kwam ze met een verhaal over hoe slim mijn zus vroeger op school was geweest, wat ik erg pijnlijk vond en bovendien helemaal niet waar was. Het leek alsof ze me wilde overtroeven. Ik vroeg haar waarom ze dat deed, maar toen begon ze wat te sputteren en begon ze snel over iets anders.

Misschien dat de oma in dit verhaal er gewoon aan werd herinnerd hoe trots ze zelf op haar kinderen was geweest, maar dat bracht ze dan wel erg onhandig. Als onze kinderen volwassen zijn, blijft het belangrijk dat we niet bang zijn om ongelijk te hebben en niet te gaan sputteren als we een vergissing begaan, maar meteen de breuk proberen te herstellen. Het kan helpen als we ons bewust blijven van onze vroegere gewoonten, zoals een voorliefde voor feitentennis of onze zin willen doordrijven, omdat we soms de fout ingaan en onszelf vergeten als we denken dat onze taak erop zit, en dan kan dat onbehulpzame gedrag weer de kop opsteken. Zelfs als we inmiddels allemaal volwassen zijn, kunnen ouders nog een grote rol spelen bij hoe hun volwassen kinderen zichzelf en hun leven zien, omdat ze ooit afhankelijk van die ouders waren en daar een ouder-kindrelatie mee hadden. Dat moeten we altijd in ons achterhoofd houden, zodat we ze niet onbedoeld alsnog op hun plek zetten, zoals in het bovenstaande voorbeeld, of ons zo sterk met ze verbonden voelen dat we onbewust het kritische stemmetje in ons op ze botvieren.

De band met onze kinderen kan een van de belangrijkste en opbouwendste relaties in ons leven zijn, en die relatie moeten we koesteren door onze kinderen te blijven respecteren als ze volwassen zijn en van ze te houden.

En net zoals ik aanraadde terug te kijken naar je eigen jeugd om te leren inzien hoe die de jeugd van jouw kinderen mogelijk beïnvloedt, is het goed om te kijken naar hoe jouw ouders met jou omgaan nu je volwassen bent. Bedenk wat je precies zo zou willen doen en wat je met je eigen kind anders wilt aanpakken later.

Heel veel later, als ons een lang leven is beschoren, maken we misschien nog mee dat onze kinderen beslissingen voor ons moeten nemen in de laatste fase van onze levenslange relatie met ze. Als we ze hebben leren vertrouwen, zal dat ons en hun minder zwaar vallen. Als je een kind hebt gekregen, ben jij de ouder zo lang het nog een kind is, dan trek je een tijdje gezamenlijk met elkaar op als volwassenen en uiteindelijk word je misschien het kind van de volwassene die jij op de wereld hebt gezet. Als we een beetje flexibel en soepel leren omgaan met die rollen, zal iedereen daarbij gebaat zijn.

Nawoord

Je kleedt ze aan, geeft ze te eten, wast ze en stopt ze in bed...

Laten we terugkeren naar het voorwoord en de grap van de stand-upcomedian over de vier dingen die we voor onze kinderen doen: 'aankleden, te eten geven, wassen en in bed stoppen'. Dat valt misschien niet helemaal samen met het rooskleurige idee dat je zelf van het ouderschap had, maar ik hoop dat het wat gemakkelijker wordt als je je houdt aan de volgende punten:

- Je schuift alles uit je eigen jeugd opzij wat je ook maar enigszins remt in je warmte en acceptatie, fysieke aanrakingen, fysieke aanwezigheid en begrip.
- Je schept een veilige, harmonieuze omgeving waarin onderlinge verschillen een plek kunnen vinden.
- Je accepteert dat je kind behoefte heeft aan mensen van alle leeftijden om mee te spelen, troostende ervaringen en een heleboel aandacht en tijd van jou.
- Je kunt een situatie zowel zien vanuit het standpunt van je kind als dat van jou.
- Je weet hoe je kinderen kunt helpen hun ware gevoelens te uiten (zonder ze daarbij iets op te leggen), en je bent in staat hun (en jouw) gevoelens te affirmeren en begrijpen.
- Je redt ze niet onmiddellijk uit de brand, maar helpt ze zelf een oplossing te vinden door er samen over te praten en ze niet meteen te vertellen wat ze moeten doen.

- Je stelt grenzen door over jezelf te praten in plaats van te vertellen hoe zij zijn.
- Je accepteert dat ook jij soms de fout in gaat. Dan schiet je niet acuut in de verdediging, maar red je de situatie door daar eerlijk voor uit te komen en je gedrag aan te passen.
- Je denkt niet in termen van winnen of verliezen, maar kiest voor meewerken en samenwerken.

Met andere woorden, je koestert je relatie met je kind omdat je weet dat ze in de allereerste plaats behoefte hebben aan een veilige, liefdevolle, oprechte, ruimhartige relatie met jou.

Onthoud dat als er een probleem is, je niet alleen naar je kind moet kijken en denken dat alleen je kind daar debet aan is. Kijk naar jullie relatie en wat er tussen jullie speelt. Daar ligt het antwoord.

Deze algemene regels gelden ongeacht jullie beider leeftijd.

Wat pas echt verbazingwekkend is, is dat ondanks al onze vergissingen, alle liefde die we onze kinderen onthouden, alle woede die we over ze uitstorten, al die keren dat we ze opjutten, onszelf voor ze verstoppen, niet thuis geven, onterecht niet vertrouwen, weigeren ons in ze in te leven, ons te sterk met ze identificeren en geen ruimte laten of juist te veel van ze vragen, we nog altijd zo hecht met ze verbonden zijn, en zij met ons.

Het is een hele geruststelling dat we die band kunnen verbeteren en versterken door eerlijk te zijn en iedere breuk te durven herstellen door onszelf te vergeven en te realiseren dat we ons best doen. We kunnen ze helpen en aanmoedigen om hun wensen, verlangens en dromen te realiseren. En we kunnen in ze geloven. En ik geloof in jou.

Literatuur en zo meer

Deel een: Wat je hebt meegekregen van je eigen opvoeding

Steven J. Ellman, 'Analytic Trust and Transference: Love, Healing Ruptures and Facilitating Repairs' (Ph.D., pp. 246–263, online geplaatst op 25 juni 2009)

Robert W. Firestone, *Compassionate Child-Rearing* (Plenum Publishing/Insight Books: 1990)

John Holt, *How Children Fail* (Penguin: 1990)

Deel twee: De omgeving van je kind

Judy Dunn en Richard Layard, *A Good Childhood: Searching for Values in a Competitive Age* (Penguin Books: 2009)

Emily Esfahani Smith, 'Masters of Love. Science Says Lasting Relationships Come down to – You Guessed It – Kindness and Generosity' (https://www.theatlantic.com/health/archive/2014/06/happily-ever-after/372573/)

John M. Gottman, *The Seven Principles for Making Marriage Work* (Prentice Hall en IBD: 1998)

Virginia Satir, *Peoplemaking* (Souvenir Press: 1990)

D.W. Winnicott, *Home is Where We Start From: Essays by a Psychoanalyst* (Penguin: 1990)

Deel drie: Gevoelens

W. Thomas Boyce, *The Orchid and the Dandelion* (Penguin: 2019)

Adele Faber en Elaine Mazlish, *How2Talk2Kids. Effectief communiceren met kinderen*, 2007.

—, *Broers en zussen zonder rivaliteit* (How2Talk2Kids, 2011)
Jerry Hyde, *Play from Your Fucking Heart* (Soul Rocks: 2014; herdruk)
Janet Lansbury, 'Five Reasons We Should Stop Distracting Toddlers and What to Do Instead' (http://www.janetlansbury.com/2014/05/5-reasons-we-should-stop-distracting-toddlers-and-what-to-do-instead/)
Adam Phillips, Video on pleasure and frustration (video over plezier en frustratie) (https://www.nytimes.com/video/opinion/100000001128653/adam-phillips.html)
Naomi Stadlen, *What Mothers Do* (Piatkus: 2005)
Donald Winnicott, The 'Good-enough Mother' radio broadcasts (https://blog.oup.com/2016/12/winnicott-radio-broadcasts/)

Deel vier: Een basis leggen

Meer informatie over borstcrawl: http://breastcrawl.org/science.shtml
Beatrice Beebe en Frank M. Lachmann, *The Origins of Attachment: Infant Research and Adult Treatment* (Routledge: 2013)
John Bowlby, *A Secure Base* (Routledge: 2005)
Barbara Katz Rothman, *The Tentative Pregnancy: Amniocentesis and the Sexual Politics of Motherhood* (Rivers Oram Press: 1994; 2de druk)
David F. Lancy, *The Anthropology of Childhood* (Cambridge University Press: 2014; 2de druk)
Janet Lansbury's blog: JanetLansbury.com
Brigid Moss, *IVF: An Emotional Companion* (Collins: 2011)
Annie Murphy Paul, *Origins: How the Nine Months before Birth Shape the Rest of Our Lives* (Hay House: 2010)
Joan Raphael-Leff, *Parent–Infant Psychodynamics* (Anna Freud Centre: 2002)
—, *Psychological Processes of Childbearing* (Centre for Psychoanalytic Studies: 2002; 2de herziene druk)

Deel vijf: Voorwaarden voor een goede geestelijke gezondheid

Beatrice Beebe et al., 'The Origins of 12-Month Attachment: A Microanalysis of 4-Month Mother–Infant Interaction' (https://www.ncbi.nlm.nih.gov/pmc/articles/PMC3763737/)

Ruth Feldman, 'Parent–Infant Synchrony and the Construction of Shared Timing; Physiological Precursors, Developmental Outcomes, and Risk Conditions', *Journal of Child Psychology and Psychiatry* (Wiley Online Library: 2007)

—, 'Biological Foundations and Developmental Outcomes' (http://journals.sagepub.com/doi/10.1111/j.1467-8721.2007.00532.x)

Tracy Gillett, 'Simplifying Childhood May Protect against Mental Health Issues' (http://raisedgood.com/extraordinary-things-happen-when-we-simplify-childhood/)

Maya Gratier et al., 'Early Development of Turn-taking in Vocal Interaction between Mothers and Infants' (https://www.ncbi.nlm.nih.gov/pmc/articles/PMC4560030/)

Elma E. Hilbrink, Merideth Gattis en Stephen C. Levinson, 'Early Developmental Changes in the Timing of Turn-taking: A Longitudinal Study of Mother–Infant Interaction' (https://www.ncbi.nlm.nih.gov/pmc/articles/PMC4586330/)

Oliver James, *Love Bombing: Reset Your Child's Emotional Thermostat* (Routledge: 2012)

Janet Lansbury, *Elevating Child Care: A Guide to Respectful Parenting* (CreateSpace Independent Publishing Platform: 2014)

—, *No Bad Kids: Toddler Discipline without Shame* (CreateSpace Independent Publishing Platform: 2014)

W. Middlemiss et al., 'Asynchrony of Mother–Infant Hypothalamic-Pituitary-Adrenal Axis Activity following Extinction of Infant Crying Responses Induced during the Transition to Sleep' (https://www.ncbi.nlm.nih.gov/pubmed/21945361)

Maria Montessori, *The Absorbent Mind* (BN Publishing: 2009)

S. Myriski et al., 'Digital Disruption? Maternal Mobile Device Use is Related to Infant Social-Emotional Functioning' (https:www.ncbi.nlm.nih.gov/pubmed/28944600)

Darcia F. Narvaez, 'Avoid Stressful Sleep Training and Get the Sleep You Need: You Can Survive the First Year Without Trea-

ting Your Baby Like a Rat' (https://www.psychologytoday.com/blog/moral-landscapes/201601/avoid-stressful-sleep-training-and-get-the-sleep-you-need)
—, 'Child Sleep Training's "Best Review of Research": Sleep Studies are Multiply Flawed Plus Miss Examining Child Wellbeing' (https://www.psychologytoday.com/blog/moral-landscapes/201407/child-sleep-training-s-best-review-research)
—, *Neurobiology and the Development of Human Morality* (W.W. Norton & Co.: 2014)
Barry Schwartz, *The Paradox of Choice: Why More is Less* (HarperPerennial: 2005)
Jack P. Shonkoff en Andrew S. Garner, 'The Lifelong Effects of Early Childhood Adversity and Toxic Stress' (http://pediatrics.aappublications.org/content/early/2011/12/21/peds.2011-2663.short)
Ed Tronick, *The Neurobehavioral and Social-Emotional Development of Infants and Children* (W.W. Norton & Co.: 2007)

Deel zes: Gedrag is communicatie

Hannah Ebelthite, 'ADHD: Should We be Medicalising Childhood?' (http://www.telegraph.co.uk/health-fitness/body/adhd-should-we-be-medicalising- childhood/)
Adele Faber en Elaine Mazlish, *How2talk2Kids. Effectief communiceren met kinderen*, 2007.
Ross Greene, *The Explosive Child* (Harper Paperbacks: 2014)
Christine Hooper en Margaret Thompson, *Child and Adolescent Mental Health: Theory and Practice* (CRC Press: 2012; 2de druk)
Janet Lansbury, *Elevating Child Care: A Guide to Respectful Parenting* (CreateSpace Independent Publishing Platform: 2014)
—, *No Bad Kids: Toddler Discipline without Shame* (CreateSpace Independent Publishing Platform: 2014)
Ian Leslie, *Born Liars: Why We Can't Live without Deceit* (Quercus: 2012)
Ruth Schmidt Neven, *Emotional Milestones from Birth to Adulthood: A Psychodynamic Approach* (Jessica Kingsley Publishers Ltd: 1997)
Victoria Talwar en Kang Lee, 'A Punitive Environment Fosters Children's Dishonesty: A Natural Experiment' (https://www.ncbi.nlm.nih.gov/pmc/articles/PMC3218233/)

Dankwoord

Ik wil graag mijn inmiddels overleden ouders bedanken. Ze deden heel veel goed, en wat ze minder goed deden heeft me erg geholpen in mijn carrière als psychotherapeut en schrijfster.

Toen ik zwanger raakte, wist ik dat ik bepaalde dingen anders wilde doen en heb ik stapels boeken geraadpleegd. De werken die me het meest zijn bijgebleven zijn: *Compassionate Childrearing* van Robert Firestone; *How2Talk2Kids* van Adele Faber en Elaine Mazlish en *Psychological Processes of Childbearing* van Joan Raphael-Leff. Haar analyse van bemiddelaars en regelaars was voor mij van onschatbare waarde. Firestones boek gaat over een aantal vormen van overgeërfd schadelijk gedrag dat wij aan onze kinderen doorgeven, zoals het kritische stemmetje in onszelf, en Faber en Mazlish schrijven over hoe belangrijk het is om gevoelens te affirmeren. Hun ideeën hebben me niet losgelaten en me enorm geholpen en gesteund bij de opvoeding van mijn eigen kind en me ook geïnspireerd bij het schrijven van dit boek. Verder ben ik erg beïnvloed door het werk van Donald Winnicott, en dan met name zijn ideeën over de ergernis of zelfs haat die ouders soms voelen voor hun kinderen en wat hij deed om dat enigszins te normaliseren.

Nadien heb ik nog veel meer gelezen. Voor het hoofdstuk over zwangerschap heb ik rijkelijk geput uit *Origins: How the Nine Months before Birth Shape the Rest of our Lives* van Annie

Murphy. Ik raad alle zwangere ouders aan om dit boek te lezen, net als *The Tentative Pregnancy: Amniocentesis and the Sexual Politics of Motherhood* van Barbara Katz Rothman. Ik heb echter niet alleen uit boeken geput, ook Janet Lansbury's blog JanetLansbury.com heeft een stevig stempel gedrukt op mij en dit boek, en ik kan het van harte aanraden haar blog eens te lezen als je kinderen de peuterleeftijd hebben en je ze beter wilt begrijpen. Aan haar heb ik mijn ideeën te danken over de onwenselijkheid je kinderen af te leiden van wat ze voelen, baby's niet te snel rechtop te leren zitten en de casestudy over wanneer je kinderen moet helpen, maar niet redden (Freya). In haar blog las ik voor het eerst hoe belangrijk het is om niet alleen van je kinderen te houden, maar ze ook te respecteren. Ik dank *A Good Childhood: Searching for Values in a Competitive Age* van Judy Dunn en Richard Layard voor het onderzoek naar de opbouw van het gezin en wat dat met kinderen doet. Aan *The Anthropology of Childhood* van David F. Lancy heb ik de term 'sympathetische magie' ontleend, evenals het concept van het ouderschap dat zich in de eerste plaats op het kind of juist de ouder richt, voortbordurend op de ideeën van Joan Raphael-Leff.

Ik wil Darcia Narvaez bedanken voor haar boek *Neurobiology and the Development of Human Morality*; haar ideeën en onderzoek hebben mij erg geïnspireerd, met name haar overkoepelende onderzoek naar slaaptraining en de mogelijk schadelijke gevolgen daarvan. *The Explosive Child* van de hand van Ross Greene heeft me leren definiëren en uitsplitsen wanneer kinderen zich ongepast gedragen en ik heb ook veel gehad aan zijn theorie over meewerken en samenwerken. Van hem heb ik het idee overgenomen dat goed gedrag naast flexibiliteit ook vereist dat je zelf problemen kunt oplossen en hebt leren omgaan met frustratie. Daarnaast gaf hij mij het idee voor een brief vanuit het standpunt van het kind om ouders te leren zich in hun kind te verplaatsen. Deze en andere boeken, blogs, podcasts en video's waar ik veel aan heb gehad staan hiervoor vermeld onder 'Literatuur en meer'.

Daarnaast moet ik een heleboel mensen bedanken. Ik begin met de mensen op wier professionele terrein ik mij heb begeven: ik heb een heleboel opgestoken van Margaret Connell, de directrice van de middelbare school waar mijn dochter Flo op zat, die niet alleen mijn dochter heeft onderwezen, maar ook mij veel heeft geleerd, vooral over kinderen en liegen. Ik ben ook mijn collega-psychotherapeuten oneindig dankbaar voor al onze gesprekken tijdens het schrijven van dit boek. Ik wil in het bijzonder vriendin Dorothy Charles van Tribal Ground in Californië bedanken. Dorothy hielp mij met de 'dynamiek rond winnen en verliezen', en onze gesprekken en haar commentaar op een eerste versie hebben mij erg geholpen. Mijn maatje, de gestaltpsychotherapeut Julianne Appel Opper en schrijfster van *The Living Body* in Berlijn hielp mij veel van de in dit boek beschreven concepten te verhelderen, met name die van de dialoog, de communicatie over en weer en de prachtige metafoor van haar hechtingstheorie. Zij las een vroege eerste opzet van dit boek en ik kan haar niet genoeg bedanken voor haar aantekeningen, die in hoge mate hebben bijgedragen aan dit boek. We hebben vier dagen in een Oost-Duits kuuroord zitten brainstormen, en ik kijk uit naar een korte vakantie met haar als ik even ben uitgeschreven. Nicola Blunden van University of South Wales heeft me geholpen door mijn klankbord te willen zijn toen we als schrijversgroepje-van-twee korte tijd samen een huisje deelden in de South Downs. Nicky Forsythe, oprichter en CEO van Talk for Health in Londen, bedacht de oefening 'Hoe sta je tegenover je emoties?' en de oefening 'Hoe leer je beter communiceren' is afgeleid van de cursus 'Leer luisteren' die zij geeft bij Talk for Health. Ik bedank de schrijfster Wendy Jones, die toen ik het even niet meer zag zitten met dit boek een gestaltsessie voor twee regelde, waardoor ze me dwong in gesprek te gaan over dit boek en mij duidelijk werd welke kant ik daarmee op wilde. Dankjewel Louis Weinstock, kinder- en gezinstherapeut van Bounce Works, voor je aanmoediging en commentaar over technologie en de ontwikkeling van een basale gemoedsgesteldheid. Ook bedank ik de journalist en aankomende psychotherapeut Suzanne Moore, die met de zin kwam aanzetten over hoe belangrijk het is 'dat ouders niet alleen van hun kinderen houden, maar ze ook aardig willen vinden'. Die zin is me altijd bijgebleven en heeft me geïnspireerd bij het schrijven van dit boek. Ik bedank Aaron Balik van Stillpoint in Londen, die me toestond om bij hen mijn boek te redigeren. Jullie waren zo genereus me veel van jullie tijd, liefde, aanmoedigingen en ideeën te geven, zonder jullie zou dit boek er nooit zijn gekomen.

Mijn dochter Flo las mijn eerste losse aantekeningen toen ik er de brui aan wilde geven en smeekte me om door te zetten. Ze voorzag ook de versies daarna van commentaar. Ze wist me ervan te overtuigen dat dit boek het verdiende te worden geschreven: als zij er niet was geweest, zou me dat niet zijn gelukt. Ze gaf me ook, als enige, toestemming haar met naam en toenaam te vermelden in verschillende casestudy's. Ik heb veel over het leven geleerd van Flo. Haar frisse kijk op de wereld heeft van mij een betere schrijfster gemaakt en, belangrijker nog, een beter mens. Flo stelde me ook voor aan Hannah Jewell, die bij mij introk en met wie ik heel prettig heb zitten schrijven. Ik ben ook mijn man, Grayson, dankbaar voor zijn liefde, moed en eigengereidheid in ons gedeelde avontuur als ouders. Ik heb er enorm van genoten hem en Flo samen te zien, en hem als mijn getuige te hebben van mijn relatie met haar. En ik kon bij hem terecht met al het leed waar ik schijnbaar doorheen moest voor ik dit boek kon schrijven, en daar heeft hij zich nooit over beklaagd. Ik ben ook mijn vele vrienden dank verschuldigd die me altijd zijn blijven aanmoedigen. Mijn bijzondere dank gaat uit naar Janet Lee; Yolanda Vazquez en Jonny Phillips; Alba Lily Phillips Vazquez, Helen Bagnall (die een foto van me nam toen ik een zwaar hoofd had in dit boek, en nog eentje toen ik het weer zag zitten), en zij, Diccon Towns en Juliet Russell lieten me ook kennismaken met publiek van de Salon London en het Also Festival, wat me erg veel goed heeft gedaan. Al deze mensen hebben me bijgestaan tijdens het schrijfproces en ik hou echt heel veel van ze. Ook de vrienden die ik minder vaak zie, maar waar ik regelmatig mee chat, ben ik dankbaar. Ook zij wisten me altijd weer op te beuren: dank aan Rose Boyt, die mijn manuscript van zinnig commentaar voorzag, Damian Barr, die me uitnodigde een versie van dit boek voor te lezen aan het bemoedigende publiek van zijn literaire salon in de schitterende Savoy Ballroom, en Clare Conville, die me uitnodigde voor het Curious Arts Festival en me een geweldig publiek gaf waar ik enkele ideeën voor dit boek op kon loslaten. Vrienden zoals zij gaven me altijd weer moed, en dat had ik hard nodig.

Ik heb met heel veel ouders gesprekken gevoerd om aan casestudy's te komen, en degenen die niet in dit boek zijn terechtgekomen zijn voor mij even belangrijk geweest, omdat ze mijn ideeën hebben aangescherpt en me veel hebben geleerd over het ouderschap. Ze lieten me inzien dat mijn standpunt als ouder en als kind maar een van de vele is. Behalve dat ik veel met ouders heb gepraat, schreven ze me ook regelmatig, namen ze deel aan mijn onderzoeken, zochten ze online contact met me of via *Red magazine*, waarin ik een column schrijf en advies geef. Sommigen waren cliënten van me. Ik ben ze allemaal erg dankbaar.

Ook wil ik alle kinderen, tieners en volwassen kinderen bedanken die ik heb mogen leren kennen en die me veel hebben geleerd, met name mijn cliënten, die me keer op keer lieten inzien hoe ingesleten emotionele en denk- en gedragspatronen uit onze vroege en late kindertijd nog heel, heel lang de kop op blijven steken. Ik wil jullie allemaal persoonlijk bedanken, voor wat jullie me hebben geleerd. Ik wil met name de cliënt bedanken die ik in dit boek 'Gina' heb genoemd, omdat ze me niet alleen voorzag van een casestudy, maar mij ook wees op enkele vergissingen in eerdere versies van dit boek en een trouwe fan is van mijn werk.

Er zijn nog meer wijze mensen die ik wil bedanken. De professoren Maria Gilbert en Diana Smukler organiseerden aan het begin van deze eeuw een maandelijkse lees- en studiebijeenkomst voor psychotherapeuten. Ik heb daar erg veel van opgestoken en verschillende concepten, theorieën en ideeën rond de psychoanalyse van relaties besproken die ik in dit boek gekoppeld heb aan het ouderschap. Behalve voor die ideeën wil ik mijn twee leraressen echter expliciet bedanken voor het feit dat ze mij door al hun aanmoedigingen zo veel zelfvertrouwen hebben gegeven. Ik werd ook aangemoedigd door mijn psychoanalyticus professor Andrew Samuels, die me leerde dat iemand met autoriteit zijn autoriteit niet verliest als hij zich van zijn kwetsbaarste, onzekerste en authentiekste kant laat zien. Hij zei ook eens tegen me dat je twee soorten therapeuten had: degenen die workshops volgden en degenen die workshops gaven, en hij was degene die me eindelijk dat duwtje gaf toen ik vertelde dat ik in de verkeerde groep zat. Hoewel mijn eigen analyse inmiddels al jaren achter me ligt, voel ik er nog altijd de positieve gevolgen van. Ik dank al mijn therapeuten. Dankzij therapie kreeg ik inzicht in de processen die er binnen een relatie spelen, en veel daarvan is ook van toepassing op de relatie tussen ouder en kind.

Ik bedank Karolina Sutton, mijn literair agent, die me mee uit lunchen nam en me vroeg naar mijn ideeën voor een boek. Ik vertelde haar dat ik een boek kon schrijven over het belang van de relatie als een soort alternatief voor zelfhulpboeken voor ouders, en nog voor ik kon beslissen of ik zoiets ook echt wilde schrijven, had ze al een ontmoeting geregeld met Venetia Butterfield van Penguin Random House. Er werd nooit zo veel geluncht als tijdens het schrijven van dit boek. Venetia nodigde me geregeld uit voor een lunch en dan deelden we onze ervaringen als ouder en waren het roerend met elkaar eens. Toen de eerste versie van dit boek op haar bureau belandde, zag ze er niets in. We hakten en herstelden wat we konden en vonden uiteindelijk een vorm waar we ons beiden in konden vinden. We hadden het ook allebei kunnen opgeven, maar dat deden we niet. Volgens mij kunnen relaties die ontsporen weer worden rechtgetrokken en dan alleen maar beter en sterker worden, en hoe toepasselijk is het dan niet dat de begrippen breuk en herstel een grote rol in dit boek spelen? Want dat is precies wat Venetia en ik als uitgever en schrijver in onze relatie hebben ervaren. Dank dat je hebt doorgezet, Venetia. Ik bedank ook Aimee Longos, Jack Ramm en Sarah Day voor al hun redactiewerk.

En als laatste, als je dit nog leest en voor ik begin over iedereen die ik verder nog ken – en iedereen die mij kent –, alsof ik afscheid neem als deelnemer zoveel van de quiz op Radio 2, wil ik al mijn oud-collega's bij *Red magazine* bedanken die jarenlang mijn column vaardig redigeerden en een wonder hebben verricht voor dit boek. Brigid Moss stelde alle goede vragen en stond erop dat ik die beantwoordde. Brigid Moss, JE BENT EEN HELD, een begenadigde schrijver en redacteur, een indrukwekkende moeder, en ik hou van je.

Ik bedank verder iedereen die ik ken of mij kent. Dat klinkt misschien banaal, maar we krijgen allemaal iets van elkaar mee en beïnvloeden en steunen elkaar.

Philippa Perry
september 2018